GREAT BRITAIN &  ID

TOURIST and MOTORING ATLAS / ATLAS ROUTIER et TOURIS... ...REISEATLAS
TOERISTISCHE WEGENATLAS / ATLANTE STRADALE e TURISTICO / ATLAS DE CARRETERAS y TURÍSTICO

Contents
Sommaire / Inhaltsübersicht / Inhoud / Sommario / Sumario

Inside front cover: key to map pages
Intérieur de couverture : tableau d'assemblage / Umschlaginnenseite: Übersicht / Binnenzijde van het omslag: overzichtskaart
-Copertina interna: quadro d'insieme / Portada interior: mapa índice

	II - III

Channel Tunnel - Tunnel sous la Manche
Folkestone Terminal - Terminal de Calais (F)

Shipping Services
Liaisons maritimes / Schiffsverbindungen / Scheepvaartverbindingen / Collegamenti marittimi / Líneas marítimas

	IV - XXI

Main road map
Grands axes routiers / Durchgangsstraßen / Grote verbindingswegen / Grandi arterie stradali / Carreteras principales
1 inch = 15.8 miles - 1:1 000 000 - 1 cm = 10 km

	1 - 119

Key — 1
Légende / Zeichenerklärung / Verklaring van de tekens / Legenda / Signos convencionales

Great Britain & Ireland — 2 - 119
Grande-Bretagne & Irlande / Großbritannien & Irland / Groot-Brittannië & Ierland
Gran Bretagna & Irlanda / Gran Bretaña & Irlanda
1 inch = 4.75 miles - 1: 300 000 - 1 cm = 3 km

	120 - 147

Index Great Britain — 120 - 138
Index Grande-Bretagne / Register Großbritannien / Register Groot-Brittannië / Indice Gran Bretagna / Índice Gran Bretaña

Index Ireland — 139 - 147
Index Irlande / Register Irland / Register Ierland / Indice Irlanda / Índice Irlanda

	148 - 190

Key — 148
Légende / Zeichenerklärung / Verklaring van de tekens / Legenda / Signos convencionales

Town plans Great Britain — 149 - 185
Plans de ville Grande-Bretagne / Stadtpläne Großbritannien / Stadsplattegronden Groot-Brittannië
Piante di città Gran Bretagna / Planos de ciudades Gran Bretaña

Town plans Ireland — 183 - 189
Plans de ville Irlande / Stadtpläne Irland / Stadsplattegronden Ierland / Piante di città Irlanda / Planos de ciudades Irlanda

Eochair / Allwedd / Comnarthai ar phleanna bailte / Symbolau ar gynlluniau'r trefi — 190

Back of the guide: distances
En fin de volume : distances / Am Ende des Buches: Entfernungen / Achter in het boek: afstanden
Alla fine del volume: distanze / Al final del volumen: distancias

Channel Tunnel
Tunnel sous la Manche

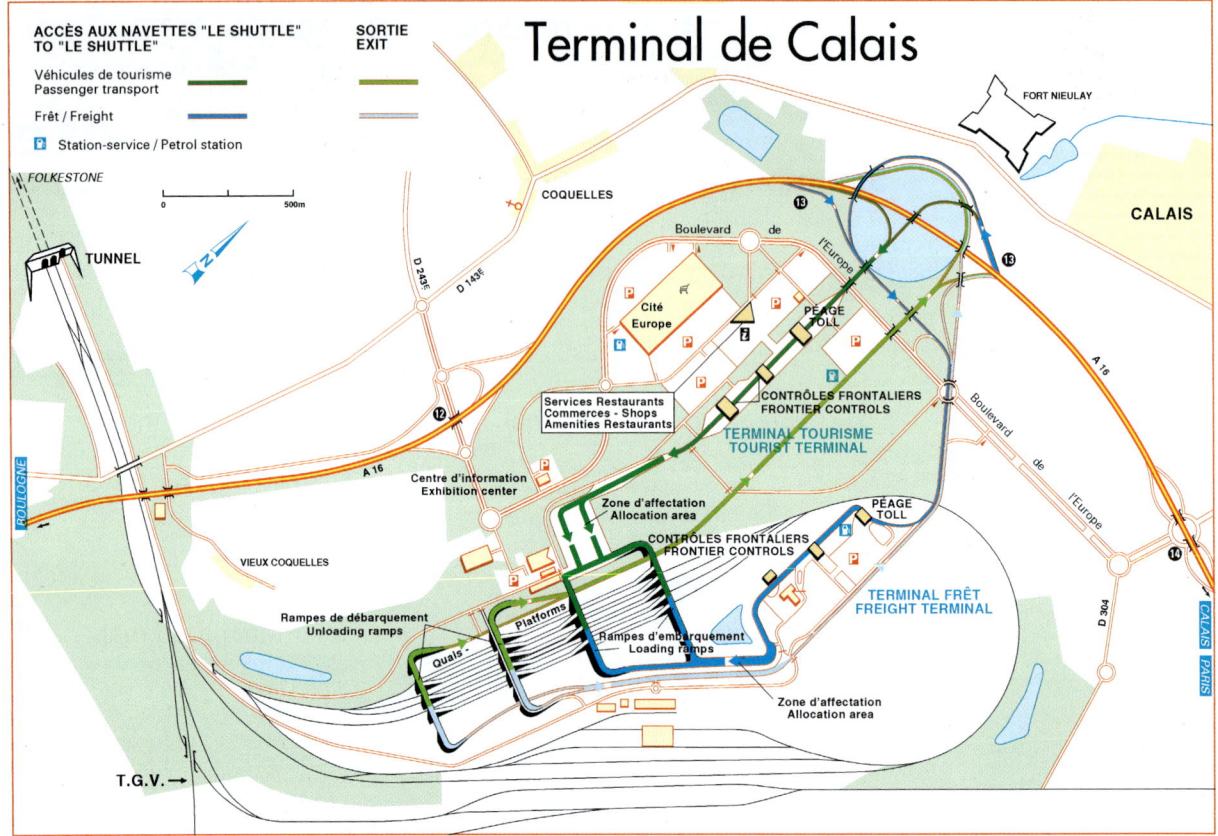

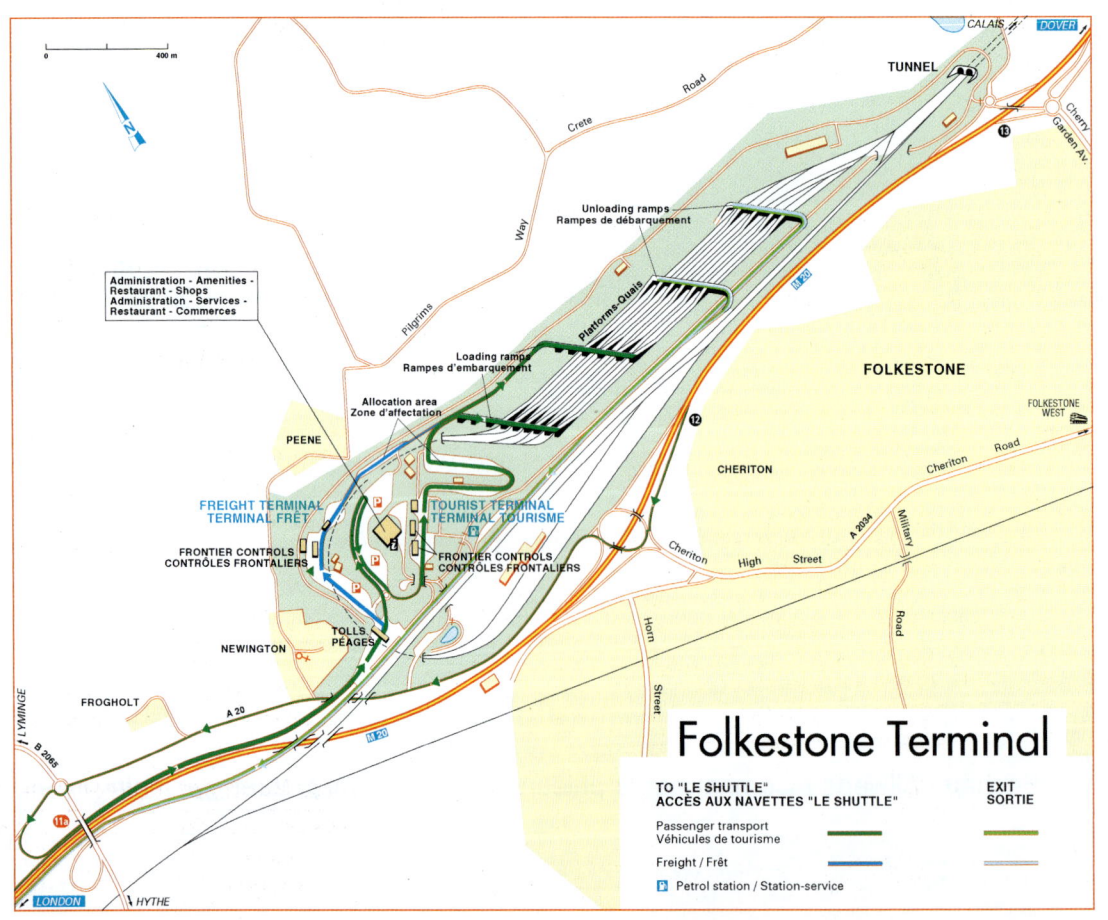

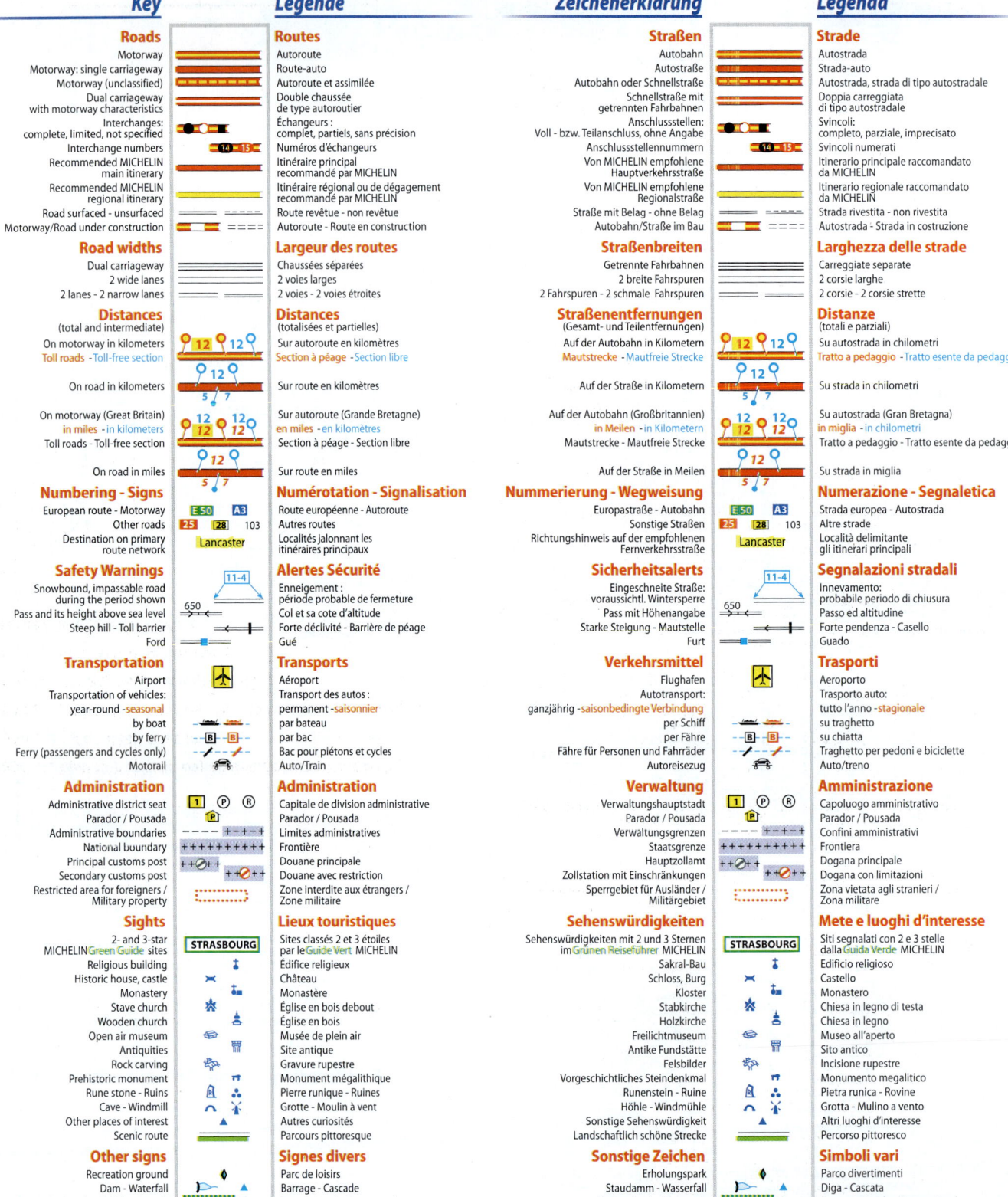

Signos Convencionales / Verklaring van de tekens

Carreteras / Wegen
- Autopista / Autosnelweg
- Carretera / Autoweg
- Autopista, Autovía / Autosnelweg of gelijksoortige weg
- Autovía (otra vía similar a las autopistas) / Gescheiden rijbanen van het type autosnelweg
- Accesos: completo, parcial, sin precisar / Aansluitingen: volledig, gedeeltelijk, zonder aanduiding
- Números de los accesos / Afritnummers
- Itinerario principal recomendado por MICHELIN / Michelin Hoofdweg
- Itinerario regional recomendado por MICHELIN / Michelin Regionale weg
- Carretera asfaltada - sin asfaltar / Verharde weg - onverharde weg
- Autopista - Carretera en construcción / Autosnelweg - Weg in aanleg

Ancho de las carreteras / Breedte van de wegen
- Calzadas separadas / Gescheiden rijbanen
- Dos carriles anchos / 2 brede rijstroken
- Dos carriles - Dos carriles estrechos / 2 rijstroken - 2 smalle rijstroken

Distancias / Afstanden
(totales y parciales) / (totaal en gedeeltelijk)
- En autopista en kilómetros / Op autosnelwegen in kilometers
- Tramo de peaje - Tramo libre / Gedeelte met tol - Tolvrij gedeelte
- En carretera en kilómetros / Op andere wegen in kilometers
- En autopista (Gran Bretaña) en millas - en kilómetros / Op autosnelwegen (Groot Brittannië) in mijlen - in kilometers
- Tramo de peaje - Tramo libre / Gedeelte met tol - Tolvrij gedeelte
- En carretera en millas / Op andere wegen in mijlen

Numeración - Señalización / Wegnummers - Bewegwijzering
- Carretera europea - Autopista / Europaweg - Autosnelweg
- Otras carreteras / Andere wegen
- Localidades situadas en los principales itinerarios / Plaatsen langs een hoofdweg met bewegwijzering

Alertas Seguridad / Veiligheidswaarschuwingen
- Nevada: Período probable de cierre / Sneeuw: vermoedelijke sluitingsperiode
- Puerto y su altitud / Bergpas en hoogte boven de zeespiegel
- Pendiente Pronunciada - Barrera de peaje / Steile helling - Tol
- Vado / Wad

Transportes / Vervoer
- Aeropuerto / Luchthaven
- Transporte de coches: todo el año - de temporada / Vervoer van auto's: het hele jaar - tijdens het seizoen
- por barco / per boot
- por barcaza / per veerpont
- Barcaza para el paso de peatones y vehículos dos ruedas / Veerpont voor voetgangers en fietsers
- Auto-tren / Autotrein

Administración / Administratie
- Capital de división administrativa / Hoofdplaats van administratief gebied
- Parador / Pousada
- Límites administrativos / Administratieve grenzen
- Frontera / Staatsgrens
- Aduana principal / Hoofddouanekantoor
- Aduana con restricciones / Douanekantoor met beperkte bevoegdheden
- Zona prohibida a los extranjeros / Propiedad militar / Terrein verboden voor buitenlanders / Militair gebied

Curiosidades / Bezienswaardigheden
- Lugares clasificados con 2 y 3 estrellas por la Guía Verde MICHELIN / Locaties met 2 en 3 sterren volgens de Groene Gids van MICHELIN
- Edificio religioso / Kerkelijk gebouw
- Castillo / Kasteel
- Monasterio / Klooster
- Iglesia de madera / Stavkirke (houten kerk)
- Iglesia de madera / Houten kerk
- Museo al aire libre / Openluchtmuseum
- Zona de vestigios antiguos / Overblijfsel uit de Oudheid
- Grabado rupestre / Rotstekening
- Monumento megalítico / Megaliet
- Piedra rúnica - Ruinas / Runensteen - Ruïne
- Cueva - Molino de viento / Grot - Molen
- Otras curiosidades / Andere bezienswaardigheden
- Recorrido pintoresco / Schilderachtig traject

Signos diversos / Diverse tekens
- Zona recreativa / Recreatiepark
- Presa - Cascada / Stuwdam - Waterval
- Parque nacional - Parque natural / Nationaal park - Natuurpark

Republic of Ireland: All distances and speed limits are signed in kilometres.

République d'Irlande: Les distances et les limitations de vitesse sont exprimées en kilomètres.

Irland: Alle Entfernungsangaben und Geschwindigkeitsbegrenzungen in km.

Ierland: Alle afstanden en maximumsnelheden zijn uitsluitend in kilometers aangegeven.

Repubblica d'Irlanda: Distanze e limiti di velocità sono espressi soltanto in chilometri.

República de Irlanda: Distancias y límites de velocidad están expresados sólo en kilómetros.

Key to 1:1 000 000 map pages
Légende des cartes au 1/1 000 000
Zeichenerklärung der Karten 1:1 000 000
Verklaring van de tekens voor kaarten met schaal 1:1 000 000
Legenda carte scala 1:1 000 000
Signos convencionales de los mapas a escala 1:1 000 000

VI

ENGLAND

UNITARY AUTHORITIES

1. Bath and North East Somerset
2. Bedford
3. Blackburn with Darwen
4. Blackpool
5. Bournemouth, Christchurch and Poole
6. Bracknell Forest
7. Brighton and Hove
8. Buckinghamshire
9. Cambridgeshire
10. Central Bedfordshire
11. Cheshire East
12. Cheshire West and Chester
13. City of Bristol
14. City of Leicester
15. Cornwall
16. Cumbria
17. Derby
18. Derbyshire
19. Devon
20. Dorset
21. Durham
22. East Riding of Yorkshire
23. East Sussex
24. Essex
25. Gloucestershire
26. Greater London
27. Greater Manchester
28. Halton
29. Hampshire
30. Hartlepool
31. Herefordshire
32. Hertfordshire
33. Kent
34. Kingston-upon-Hull
35. Lancashire
36. Leicestershire
37. Lincolnshire
38. Luton
39. Medway
40. Merseyside
41. Middlesbrough
42. Milton Keynes
43. Norfolk
44. North East Lincolnshire
45. North Lincolnshire
46. North Northamptonshire
47. North Somerset
48. North Yorkshire
49. Northumberland
50. Nottingham
51. Nottinghamshire
52. Oxfordshire
53. Peterborough
54. Plymouth
55. Portsmouth
56. Reading
57. Redcar and Cleveland
58. Rutland
59. Shropshire
60. Somerset
61. South Gloucestershire
62. South Yorkshire
63. Southend-on-Sea
64. Staffordshire
65. Stockton-on-Tees
66. Stoke-on-Trent
67. Suffolk
68. Surrey
69. Swindon
70. Telford and Wrekin
71. Thurrock
72. Torbay
73. Tyne and Wear
74. Warrington
75. Warwickshire
76. West Berkshire
77. West Midlands
78. West Northamptonshire
79. West Sussex
80. West Yorkshire
81. Wiltshire
82. Windsor and Maidenhead
83. Wokingham
84. Worcestershire
85. York

32 = UNITARY AUTHORITIES

SCOTLAND

UNITARY AUTHORITIES

1. Aberdeen City
2. Aberdeenshire
3. Angus
4. Argyll and Bute
5. Clackmannanshire
6. City of Edinburgh
7. City of Glasgow
8. Dumfries and Galloway
9. Dundee City
10. East Ayrshire
11. East Dunbartonshire
12. East Lothian
13. East Renfrewshire
14. Falkirk
15. Fife
16. Highland
17. Inverclyde
18. Midlothian
19. Moray
20. North Ayrshire
21. North Lanarkshire
22. Orkney Islands
23. Perthshire and Kinross
24. Renfrewshire
25. Scottish Borders
26. Shetland Islands
27. South Ayrshire
28. South Lanarkshire
29. Stirling
30. West Dunbartonshire
31. West Lothian
32. Western Isles

NORTHERN IRELAND

DISTRICT COUNCILS

1. Antrim and Newtownabbey
2. Ards and North Down
3. Armagh City, Banbridge & Craigavon
4. Belfast
5. Causeway Coast and Glens
6. Derry City and Strabane
7. Fermanagh and Omagh
8. Lisburn and Castlereagh
9. Mid and East Antrim
10. Mid Ulster
11. Newry, Mourne and Down

WALES

UNITARY AUTHORITIES

1. Anglesey/Sir Fôn
2. Blaenau Gwent
3. Bridgend/Pen-y-bont ar Ogwr
4. Caerphilly/Caerffili
5. Cardiff/Caerdydd
6. Carmarthenshire/Sir Gaerfyrddin
7. Ceredigion
8. Conwy
9. Denbighshire/Sir Ddinbych
10. Flintshire/Sir y Fflint
11. Gwynedd
12. Merthyr Tydfil/Merthyr Tudful
13. Monmouthshire/Sir Fynwy
14. Neath Port Talbot/Castell-nedd Phort Talbot
15. Newport/Casnewydd
16. Pembrokeshire/Sir Benfro
17. Powys
18. Rhondda Cynon Taff/Rhondda Cynon Taf
19. Swansea/Abertawe
20. Torfaen/Tor-faen
21. Vale of Glamorgan/Bro Morgannwg
22. Wrexham/Wrecsam

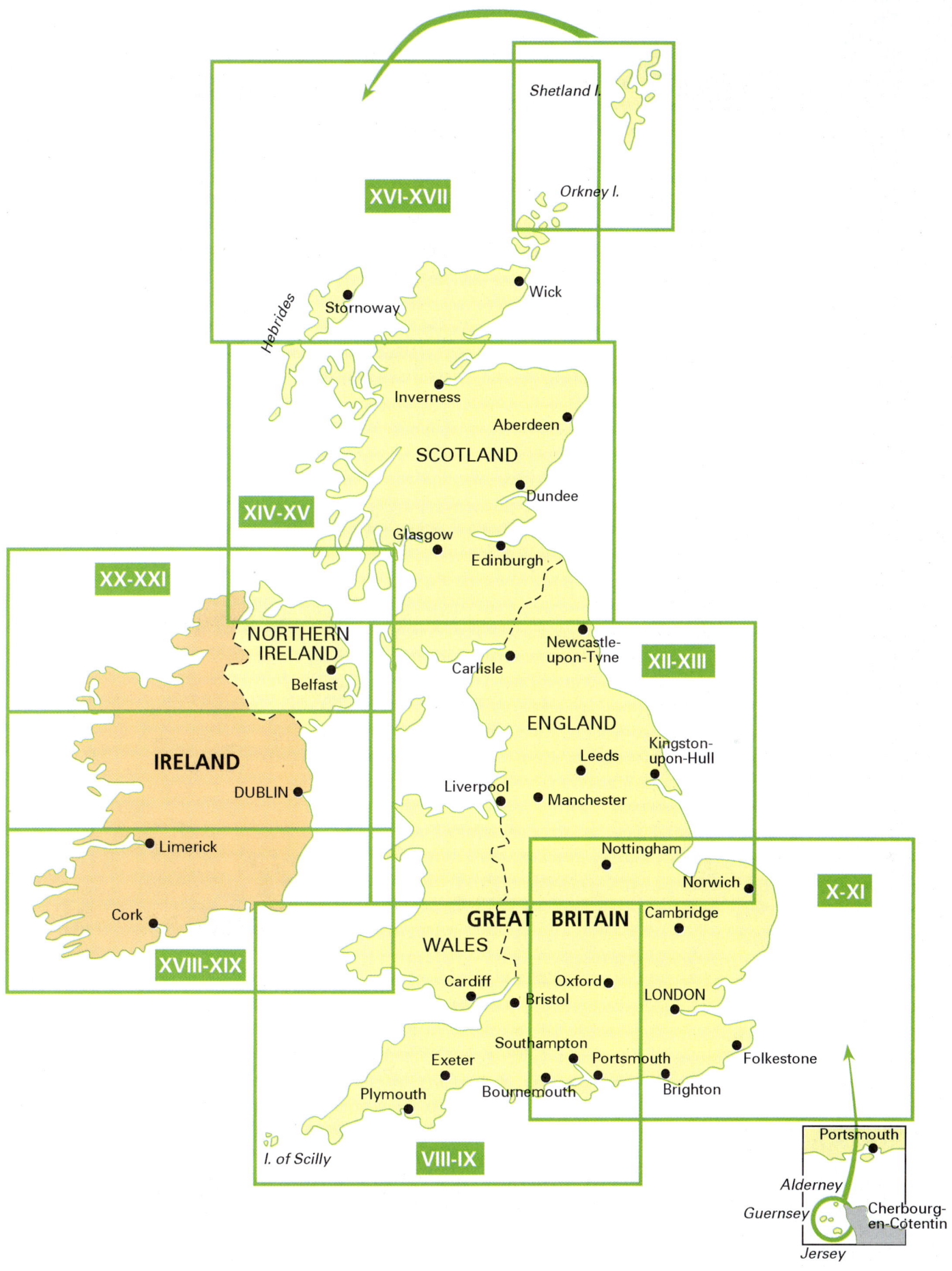

VIII

XV

XVI

xx

Key | Légende | Zeichenerklärung

Roads / Routes / Straßen

Motorway - Service areas	Autoroute - Aires de service	Autobahn - Tankstelle mit Raststätte
Dual carriageway with motorway characteristics	Double chaussée de type autoroutier	Schnellstraße mit getrennten Fahrbahnen
Interchanges: complete, limited	Échangeurs : complet, partiels	Anschlussstellen: Voll- bzw. Teilanschlussstellen
Interchange numbers	Numéros d'échangeurs	Anschlussstellennummern
International and national road network	Route de liaison internationale ou nationale	Internationale bzw. nationale Hauptverkehrsstraße
Interregional and less congested road	Route de liaison interrégionale ou de dégagement	Überregionale Verbindungsstraße oder Umleitungsstrecke
Road surfaced - unsurfaced	Route revêtue - non revêtue	Straße mit Belag - ohne Belag
Footpath - Waymarked footpath / Bridle path	Sentier - Sentier balisé / Allée cavalière	Pfad - Ausgeschilderter Weg / Reitpfad
Motorway / Road under construction (when available: with scheduled opening date)	Autoroute - Route en construction (le cas échéant : date de mise en service prévue)	Autobahn - Straße im Bau (ggf. voraussichtliches Datum der Verkehrsfreigabe)

Road widths / Largeur des routes / Straßenbreiten

- Dual carriageway / Chaussées séparées / Getrennte Fahrbahnen
- 4 lanes - 2 wide lanes / 4 voies - 2 voies larges / 4 Fahrspuren - 2 breite Fahrspuren
- 2 lanes - 2 narrow lanes / 2 voies - 2 voies étroites / 2 Fahrspuren - 1 Fahrspur

Distances (total and intermediate) / Distances (totalisées et partielles) / Entfernungen (Gesamt- und Teilentfernungen)

- Toll roads on motorway / Section à péage sur autoroute / Mautstrecke auf der Autobahn
- Toll-free section on motorway / Section libre sur autoroute / Mautfreie Strecke auf der Autobahn
- in miles - in kilometers / en miles - en kilomètres / in Meilen - in Kilometern
- on road / sur route / Auf der Straße

Numbering - Signs / Numérotation - Signalisation / Nummerierung - Wegweisung

- Motorway - GB: Primary route / Autoroute - GB : itinéraire principal (Primary route) / Autobahn - GB: Empfohlene Fernverkehrsstraße (Primary route)
- IRL : National primary and secondary route / IRL : itinéraire principal (National primary and secondary route) / IRL: Empfohlene Fernverkehrsstraße (National primary and secondary route)
- Other roads / Autres routes / Sonstige Straßen
- Destination on primary route network / Localités jalonnant les itinéraires principaux / Richtungshinweis auf der empfohlenen Fernverkehrsstraße

Obstacles / Obstacles / Verkehrshindernisse

- Roundabout - Pass and its height above sea level (meters) / Rond-point - Col et sa cote d'altitude (en mètres) / Verkehrsinsel - Pass mit Höhenangabe (in Meter)
- Steep hill (ascent in direction of the arrow) / Forte déclivité (flèches dans le sens de la montée) / Starke Steigung (Steigung in Pfeilrichtung)
- IRL: Difficult or dangerous section of road / IRL : Parcours difficile ou dangereux / IRL: Schwierige oder gefährliche Strecke
- In Scotland: narrow road with passing places / En Écosse : route très étroite avec emplacements pour croisement / In Schottland: sehr schmale Straße mit Ausweichstellen (passing places)
- Level crossing: railway passing, under road, over road / Passages de la route : à niveau, supérieur, inférieur / Bahnübergänge: schienengleich, Unterführung, Überführung
- Prohibited road - Road subject to restrictions / Route interdite - Route réglementée / Gesperrte Straße - Straße mit Verkehrsbeschränkungen
- Toll barrier - One way road / Barrière de péage - Route à sens unique / Mautstelle - Einbahnstraße
- Height limit under 15'6" IRL, 16'6" GB / Hauteur limitée au dessous de 15'6" IRL, 16'6" GB / Beschränkung der Durchfahrtshöhe bis 15'6" IRL, 16'6" GB
- Load limit (under 16 t.) / Limites de charge (au-dessous de 16 t.) / Höchstbelastung (angegeben, wenn unter 16 t)

Transportation / Transports / Verkehrsmittel

- Railway - Passenger station / Voie ferrée - Gare / Bahnlinie - Bahnhof
- Airport - Airfield / Aéroport - Aérodrome / Flughafen - Flugplatz
- Transportation of vehicles: (seasonal services in red) / Transport des autos: (liaison saisonnière en rouge) / Autotransport: (rotes Zeichen: saisonbedingte Verbindung)
- by boat / par bateau / per Schiff
- by ferry (load limit in tons) / par bac (charge maximum en tonnes) / per Fähre (Höchstbelastung in t)
- Ferry (passengers and cycles only) / Bac pour piétons et cycles / Fähre für Personen und Fahrräder

Accommodation - Administration / Hébergement - Administration / Unterkunft - Verwaltung

- Administrative boundaries / Limites administratives / Verwaltungshauptstadt
- Scottish and Welsh borders / Limite de l'Écosse et du Pays de Galles / Grenze von Schottland und Wales
- National boundary - Customs post / Frontière - Douane / Staatsgrenze - Zoll

Sport & Recreation Facilities / Sports - Loisirs / Sport - Freizeit

- Golf course - Horse racetrack / Golf - Hippodrome / Golfplatz - Pferderennbahn
- Racing circuit - Pleasure boat harbour / Circuit automobile - Port de plaisance / Rennstrecke - Yachthafen
- Caravan and camping sites / Camping, caravaning / Campingplatz
- Waymarked footpath - Country park / Sentier balisé - Base ou parc de loisirs / Ausgeschilderter Weg - Freizeitanlage
- Safari park, zoo - Bird sanctuary, refuge / Parc animalier, zoo - Réserve d'oiseaux / Tierpark, Zoo - Vogelschutzgebiet
- IRL: Fishing - Greyhound track / IRL : Pêche - Cynodrome / IRL: Angeln - Windhundrennen
- Tourist train / Train touristique / Museumseisenbahn
- Funicular, cable car, chairlift / Funiculaire, téléphérique, télésiège / Standseilbahn, Seilbahn, Sessellift

Sights / Curiosités / Sehenswürdigkeiten

- Principal sights: see THE GREEN GUIDE / Principales curiosités : voir LE GUIDE VERT / Hauptsehenswürdigkeiten: siehe GRÜNER REISEFÜHRER
- Towns or places of interest, Places to stay / Localités ou sites intéressants, lieux de séjour / Sehenswerte Orte, Ferienorte
- Religious building - Historic house - Château / Édifice religieux - Château / Sakral-Bau - Schloss, Burg
- Ruins - Prehistoric monument - Cave / Ruines - Monument mégalithique - Grotte / Ruine - Vorgeschichtliches Steindenkmal - Höhle
- Garden, park - Other places of interest / Jardin, parc - Autres curiosités / Garten, Park - Sonstige Sehenswürdigkeit
- IRL: Fort - Celtic cross - Round Tower / IRL : Fort - Croix celte - Tour ronde / IRL: Fort, Festung - Keltisches Kreuz - Rundturm
- Panoramic view - Viewpoint / Panorama - Point de vue / Rundblick - Aussichtspunkt
- Scenic route / Parcours pittoresque / Landschaftlich schöne Strecke

Other signs / Signes divers / Sonstige Zeichen

- Industrial cable way / Transporteur industriel aérien / Industrieschwebebahn
- Telecommunications tower or mast - Lighthouse / Tour ou pylône de télécommunications - Phare / Funk-, Sendeturm - Leuchtturm
- Power station - Quarry / Centrale électrique - Carrière / Kraftwerk - Steinbruch
- Mine - Industrial activity / Mine - Industries / Bergwerk - Industrieanlagen
- Refinery - Cliff / Raffinerie - Falaise / Raffinerie - Klippen
- National forest park - National park / Parc forestier national - Parc national / Waldschutzgebiet - Nationalpark

Verklaring van de tekens

Wegen
Autosnelweg - Serviceplaatsen
Gescheiden rijbanen van het type autosnelweg
Aansluitingen: volledig, gedeeltelijk
Afritnummers
Internationale of nationale verbindingsweg
Interregionale verbindingsweg

Verharde weg - Onverharde weg
Pad - Bewegwijzerd wandelpad / Ruiterpad
Autosnelweg in aanleg - weg in aanleg
(indien bekend: datum openstelling)

Breedte van de wegen
Gescheiden rijbanen
4 rijstroken - 2 brede rijstroken
2 rijstroken - 2 smalle rijstroken

Afstanden (totaal en gedeeltelijk)
Gedeelte met tol op autosnelwegen
Tolvrij gedeelte op autosnelwegen
in mijlen - in kilometers
op andere wegen

Wegnummers - Bewegwijzering
Autosnelweg - GB: Hoofdweg
(Primary route)
IRL: Hoofdweg
(National primary en secondary route)
Andere wegen
Plaatsen langs een autosnelweg of Primary route met bewegwijzering

Hindernissen
Rotonde - Bergpas en hoogte boven de zeespiegel (in meters)
Steile helling (pijlen in de richting van de helling)
IRL: Moeilijk of gevaarlijk traject
In Schotland: smalle weg met uitwijkplaatsen

Wegovergangen:
gelijkvloers, overheen, onderdoor
Verboden weg - Beperkt opengestelde weg
Tol - Weg met eenrichtingsverkeer
Vrije hoogte indien lager dan
15'6" IRL, 16'6" GB
Maximum draagvermogen (indien minder dan 16 t)

Vervoer
Spoorweg - Reizigersstation
Luchthaven - Vliegveld
Vervoer van auto's: (tijdens het seizoen: rood teken)
per boot
per veerpont (maximum draagvermogen in t.)
Veerpont voor voetgangers en fietsers

Verblijf - Administratie
Administratieve grenzen
Grens van Schotland en Wales

Staatsgrens - Douanekantoor

Sport - Recreatie
Golfterrein - Renbaan
Autocircuit - Jachthaven
Kampeerterrein (tent, caravan)
Sentiero segnalato - Recreatiepark
Safaripark, dierentuin - Vogelreservaat
IRL: Vissen - Hondenrenbaan
Toeristentreintje
Kabelspoor, kabelbaan, stoeltjeslift

Bezienswaardigheden
Belangrijkste bezienswaardigheden: zie DE GROENE GIDS
Interessante steden of plaatsen, vakantieoorden
Kerkelijk gebouw - Kasteel
Ruïne - Megaliet - Grot
Tuin, park - Andere bezienswaardigheden
IRL: Fort - Keltisch kruis - Ronde toren
Panorama - Uitzichtpunt
Schilderachtig traject

Diverse tekens
Kabelvrachtvervoer
Telecommunicatietoren of -mast - Vuurtoren
Elektriciteitscentrale - Steengroeve
Mijn - Industrie
Raffinaderij - Klif
Staatsbos - Nationaal park

Legenda

Strade
Autostrada - Aree di servizio
Doppia carreggiata di tipo autostradale
Svincoli: completo, parziale
Svincoli numerati
Strada di collegamento internazionale o nazionale
Strada di collegamento interregionale o di disimpegno

Strada rivestita - non rivestita
Sentiero - Sentiero segnalato / Pista per cavalli
Autostrada, strada in costruzione
(data di apertura prevista)

Larghezza delle strade
Carreggiate separate
4 corsie - 2 corsie larghe
2 corsie - 2 corsie strette

Distanze (totali e parziali)
Tratto a pedaggio su autostrada
Tratto esente da pedaggio su autostrada
in miglia - in chilometri
su strada

Numerazione - Segnaletica
Autostrada - GB: itinerario principale
(Strada «Primary»)
IRL: itinerario principale
(Strada «National primary» e «Secondary»)
Altre Strade
Località delimitante gli itinerari principali

Ostacoli
Rotonda - Passo ed altitudine (in metri)
Forte pendenza (salita nel senso della freccia)
IRL: Percorso difficile o pericoloso
In Scozia: Strada molto stretta con incrocio

Passaggi della strada:
a livello, cavalcavia, sottopassaggio
Strada vietata - Strada a circolazione regolamentata
Casello - Strada a senso unico
Limite di altezza inferiore a
15'6" IRL, 16'6" GB
Limite di portata (inferiore a 16 t.)

Trasporti
Ferrovia - Stazione viaggiatori
Aeroporto - Aerodromo
Trasporto auto: (stagionale in rosso)
su traghetto
su chiatta (carico massimo in t.)
Traghetto per pedoni e biciclette

Risorse alberghiere - Amministrazione
Confini amministrativi
Confine di Scozia e Galles

Frontiera - Dogana

Sport - Divertimento
Golf - Ippodromo
Circuito Automobilistico - Porto turistico
Campeggi, caravaning
Sentiero segnalato - Area o parco per attività ricreative
Parco con animali, zoo - Riserva ornitologica
IRL: Pesca - Cinodromo
Trenino turistico
Funicolare, funivia, seggiovia

Mete e luoghi d'interesse
Principali luoghi d'interesse, vedere LA GUIDA VERDE
Località o siti interessanti, luoghi di soggiorno
Edificio religioso - Castello
Rovine - Monumento megalitico - Grotta
Giardino, parco - Altri luoghi d'interesse
IRL: Forte - Croce celtica - Torre rotonda
Panorama - Vista
Percorso pittoresco

Simboli vari
Teleferica industriale
Torre o pilone per telecomunicazioni - Faro
Centrale elettrica - Cava
Miniera - Industrie
Raffineria - Falesia
Parco forestale nazionale - Parco nazionale

Signos convencionales

Carreteras
Autopista - Áreas de servicio
Autovía
Enlaces: completo, parciales
Números de los accesos
Carretera de comunicación internacional o nacional
Carretera de comunicación interregional o alternativo

Carretera asfaltada - sin asfaltar
Sendero - Sendero señalizado / Camino de caballos
Autopista, carretera en construcción
(en su caso: fecha prevista de entrada en servicio)

Ancho de las carreteras
Calzadas separadas
Cuatro carriles - Dos carriles anchos
Dos carriles - Dos carriles estrechos

Distancias (totales y parciales)
Tramo de peaje en autopista
Tramo libre en autopista
en millas - en kilómetros
en carretera

Numeración - Señalización
Autopista - GB: Vía principal
(Primary route)
IRL: Vía principal
(National primary et secondary route)
Otras carreteras
Localidad en itinerario principal

Obstáculos
Rotonda - Puerto y su altitud (en métros)
Pendiente Pronunciada (las flechas indican el sentido del ascenso)
IRL: Recorrido difícil o peligroso
En escocia: carretera muy estrecha con ensanchamientos para poder cruzarse

Pasos de la carretera:
a nivel, superior, inferior
Tramo prohibido - Carretera restringida
Barrera de peaje - Carretera de sentido único
Altura limitada
(15'6" IRL, 16'6" GB)
Limite de carga (inferior a 16 t)

Transportes
Línea férrea - Estación de viajeros
Aeropuerto - Aeródromo
Transporte de coches: (Enlace de temporada: signo rojo)
por barco
por barcaza (carga máxima en toneladas)
Barcaza para el paso de peatones y vehículos dos ruedas

Alojamiento - Administración
Limites administrativos
Limites de Escocia y del País de Gales

Frontera - Puesto de aduanas

Deportes - Ocio
Golf - Hipódromo
Circuito de velocidad - Puerto deportivo
Camping, caravaning
Sendero señalizado - Parque de ocio
Reserva de animales, zoo - Reserva de pájaros
IRL: Pêche - Cynodrome
Tren turístico
Funicular, Teleférico, telesilla

Curiosidades
Principales curiosidades: ver LA GUÍA VERDE
Localidad o lugar interesante, lugar para quedarse
Edificio religioso - Castillo
Ruinas - Monumento megalítico - Cueva
Jardín, parque - Curiosidades diversas
IRL: Fortaleza - Cruz celta - Torre redonda
Vista panorámica - Vista parcial
Recorrido pintoresco

Signos diversos
Transportador industrial aéreo
Emisor de Radiodifusión - Faro
Central eléctrica - Cantera
Mina - Industrias
Refinería - Acantilado
Parque forestal nacional - Parque nacional

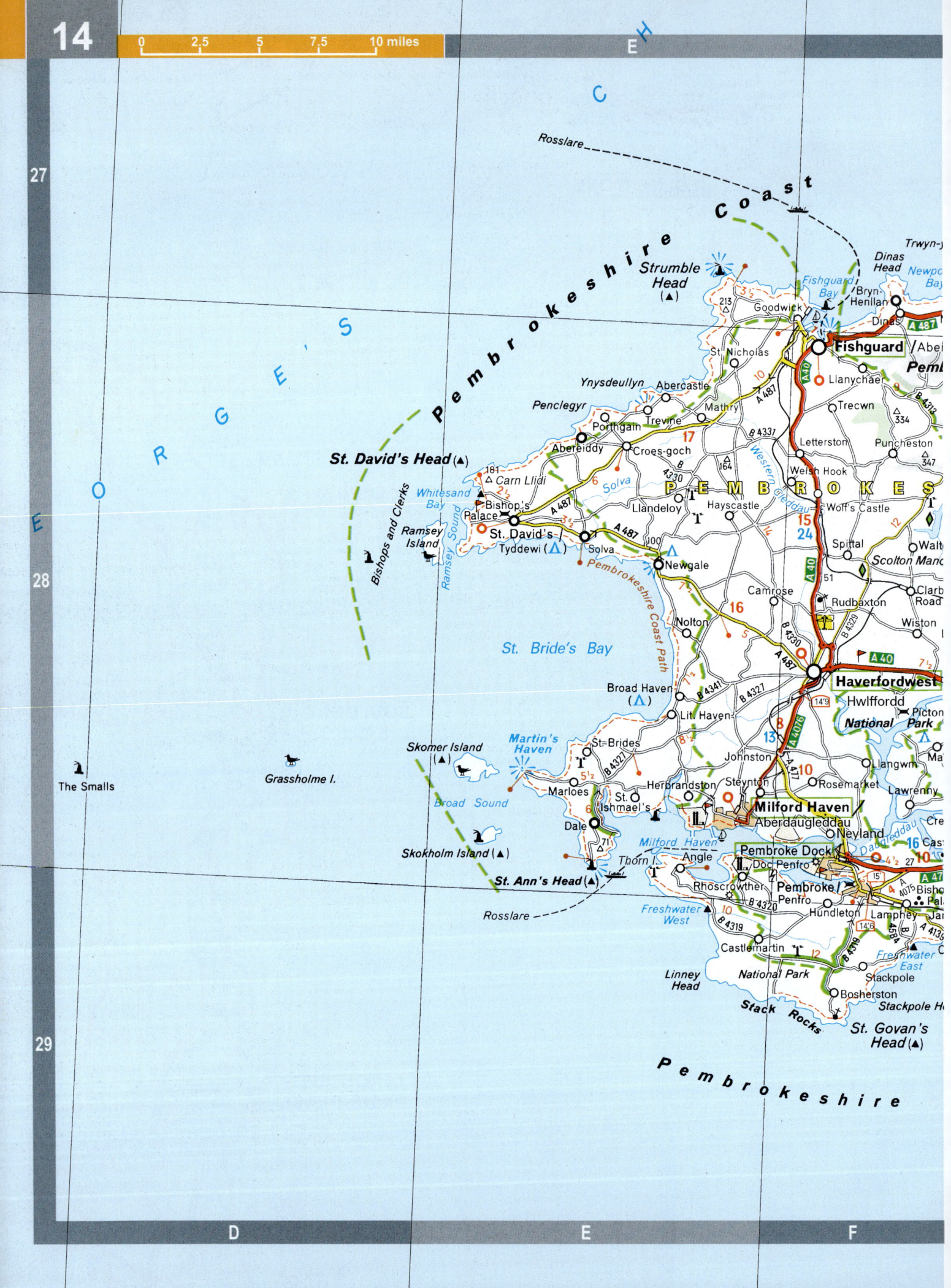

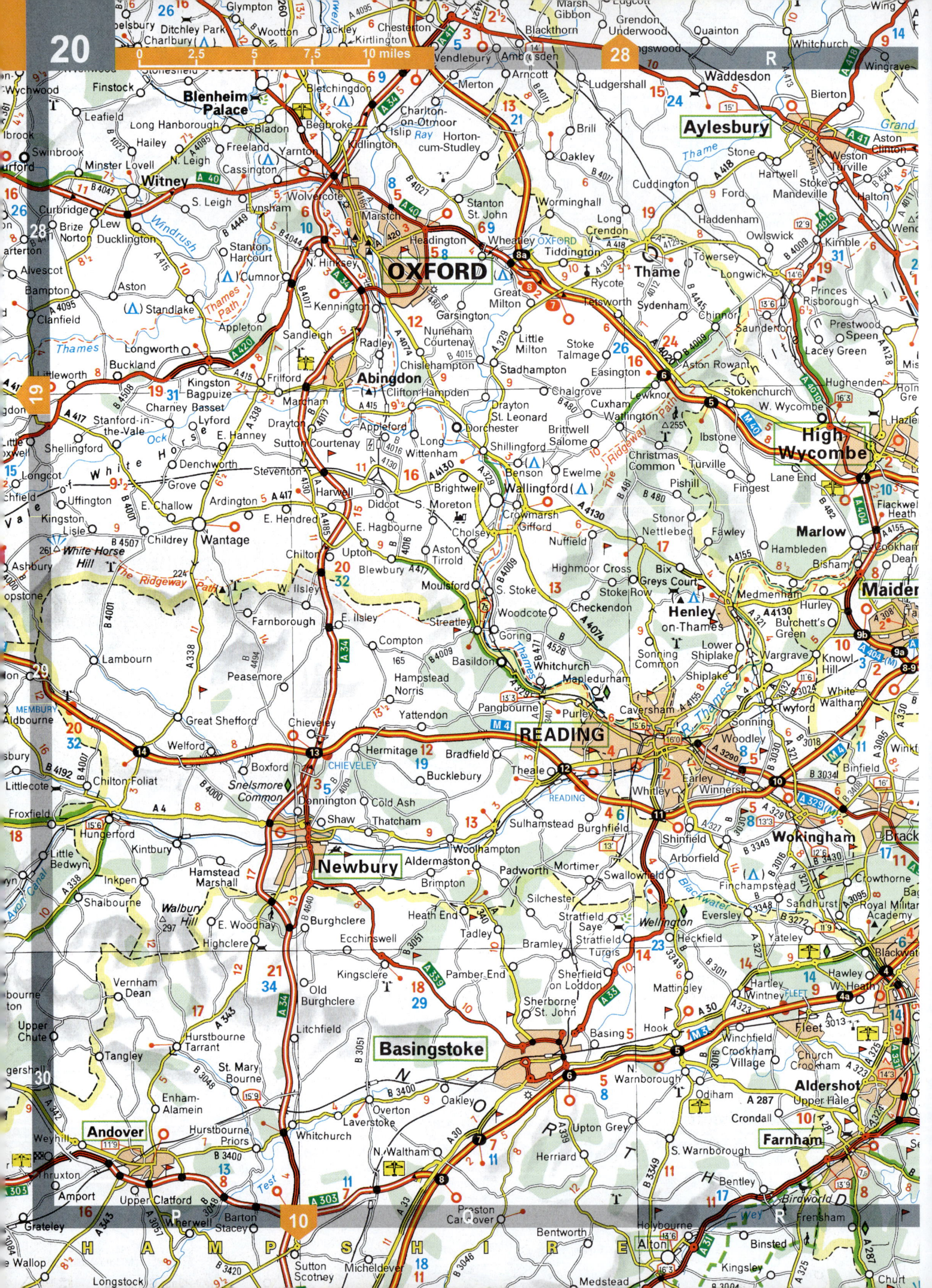

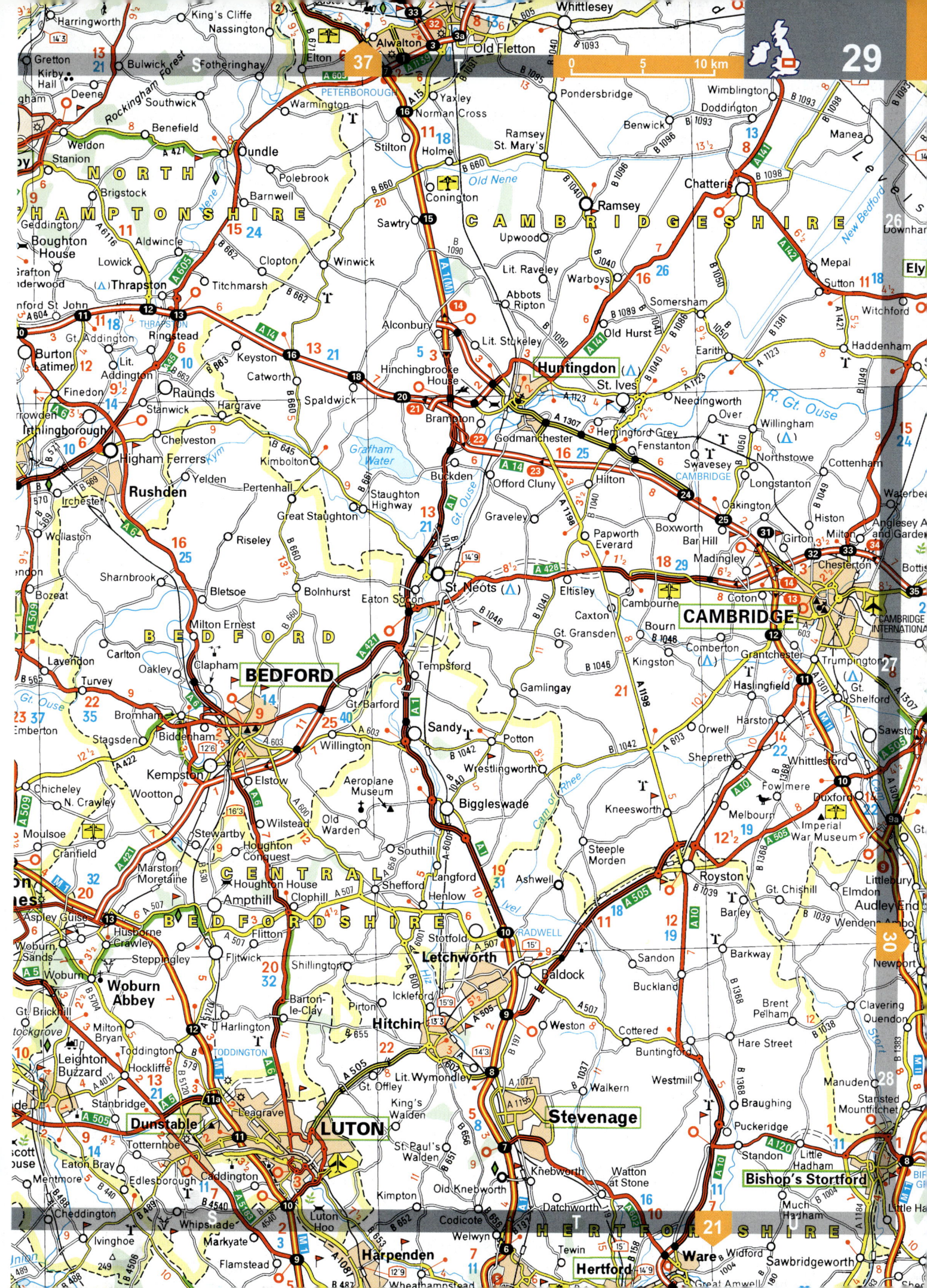

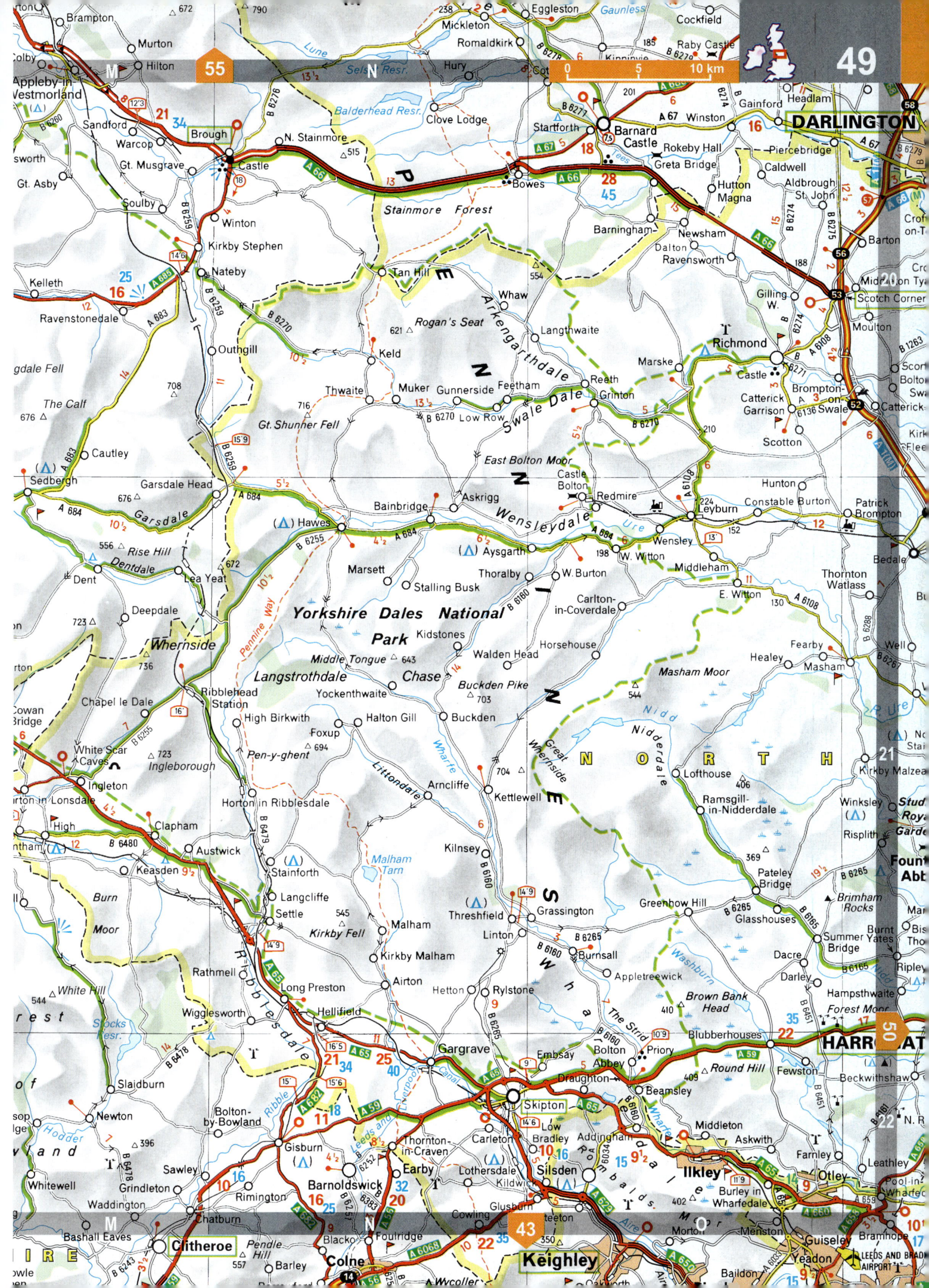

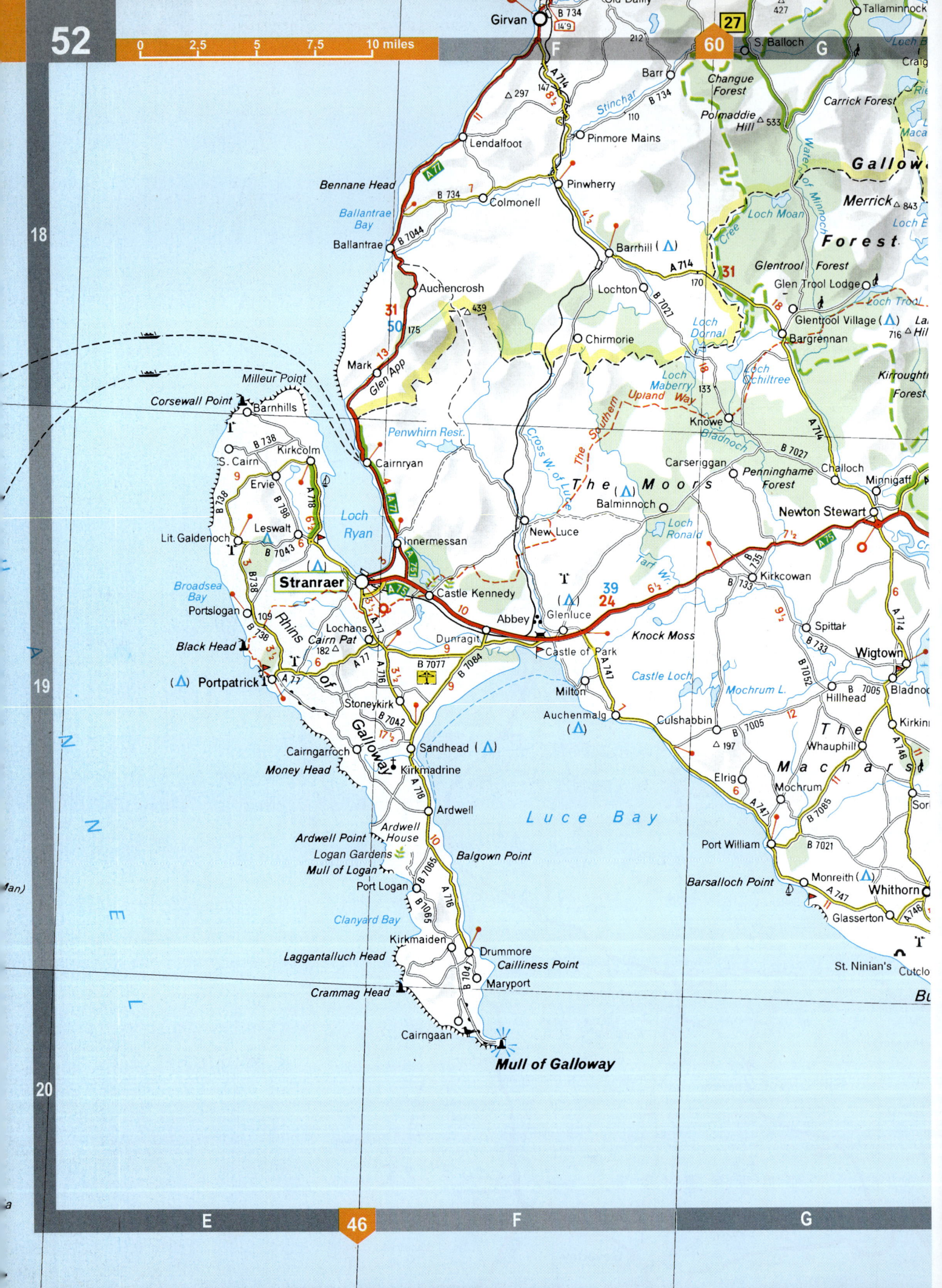

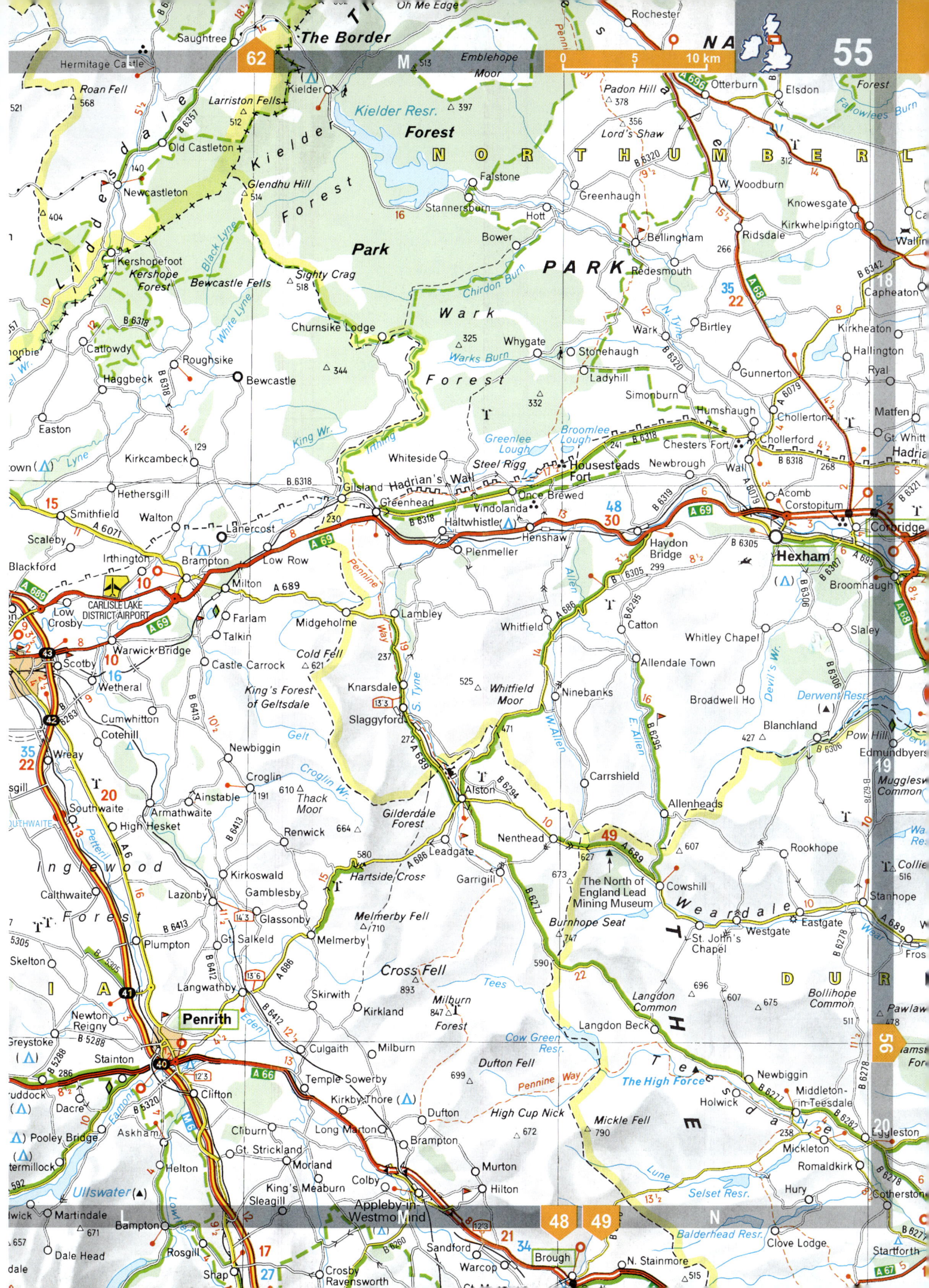

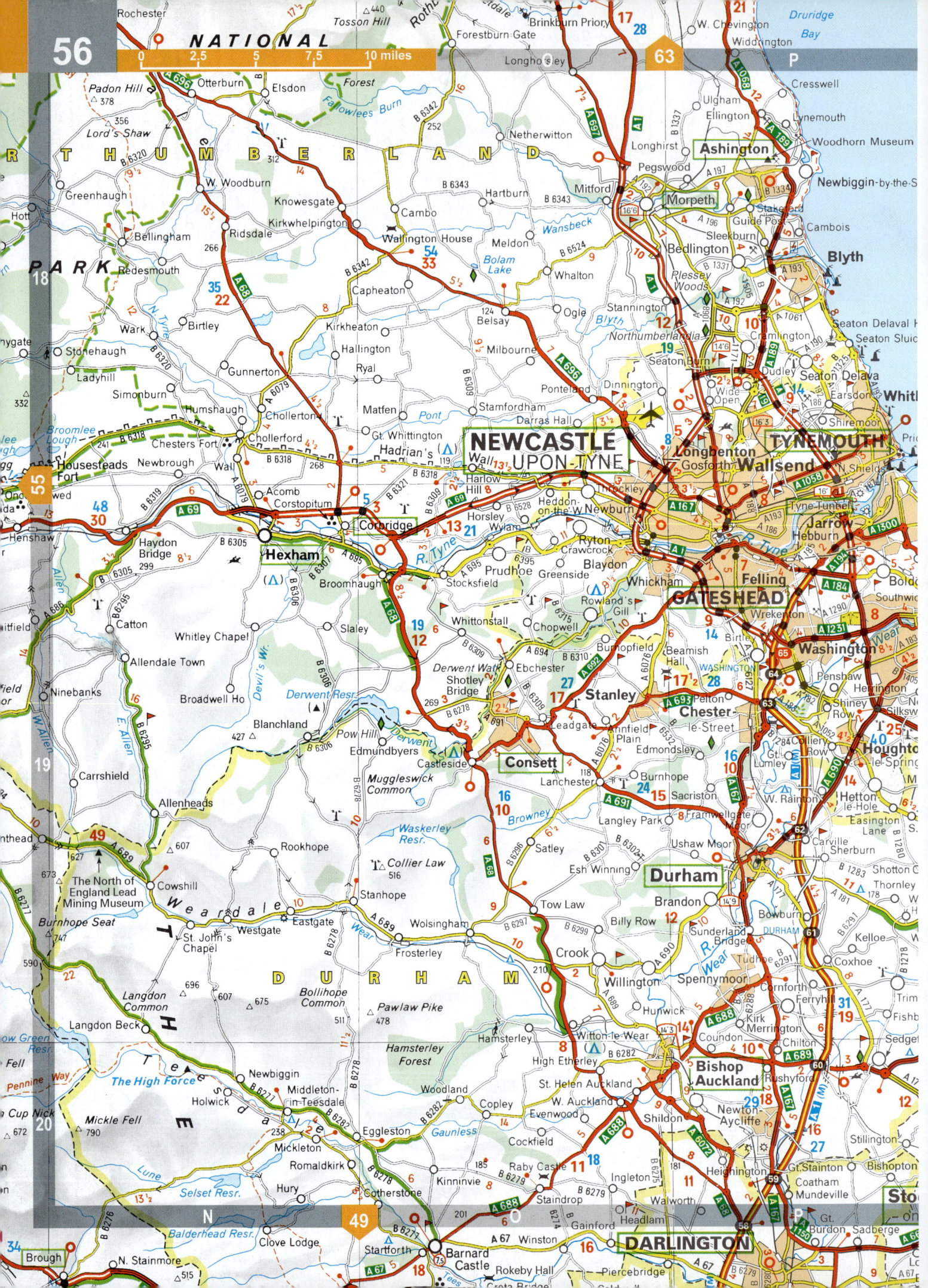

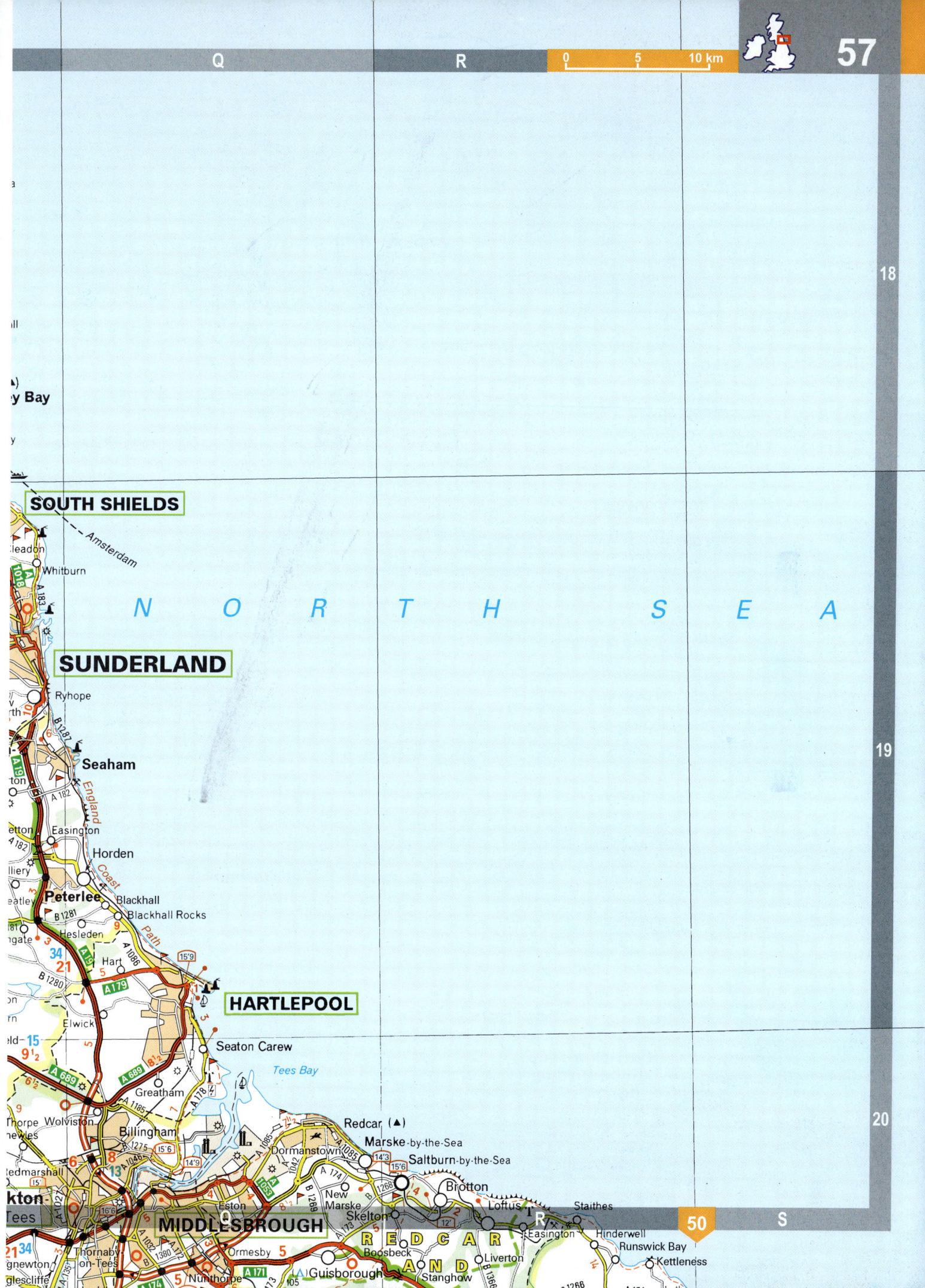

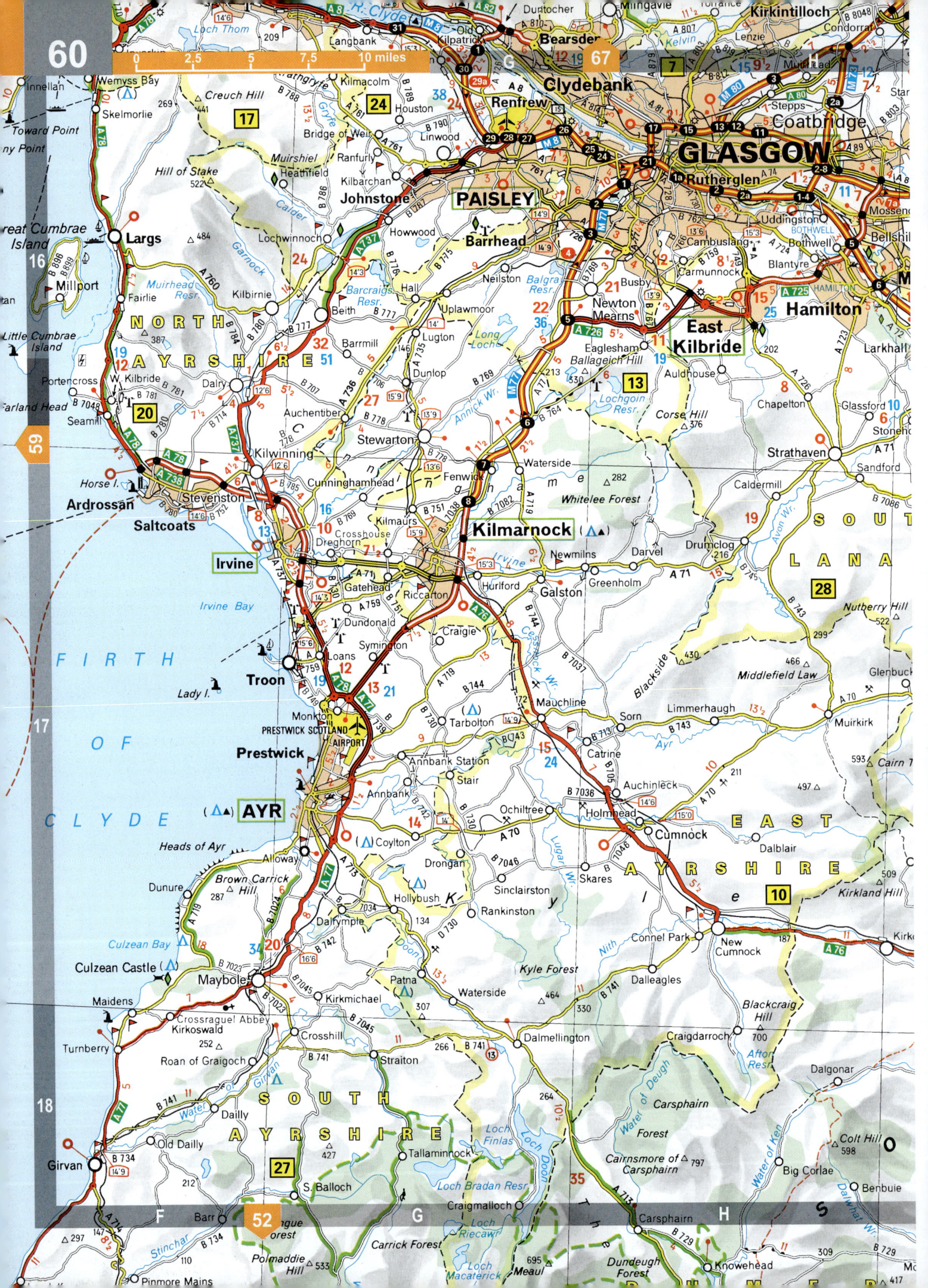

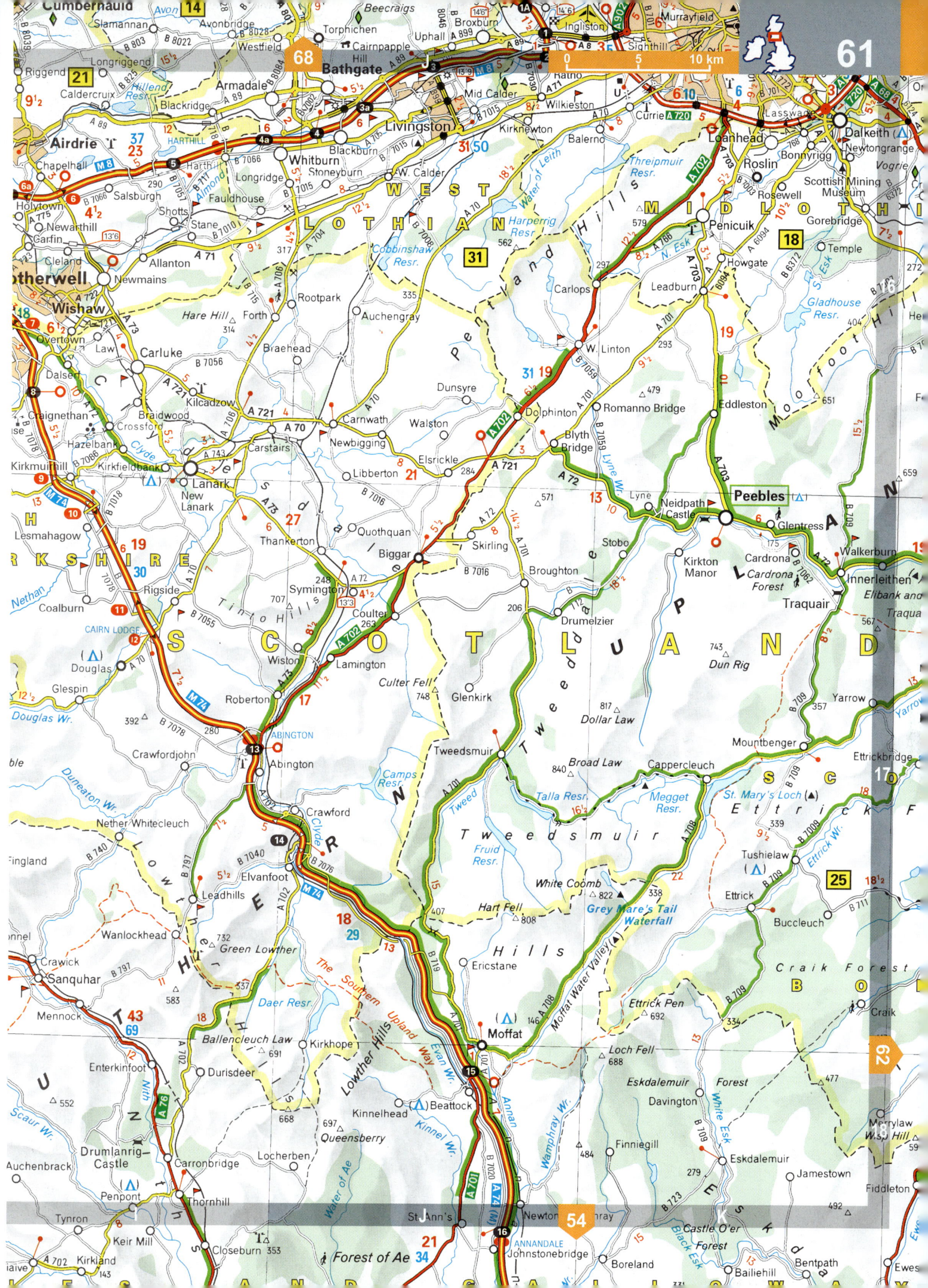

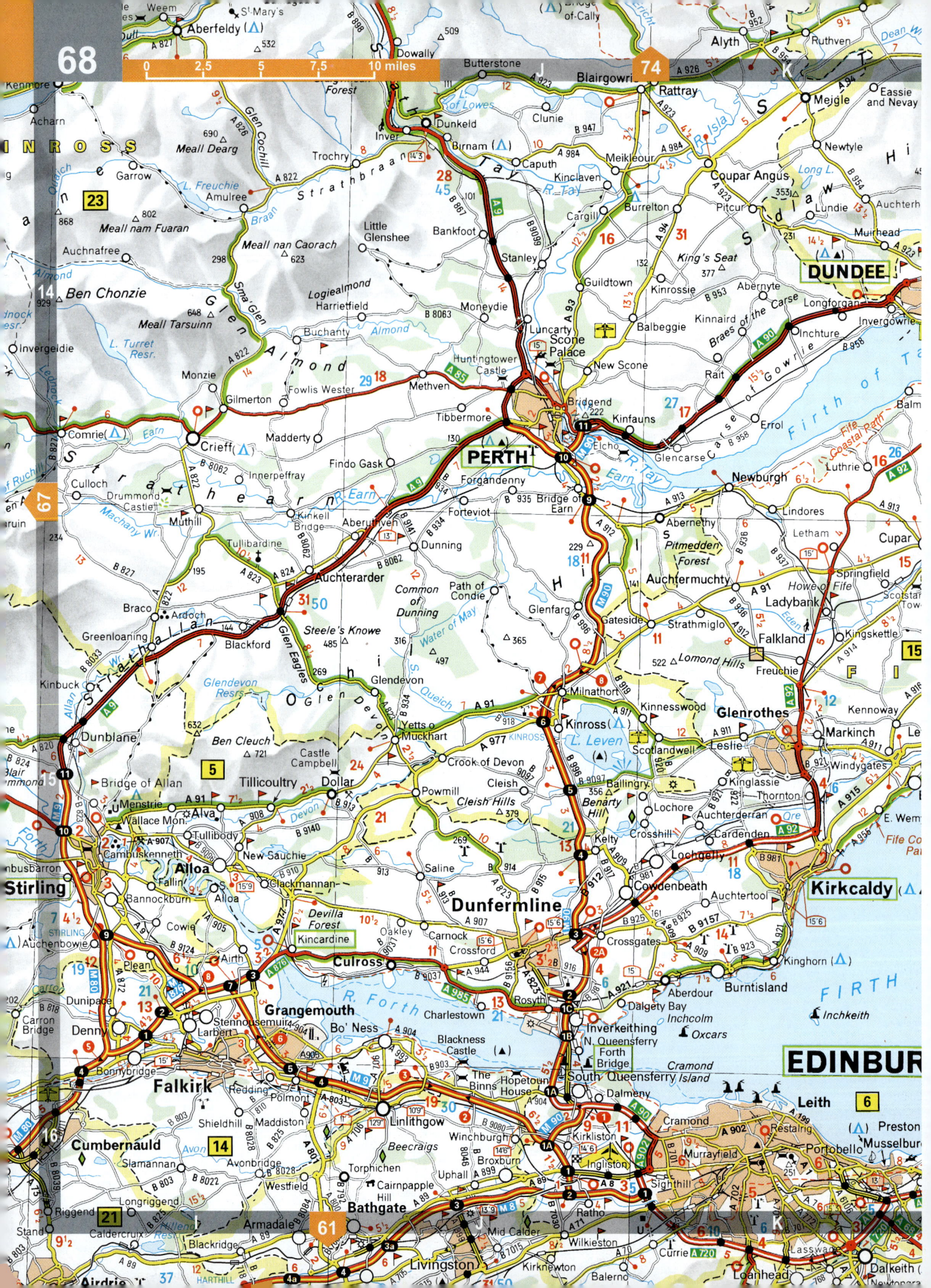

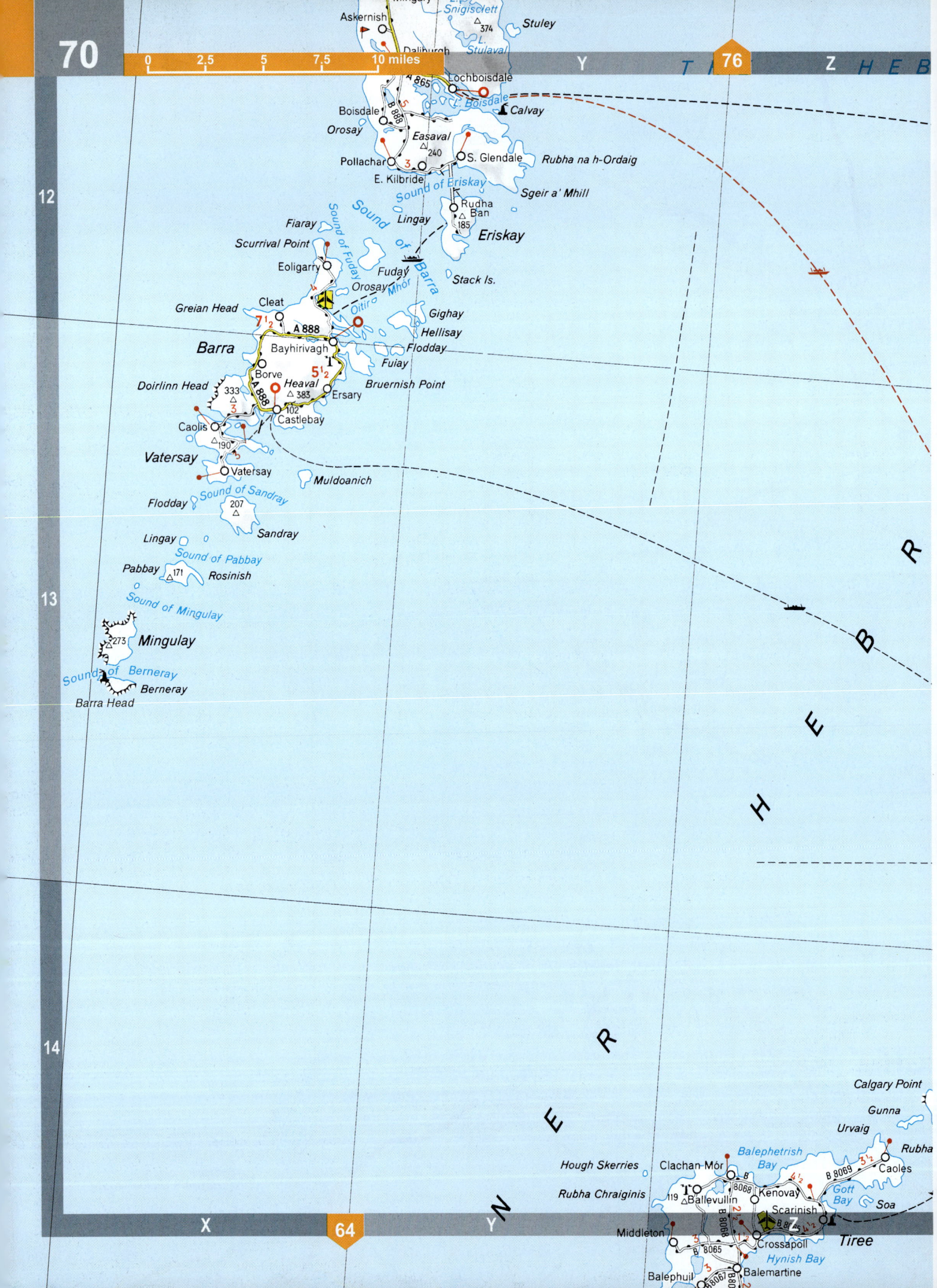

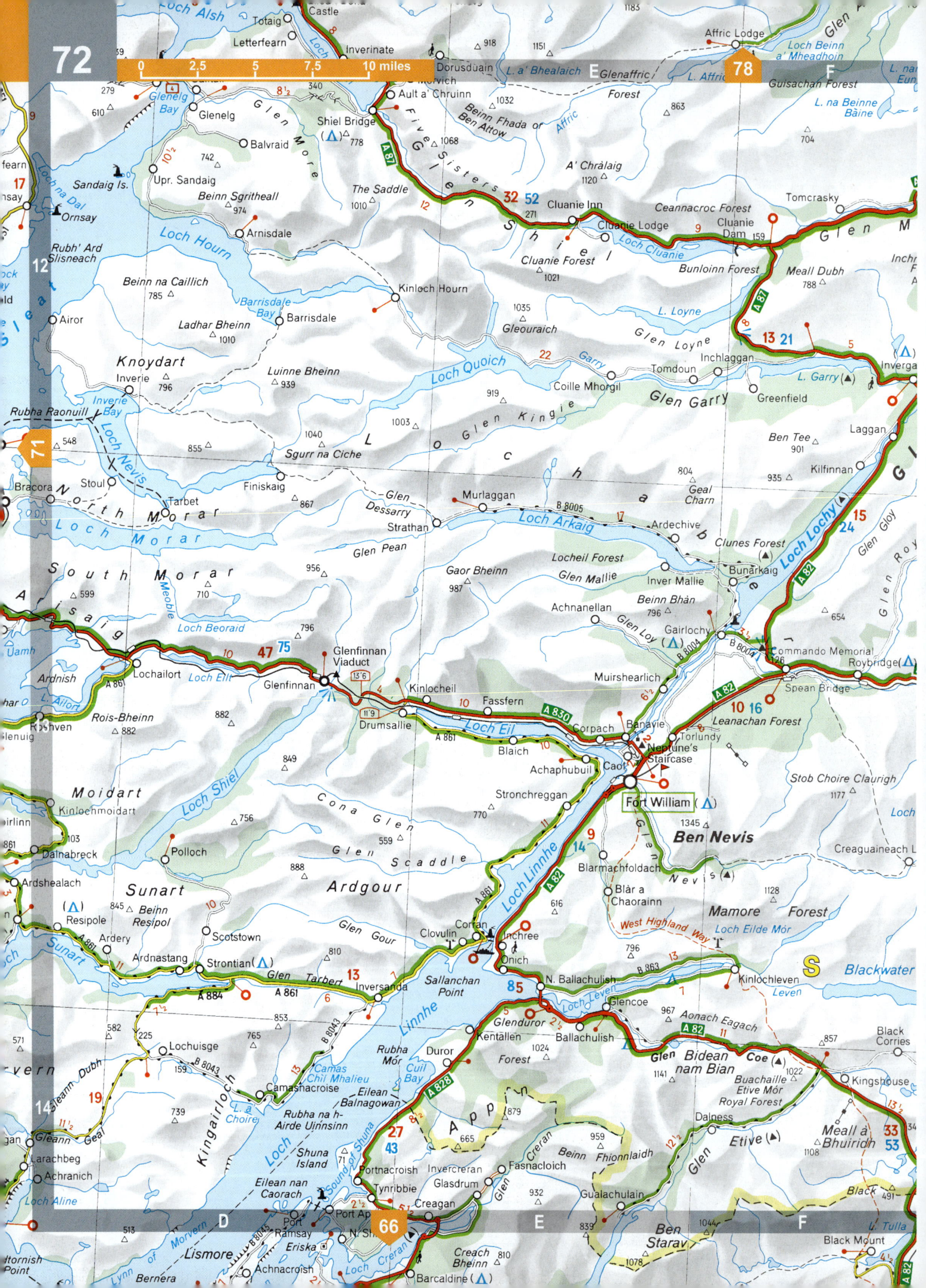

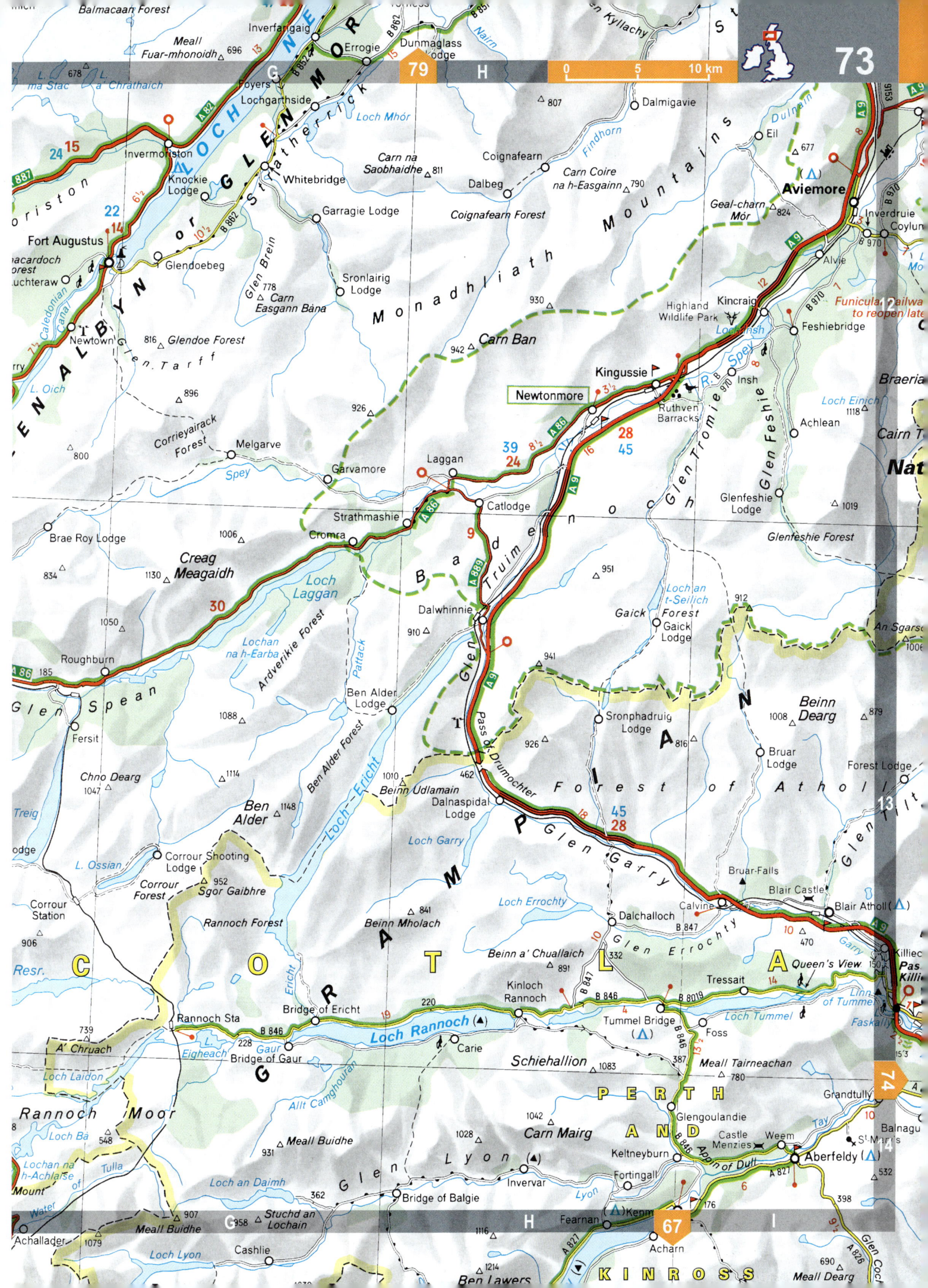

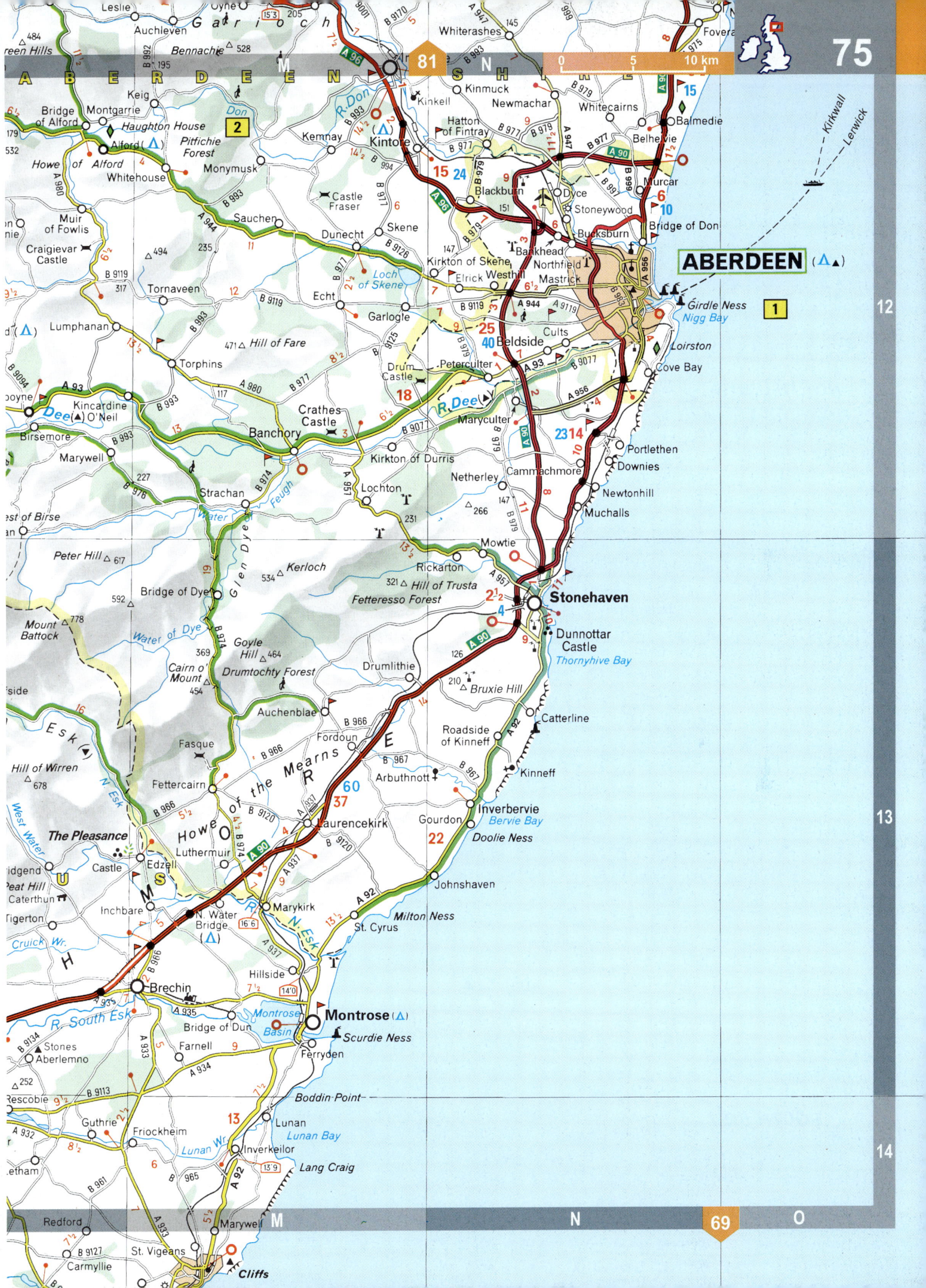

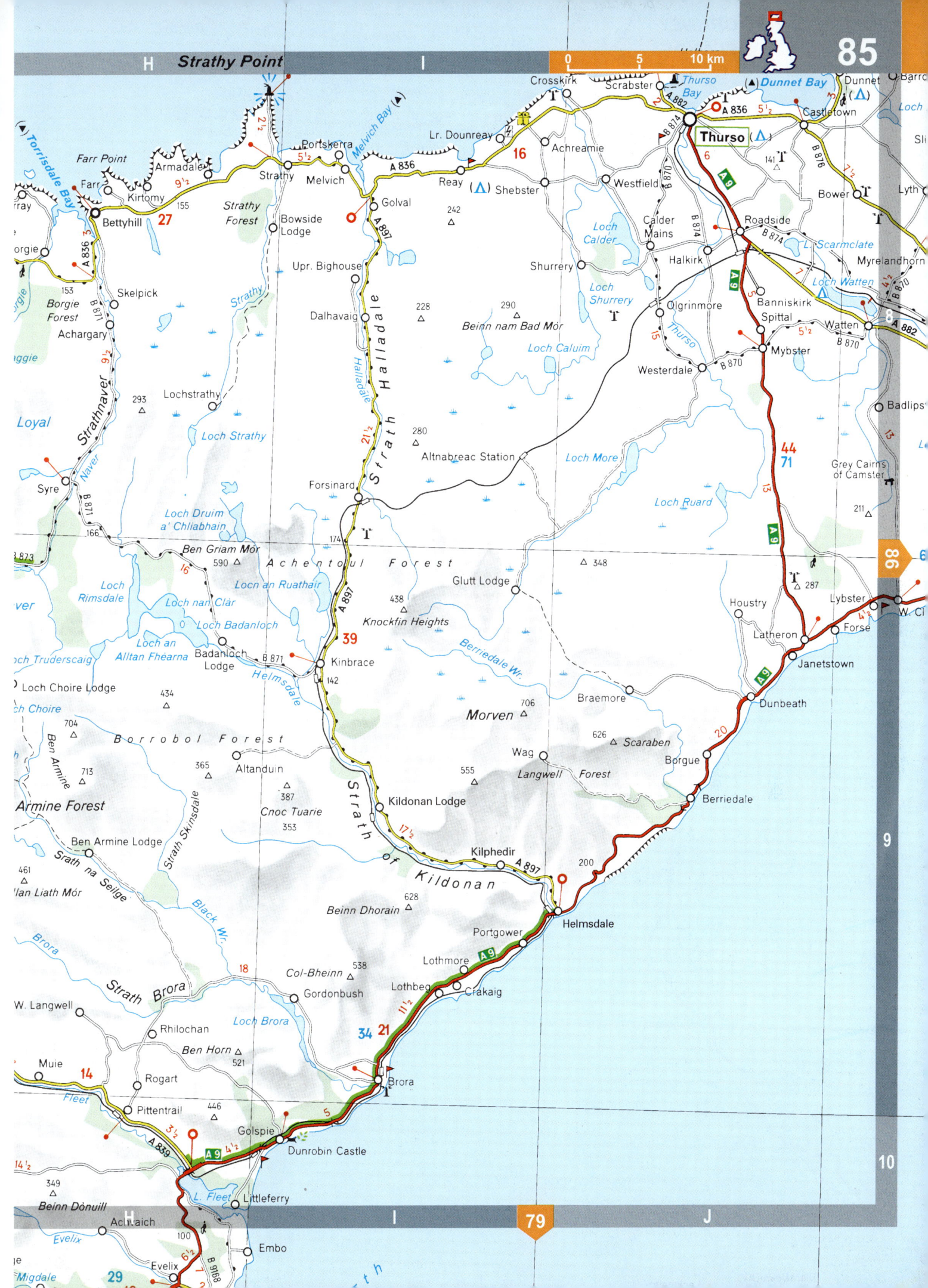

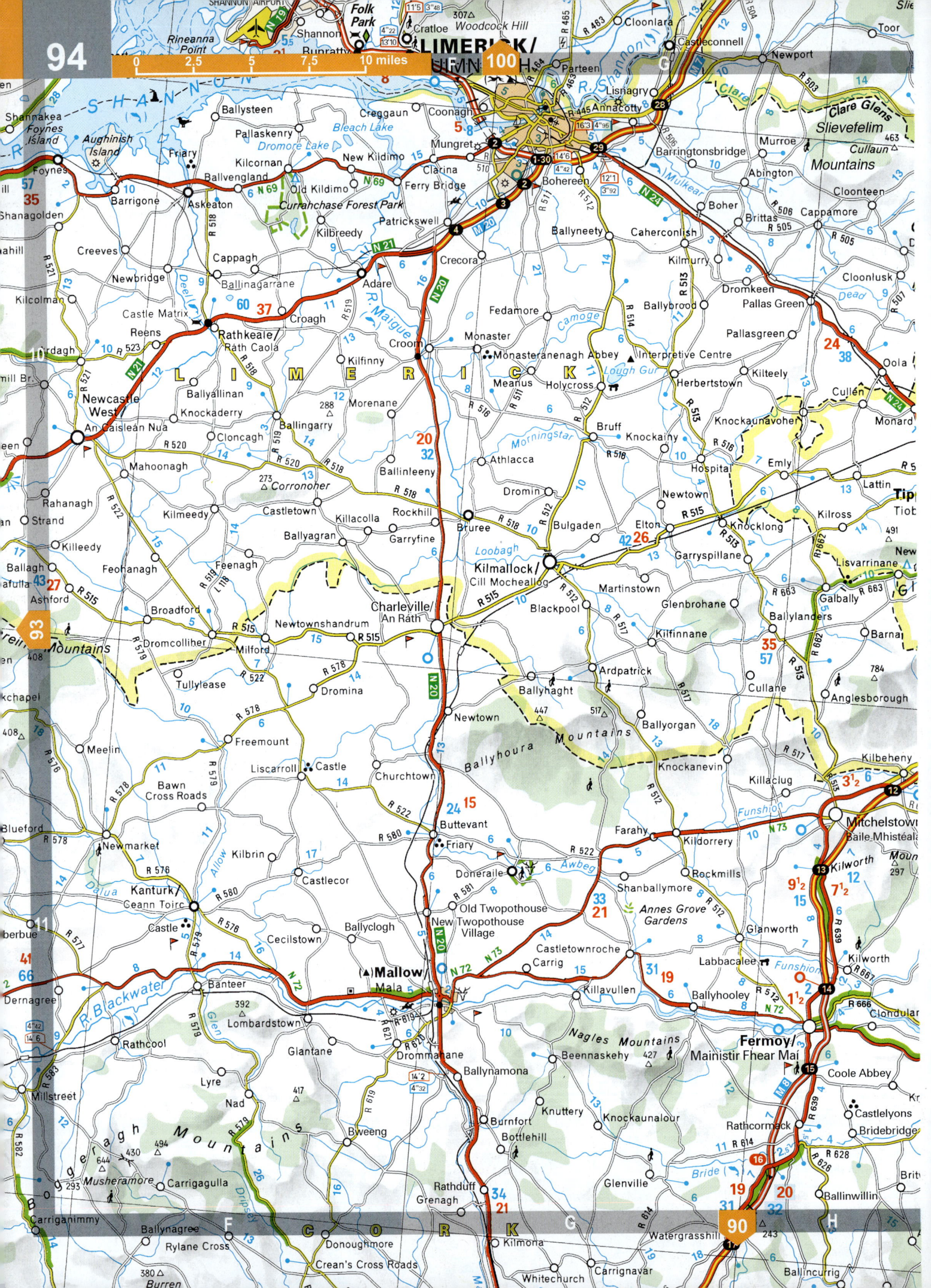

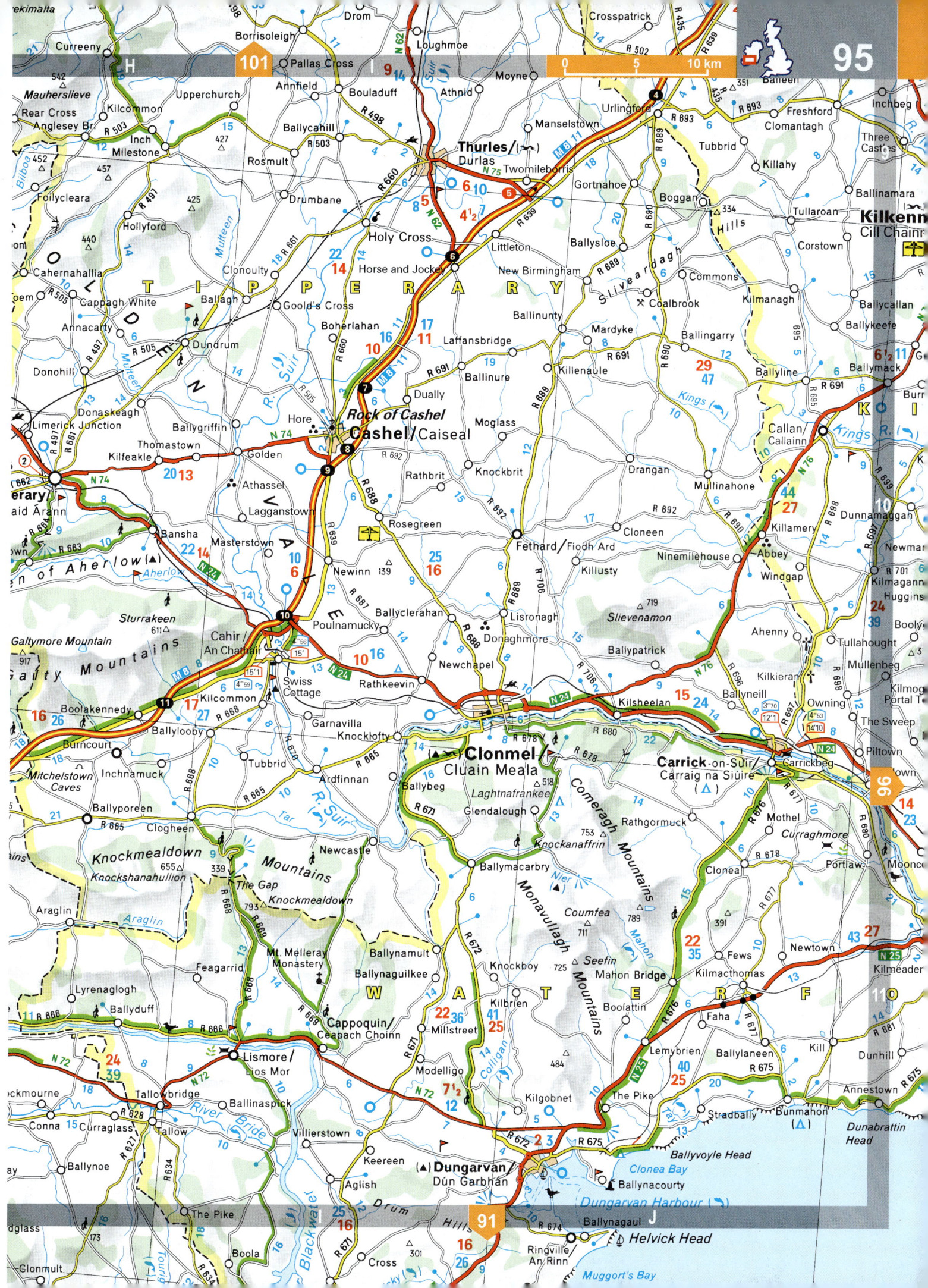

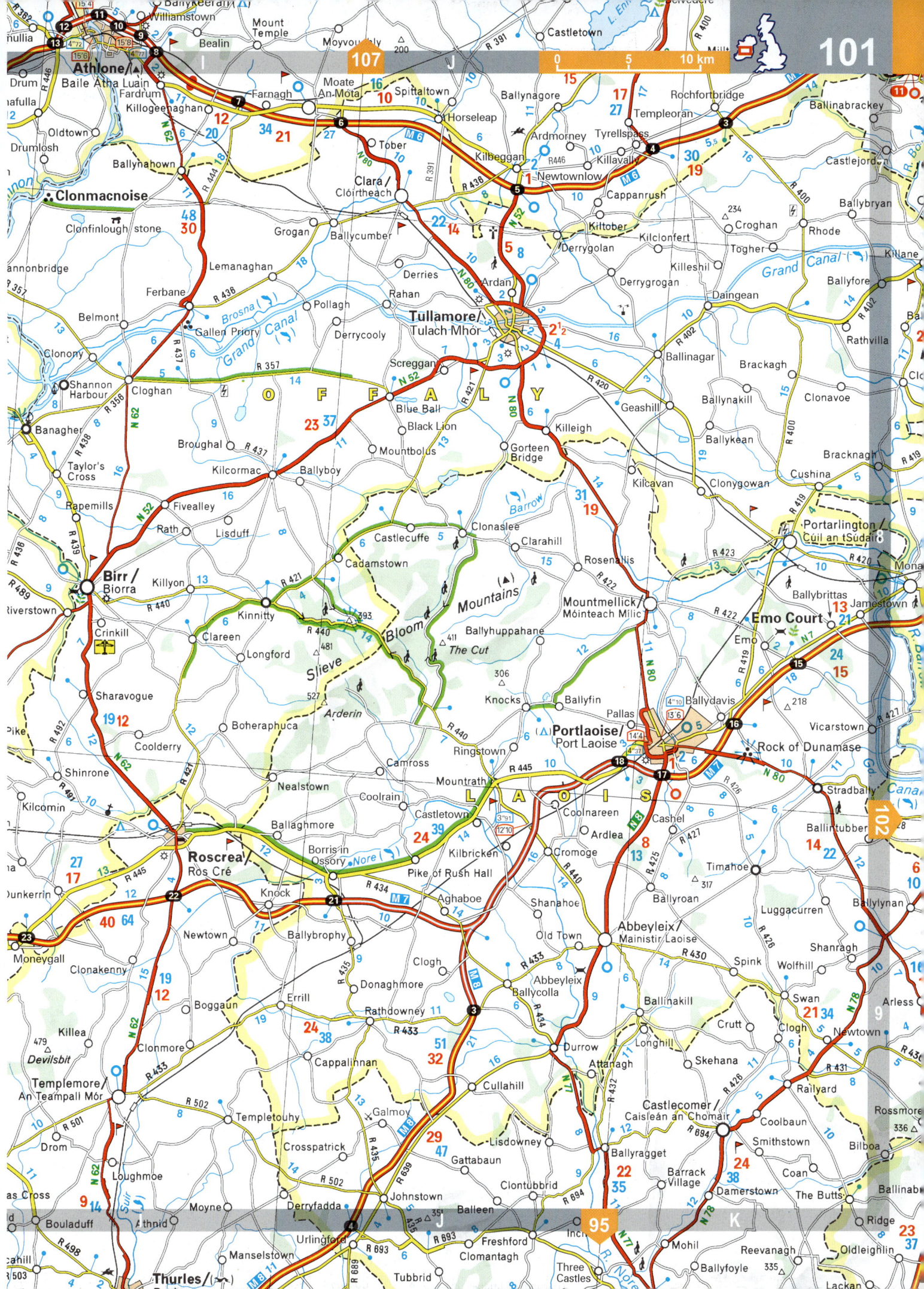

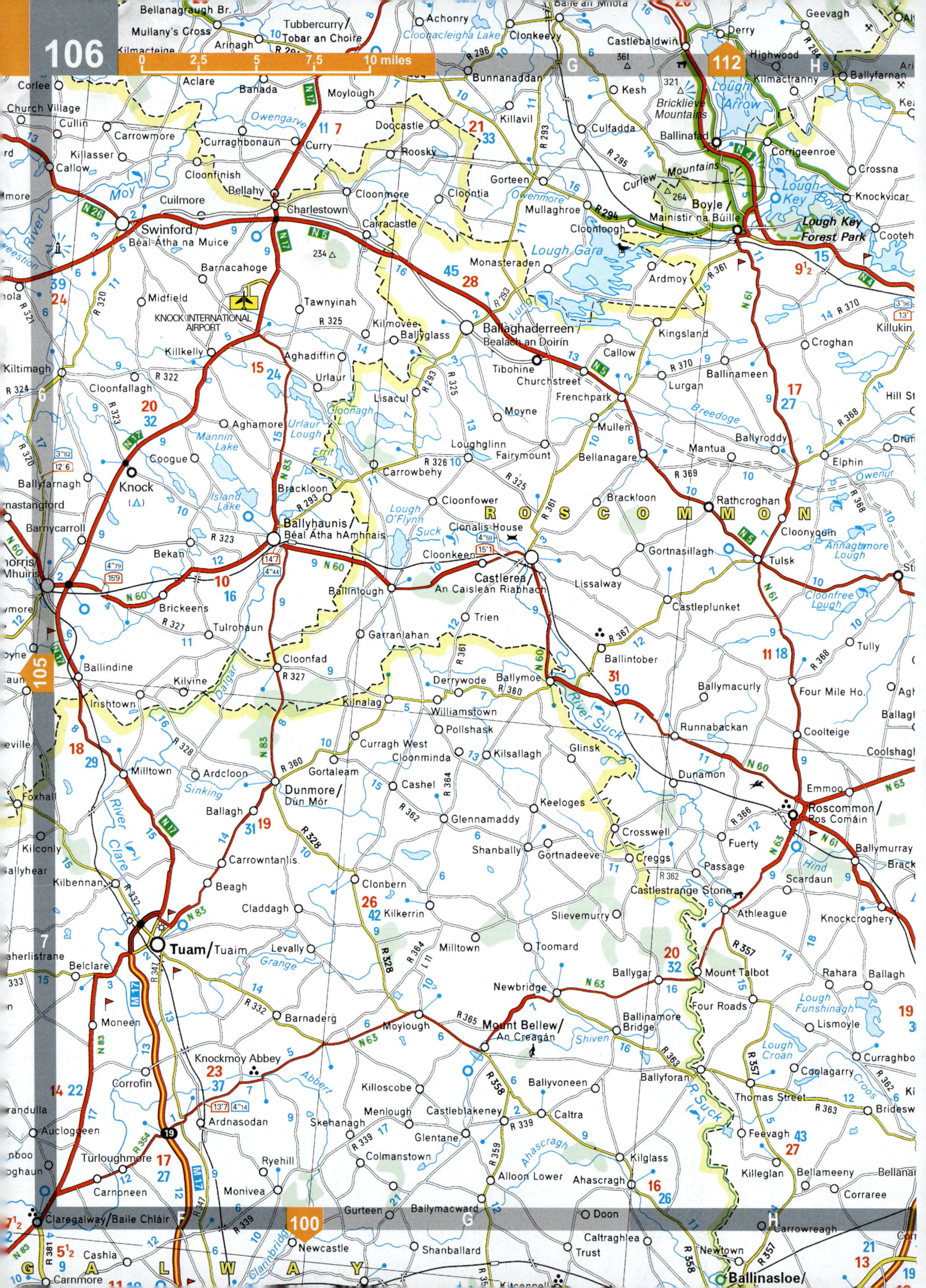

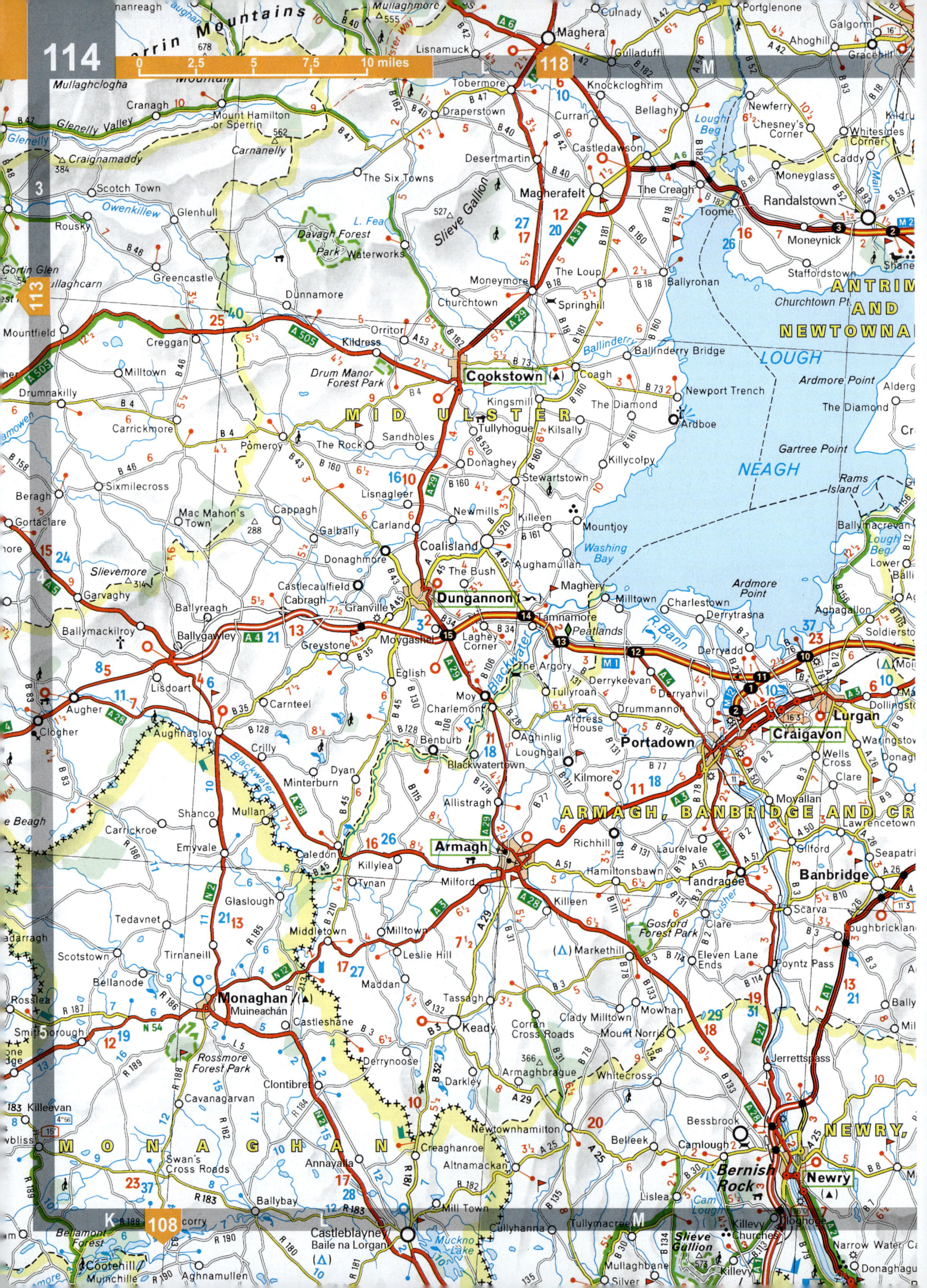

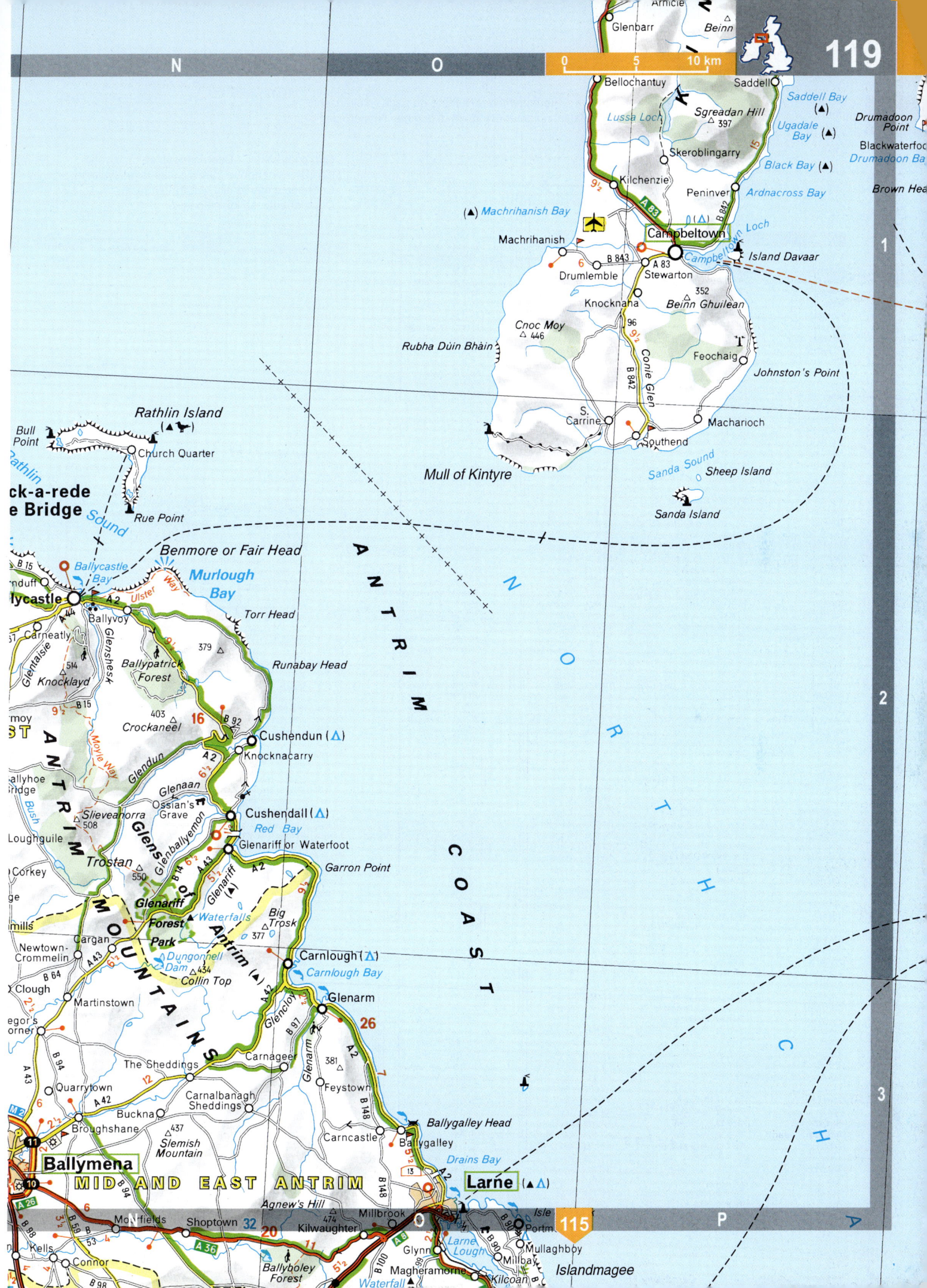

120 Great Britain

A B C D E F G H I J K L M N O P Q R S T U V W X Y Z

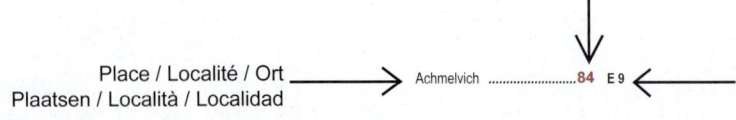

Page number / Numéro de page / Seitenzahl
Paginanummer / Numero di pagina / Número de Página

Place / Localité / Ort
Plaatsen / Località / Localidad

Achmelvich ....84 E 9

Grid coordinates / Coordonnées de carroyage
Koordinatenangabe / Verwijstekens ruitsysteem
Coordinate riferite alla quadrettatura
Coordenadas en los mapas

A

A Chill 71 A 12
A La Ronde 4 J 32
Abbas Combe 9 M 30
Abberley 27 M 27
Abbey 23 X 30
Abbey Dore 26 L 28
Abbey Town 54 K 19
Abbeydale 43 P 23
Abbeystead 48 L 22
Abbots Bromley 35 O 25
Abbots Langley 21 S 28
Abbots Leigh 18 M 29
Abbots Ripton 29 T 26
Abbotsbury 5 M 32
Abbotsford House 62 L 17
Abbotskerswell 4 J 32
Aber Banc 15 G 27
Aberaeron 24 H 27
Aberaman 17 J 28
Aberangell 33 I 25
Abercarn 18 K 29
Abercastle 14 E 28
Aberchirder 81 M 11
Abercynon 17 J 29
Aberdâr / Aberdare 17 J 28
Aberdare / Aberdâr 17 J 28
Aberdaron 32 F 25
Aberdaugleddau / Milford Haven 14 E 28
Aberdeen 75 N 12
Aberdour 68 K 15
Aberdour Bay 81 N 10
Aberdovey / Aberdyfi 33 H 26
Aberdyfi / Aberdovey 33 H 26
Aberedw 25 J 27
Abereiddy 14 E 28
Aberfeldy 73 I 14
Aberffraw 32 G 24
Aberford 43 P 22
Aberfoyle 67 G 15
Abergavenny / Y-Fenni 18 K 28
Abergele 41 J 23
Abergolech 15 H 28
Abergwaun / Fishguard 24 F 28
Abergwesyn 25 I 27
Abergwili 15 H 28
Abergwynfi 17 J 29
Abergwyngregyn 41 H 23
Abergynolwyn 33 I 26
Aberhonddu / Brecon 25 J 28
Aberkenfig 17 J 29
Aberlady 69 L 15
Aberlemno 75 L 13
Aberlour 80 K 11
Abermaw / Barmouth 33 H 25
Abermule 34 K 26
Abernethy 68 K 15
Abernyte 68 K 14
Aberpennar / Mountain Ash 17 J 28
Aberporth 15 G 27
Abersoch 32 G 25
Abersychan 18 K 28
Abertawe / Swansea 17 I 29
Aberteifi / Cardigan 15 G 27
Abertillery 18 K 28
Aberuthven 67 J 15
Aberystwyth 25 H 26
Abingdon 20 Q 28
Abinger Common 21 S 30
Abinger Hammer 21 S 30
Abingto *Cambs.* 30 U 27
Abington *South Lanarkshire* 61 I 17
Aboyne 75 L 12
Abriachan 79 G 11
Abridge 21 U 29
Accrington 42 M 22
Achahoish 65 D 16
Achallader 66 F 14
Achanalt 78 F 11
Achaphubuil 72 E 13
Acharacle 71 C 13
Achargary 85 H 8
Acharn 67 H 14
Achduart 83 E 10
Achgarve 78 D 10
Achiemore 84 F 8
Achiltibuie 83 D 9
Achintee 78 D 11
Achintraid 78 D 11
Achlean 73 I 12
Achleck 64 B 14
Achmelvich 84 E 9
Achmore 78 D 11
Achnahanat 84 G 10
Achnamara 65 D 15
Achnanellan 72 E 13
Achnasheen 78 E 11
Achnashellach Forest 78 E 11
Achosnich 71 B 13
Achranich 71 C 14
Achray (Loch) 67 G 15
Achreamie 85 I 8
Achriesgill 84 F 8
Achtalean 77 B 11
Achvaich 79 H 10
Acklington 63 P 18
Ackworth 44 P 23
Acle 39 Y 26
Acomb 55 N 19
Acrise Place 13 X 30
Acton Burnell 34 L 26
Acton Scott 26 L 26
Acton Turville 19 N 29
Adbaston 35 M 25
Adderbury 28 Q 27
Adderley 34 M 25
Adderstone 63 O 17
Addingham 49 O 22
Addlestone 21 S 29
Adfa 33 J 26
Adlington 42 M 23
Adlington Hall 43 N 24
Advie 80 J 11
Adwick-le-Street 44 Q 23
Ae (Forest of) 53 J 18
Ae Village 53 J 18
Afan Argoed 17 J 29
Affric (Glen) 78 F 12
Affric Lodge 78 E 12
Afon Dyfrdwy / Dee (River) 34 K 24
Afon Dyfrdwy (River) / Dee *Wales* 41 K 23
Afon-wen 41 K 23
Agneash 46 G 21
Aikton 54 K 19
Ailort (Loch) 72 C 13
Ailsa Craig 59 E 18
Ainderby Quernhow 50 P 21
Ainort (Loch) 77 B 12
Ainsdale 42 K 23
Air Uig 82 Y 9
Aird 65 D 15
Aird (The) 79 G 11
Aird of Sleat 71 C 12
Airdrie 61 I 16
Airigh na h-Airde (Loch) 82 Z 9
Airor 72 C 12
Airth 67 I 15
Airton 49 N 21
Aith *Orkney Is.* 87 M 6
Aith *Shetland Is.* 87 P 3
Aitnoch 80 I 11
Akeld 63 N 17
Albourne 11 T 31
Albrighton 35 N 26
Albyn or Mor (Glen) 73 F 12
Alcaig 79 G 11
Alcester 27 O 27
Alconbury 29 T 26
Aldborough 39 X 25
Aldbourne 19 P 29
Aldbrough 45 T 22
Aldbrough St. John 49 O 20
Aldbury 21 S 28
Alde (River) 31 Y 27
Aldeburgh 31 Y 27
Aldenham 21 S 28
Alderbury 9 O 30
Alderholt 9 O 31
Alderley Edge 43 N 24
Alderney *Channel I.* 5
Aldershot 20 R 30
Alderton 27 N 28
Aldford 34 L 24
Aldingbourne 11 R 31
Aldridge 35 O 26
Aldringham 31 Y 27
Aldsworth 19 O 28
Aldunie 80 K 12
Aldwick 11 R 31
Alexandria 66 G 16
Alfold Crossways 11 S 30
Alford *Aberdeenshire* 75 L 12
Alford *Lincs.* 45 U 24
Alfreton 36 P 24
Alfrick 27 M 27
Alfriston 12 U 31
Aline (Loch) 65 C 14
Alkborough 44 S 22
Alkham 13 X 30
All Stretton 34 L 26
Allanaquoich 74 J 12
Allanton *North Lanarkshire* 61 I 16
Allanton *Scottish Borders* 63 N 16
Allendale Town 55 N 19
Allenheads 55 N 19
Allensmore 26 L 27
Allerford 17 J 30
Allerston 51 S 21
Allestree 36 P 25
Allhallows 22 V 29
Alligin Shuas 78 D 11
Allington *Kennet* 19 O 29
Allington *Salisbury* 9 O 30
Allnabad 84 G 8
Alloa 67 I 15
Allonby 54 J 19
Alloway 60 G 17
Allt na h-Airbhe 78 E 10
Alltan Fhèarna (Loch an) 85 H 9
Alltnacaillich 84 G 8
Almond (Glen) 67 I 14
Almondbank 68 J 14
Almondsbury 18 M 29
Alness 79 H 10
Alnmouth 63 P 17
Alnwick 63 O 17
Alpheton 30 W 27
Alphington 4 J 31
Alpraham 34 M 24
Alresford 30 X 28
Alrewas 35 O 25
Alsager 35 N 24
Alsh (Loch) 78 D 12
Alston 55 M 19
Alstonefield 35 O 24
Alswear 7 I 31
Altadnduin 85 H 9
Altandhu 83 D 9
Altarnun 3 G 32
Altass 84 G 10
Alternative Technology Centre 33 I 26
Altham 42 M 22
Althorne 22 W 29
Althorpe 44 R 23
Altnabreac Station 85 I 8
Altnacealgach 84 F 9
Altnaharra 84 G 9
Alton *Hants.* 10 R 30
Alton *Staffs.* 35 O 25
Alton Pancras 9 M 31
Alton Priors 19 O 29
Alton Towers 35 O 25
Altrincham 42 M 23
Alum Bay 10 P 31
Alva 67 I 15
Alvaston 36 P 25
Alvechurch 27 O 26
Alvediston 9 N 30
Alves 80 J 11
Alvescot 19 P 28
Alvie 73 I 12
Alvingham 45 U 23
Alwinton 63 N 17
Alyth 74 K 14
Amberley 11 S 31
Amble 63 P 18
Amblecote 27 N 26
Ambleside 48 L 20
Ambrosden 28 Q 28
Amersham 21 S 29
Amesbury 9 O 30
Amhuinnsuidhe 82 Y 10
Amisfield 53 J 18
Amlwch 40 G 22
Ammanford / Rhydaman 15 I 28
Amotherby 50 R 21
Ampleforth 50 Q 21
Amport 20 P 30
Ampthill 29 S 27
Amroth 15 G 28
Amulree 67 I 14
An Riabhachan 78 E 11
An Socach 74 J 13
An Teallach 78 E 10
Anchor 26 K 26
Ancroft 63 O 16
Ancrum 62 M 17
Andover 20 P 30
Andoversford 27 O 28
Andreas 46 G 20
Angle 14 E 28
Anglesey (Isle of) 40
Anglesey Abbey 30 U 27
Angmering 11 S 31
Annan 54 K 19
Annan (River) 61 J 18
Annat 78 D 11
Annat Bay 83 E 10
Annbank 60 G 17
Annbank Station 60 G 17
Anne Hathaway's Cottage 27 O 27
Annesley-Woodhouse 36 Q 24
Annfield Plain 56 O 19
Ansley 28 P 26
Anstey 36 Q 25
Anston 44 Q 23
Anstruther 69 L 15
Anthorn 54 K 19
Antony House 3 H 32
Appin 72 E 14
Appleby *North Lincolnshire* 44 S 23
Appleby-in-Westmorland 55 M 20
Appleby Magna 36 P 25
Applecross 77 C 11
Appledore *Devon* 6 H 30
Appledore *Kent* 12 W 30
Appleford 20 Q 29
Appleton 20 P 28
Appleton Roebuck 44 Q 22
Appleton Wiske 50 P 20
Appletreewick 49 O 21
Aran Fawddwy 33 I 25
Arberth / Narberth 15 F 28
Arbigland 53 J 19
Arbirlot 69 M 14
Arbor Low 35 O 24
Arborfield 20 R 29
Arbroath 69 M 14
Arbury Hall 28 P 26
Arbuthnott 75 N 13
Archiestown 80 K 11
Ard (Loch) 67 G 15
Ardanaiseig 66 E 14
Ardarroch 78 D 11
Ardcharnich 78 E 10
Ardchiavaig 64 B 15
Ardchuilk 78 F 11
Ardchyle 67 G 14
Ardechive 72 E 13
Arden 66 G 15
Ardentallan 65 D 14
Ardeonaig 67 H 14
Ardersier 79 H 11
Ardery 72 C 13
Ardfern 65 D 15
Ardgartan 66 F 15
Ardgay 79 G 10
Ardgour 72 D 13
Ardhasaig 82 Z 10
Ardingly 11 T 30
Ardington 20 P 29
Ardivachar 76 X 11
Ardleigh 30 W 28
Ardley 28 Q 28
Ardlui 66 F 15
Ardlussa 65 C 15
Ardmair 84 E 10
Ardminish 58 C 16
Ardmore Point *Isle of Skye* 77 A 11
Ardnacross 71 C 14
Ardnamurchan 71 B 13
Ardnastang 72 D 13
Ardnave 64 A 16
Ardnave Point 64 B 16
Ardpatrick 59 D 16
Ardrishaig 65 D 15
Ardrossan 59 F 17
Ardshealach 71 C 13
Ardslignish 71 C 13
Ardtalla 58 B 16
Ardtalnaig 67 H 14
Ardtoe 71 C 13
Ardvasar 71 C 12
Ardverikie Forest 73 G 13
Ardvorlich 67 H 14
Ardwell 52 F 19
Argyll 65 D 15
Argyll Forest Park 66 F 15
Arichastlich 66 F 14
Arienas (Loch) 71 C 14
Arileod 71 A 14
Arinacrinachd 77 C 11
Arinagour 71 A 14
Arisaig 71 C 13
Arivruaich 82 Z 9
Arkaig (Loch) 72 E 13
Arkendale 50 P 21
Arkengarthdale 49 O 20
Arkholme 48 M 21
Arklet (Loch) 66 G 15
Arley 27 P 26
Arlingham 19 M 28
Arlington Court 7 I 30
Armadale *Highland* 85 H 8
Armadale *West Lothian* 61 I 16
Armadale Bay 71 C 12
Armitage 35 O 25
Armthorpe 44 Q 23
Arnabost 71 A 14
Arncliffe 49 N 21
Arncott 20 Q 28
Arncroach 69 L 15
Arne 9 N 31
Arnesby 28 Q 26
Arnicle 59 D 17
Arnisdale 72 D 12
Arnish 77 B 11
Arnol 82 A 8
Arnold 36 Q 25
Arnprior 67 H 15
Arnside 48 L 21
Aros 65 B 14
Arram 45 S 22
Arran (Isle of) 59 E 17
Arreton 10 Q 31
Arrochar 66 F 15
Arscaig 84 G 9
Arundel 11 S 31
Ascog 59 E 16
Ascot 21 R 29
Ascott House 29 R 28
Ascott-under-Wychwood 28 P 28
Ascrib Islands 77 A 11
Asfordby 36 R 25
Ash *Kent* 23 X 30
Ash *Surrey* 20 R 30
Ash Mill 7 I 31
Ashbourne 35 O 24
Ashburton 4 I 32
Ashbury 19 P 29
Ashby de la Zouch 36 P 25
Ashby Magna 28 Q 26
Ashcott 8 L 30
Ashdon 30 U 27
Ashford *Kent* 12 W 30
Ashford *Surrey* 21 S 29
Ashford-in-the-Water *Derbs.* 43 O 24
Ashie (Loch) 79 H 11
Ashill *Breckland* 38 W 26
Ashill *South Somerset* 8 L 31
Ashingdon 22 W 29
Ashington *Northumb* 56 P 18
Ashington *West Sussex* 11 S 31
Ashkirk 62 L 17
Ashleworth 27 N 28
Ashley *East Cambridgeshire* 30 V 27
Ashley *Newcastle-under-Lyme* 35 M 25
Ashley *Torridge* 7 I 31
Ashley Green 21 S 28
Ashmore 9 N 31
Ashover 36 P 24
Ashperton 26 M 27
Ashreigney 7 I 31
Ashtead 21 T 30
Ashton 34 L 24
Ashton-in-Makerfield 42 M 23
Ashton Keynes 19 O 29
Ashton-under-Lyne 43 N 23
Ashton-upon-Mersey 42 M 23
Ashurst 10 P 31
Ashwell *North Hertfordshire* 29 T 27
Ashwell *Rutland* 36 R 25
Ashwellthorpe 39 X 26
Askam in Furness 47 K 21
Askern 44 Q 23
Askernish 76 X 12
Askerswell 5 L 31
Askham 55 L 20
Askrigg 49 N 21
Askwith 49 O 22
Aslacton 31 X 26
Aslockton 36 R 25
Aspatria 54 K 19
Aspley Guise 29 S 27
Assynt (Loch) 84 E 9
Astley 34 L 25
Aston *Vale Royal* 44 Q 23
Aston *West Oxfordshire* 20 P 28
Aston Clinton 20 R 28
Aston Magna 27 O 27
Aston Rowant 20 R 28
Aston Tirrold 20 Q 29
Astwood Bank 27 O 27
Atcham 34 L 25
Athelhampton Hall 9 N 31
Athelney 8 L 30
Athelstaneford 69 L 16
Atherington 7 H 31
Athersley 43 P 23
Atherstone 36 P 26
Atherton 42 M 23
Atholl (Forest of) 73 H 13
Attadale 78 D 11
Attleborough *Breckland* 38 X 26
Attleborough *Nuneaton and Bedworth* 28 P 26
Attlebridge 39 X 25
Atwick 51 T 22
Atworth 19 N 29
Aucharnie 81 M 11
Auchavan 74 K 13
Auchenblae 75 M 13
Auchenbowie 67 I 15
Auchenbrack 61 I 18
Auchenbreck 65 E 16
Auchencairn 53 I 19
Auchencrosh 52 F 18
Auchencrow 63 N 16
Auchengray 61 J 16
Auchenmalg 52 F 19
Auchentiber 60 G 16

Auchindrean 78 E 10
Auchinleck 60 H 17
Auchleven 81 M 12
Auchlyne 67 G 14
Auchnafree 67 I 14
Auchnagallin 80 J 11
Auchnagatt 81 N 11
Aucholzie 74 K 12
Auchronie 74 L 13
Auchterarder 67 I 15
Auchteraw 73 F 12
Auchterderran 68 K 15
Auchterhouse 68 K 14
Auchtermuchty 68 K 15
Auchtertyre 78 D 12
Auckengill 86 K 8
Auckley 44 Q 23
Audenshaw 43 N 23
Audlem 34 M 25
Audley 35 N 24
Audley End 30 U 27
Aughton *near Lancaster* 48 L 21
Aughton *near Ormskirk* 42 L 23
Auldearn 79 I 11
Auldgirth 53 I 18
Auldhouse 60 H 16
Ault a' Chruinn 72 D 12
Aultbea 78 D 10
Aust 18 M 29
Austrey 35 P 26
Austwick 49 M 21
Avebury 19 O 29
Aveley 22 U 29
Avening 19 N 28
Aveton Gifford 4 I 33
Aviemore 73 I 12
Avoch 79 H 11
Avon (Glen) 74 J 12
Avon (River) *R. Severn* 28 Q 26
Avon (River) *Wilts.* 9 O 31
Avonbridge 67 I 16
Avonmouth 18 L 29
Avonwick 4 I 32
Awe (Loch) 65 E 15
Awliscombe 8 K 31
Awre 19 M 28
Axbridge 18 L 30
Axminster 8 L 31
Axmouth 5 K 31
Aylburton 18 M 28
Aylesbury 20 R 28
Aylesford 22 V 30
Aylesham 23 X 30
Aylsham 39 X 25
Aylton 26 M 27
Aymestrey 26 L 27
Aynho 28 Q 28
Ayr 60 G 17
Aysgarth 49 O 21
Ayside 48 L 21
Ayton *Scarborough* 51 S 21
Ayton *Scottish Borders* 63 N 16

B

Bà (Loch) 65 C 14
Babbacombe Bay 4 J 32
Babcary 8 M 30
Babell 41 K 23
Babworth 44 R 24
Back 83 B 9
Backaland 87 L 6
Backmuir of New Gilston 69 L 15
Backwater Reservoir 74 K 13
Backwell West Town 18 L 29
Baconsthorpe 39 X 25
Bacton *Mid Suffolk* 30 X 27
Bacton *North Norfolk* 39 Y 25
Bacup 43 N 22
Bad a' Ghaill (Loch) 84 E 9
Bad an Sgalaig (Loch) 78 D 10
Badachro 77 C 10
Badanloch (Loch) 85 H 9
Badanloch Lodge 85 H 9
Badcaul 78 D 10
Baddesley Ensor 35 P 26
Baddidarach 84 E 9
Badenoch 73 H 13
Badenscallie 83 E 9
Badenyon 74 K 12
Badlipster 86 K 8
Badluarach 78 D 10
Badminton 19 N 29
Badrallach 78 E 10
Bae Colwyn / Colwyn Bay 41 I 23
Bagh nam Faoileann 76 Y 11
Bagillt 41 K 23
Bagley 34 L 25
Bagshot 21 R 29
Bagworth 36 P 25
Bagwyllydiart 26 L 28
Baile Mór 64 A 15
Bailiehill 54 K 18
Bainbridge 49 N 21
Bainton 51 S 22
Bakewell 35 O 24
Bala 33 J 25
Balallan 82 A 9
Balbeggie 68 J 14
Balblair 79 H 10
Balcary Point 53 I 19
Balchrick 84 E 8
Balcombe 11 T 30
Balderton 36 R 24
Baldock 29 T 28
Baldrine 46 G 21
Baldwin 46 G 21
Balemartine 64 Z 14
Balephetrish Bay 70 Z 14
Balephuil 64 Z 14
Balephuil Bay 64 Z 14
Balerno 61 J 16
Baleshare 76 X 11
Balevulin 65 B 14
Balfour 87 L 6
Balfron 67 H 15
Balgray 69 L 14
Balintore *Angus* 74 K 13
Balintore *Highland* 79 I 10
Balivanich 76 X 11
Balk 50 Q 21
Ballabeg 46 F 21
Ballachulish 72 E 13
Ballajora 46 G 21
Ballamodha 46 G 21
Ballantrae 52 E 18
Ballasalla 46 G 21
Ballater 74 K 12
Ballaugh 46 G 21
Ballevullin 70 Z 14
Balliemore *near Dunoon* 65 E 15
Balliemore *near Oban* 65 D 14
Ballig 46 G 21
Ballingry 68 K 15
Ballinluig 74 J 14
Ballochan 75 L 12
Ballochroy 59 D 16
Ballyhaugh 71 A 14
Balmaclellan 53 H 18
Balmaha 67 G 15
Balmedie 75 N 12
Balminnoch 52 F 19
Balmoral Castle 74 K 12
Balmullo 69 L 14
Balnacra 78 D 11
Balnafoich 79 H 11
Balnaguard 74 I 14
Balnahard 64 B 14
Balnakeil Bay 84 F 8
Balnaknock 77 B 11
Balnapaling 79 H 10
Baltonsborough 8 M 30
Balvicar 65 D 15
Balvraid 72 D 12
Bamburgh Castle 63 O 17
Bamford 43 O 23
Bampton *Cumbria* 48 L 20
Bampton *Devon* 7 J 31
Bampton *Oxon.* 20 P 28
Banavie 72 E 13
Banbury 28 P 27
Banchory 75 M 12
Bancyfelin 15 G 28
Bandenscoth 81 M 11
Banff 81 M 10
Bangor 40 H 23
Bankend 53 J 18
Bankfoot 68 J 14
Bankhead 75 N 12
Banks 42 L 22
Bankshill 54 K 18
Banniskirk 85 J 8
Bannockburn 67 I 15
Banstead 21 T 30
Banwell 18 L 30
Bapchild 22 W 30
Bar Hill 29 U 27
Barbaraville 79 H 10
Barbon 48 M 21
Barcaldine 65 E 14
Barcombe Cross 11 U 31
Bardney 45 T 24
Bardsea 48 K 21
Bardsey 43 P 22
Bardsey Island 32 F 25
Barford 39 X 26
Barford-St. Martin 9 O 30
Barfreston 23 X 30
Bargoed 18 K 28
Bargrennan 52 G 18
Barham 23 X 30
Barking 30 X 27
Barking and Dagenham *London Borough* 21 U 29
Barkston 37 S 25
Barkway 29 U 28
Barlaston 35 N 25
Barlborough 44 Q 24
Barlestone 36 P 26
Barley *North Hertfordshire* 29 U 27
Barley *Pendle* 42 N 22
Barlow 43 P 24
Barmby on the Marsh 44 R 22
Barming 22 V 30
Barmouth / Abermaw 33 H 25
Barmouth Bay 33 H 25
Barmston 51 T 21
Barnack 37 S 26
Barnard Castle 49 O 20
Barnby Dun 44 Q 23
Barnby Moor *East Riding of Yorks.* 50 R 22
Barnby Moor *Notts.* 44 Q 23
Barnet *London Borough* 21 T 29
Barnetby-le-Wold 45 S 23
Barney 38 W 25
Barnham 30 W 26
Barnham Broom 38 X 26
Barnhill 80 J 11
Barnhills 52 E 18
Barningham 49 O 20
Barnoldswick 49 N 22
Barnsley 43 P 23
Barnstaple 7 H 30
Barnton 42 M 24
Barnwell 29 S 26
Barr 52 F 18
Barra 70 X 13
Barra (Sound of) 70 X 12
Barra Head 70 X 13
Barregarrow 46 G 21
Barrhead 60 G 16
Barrhill 52 F 18
Barri / Barry 18 K 29
Barrington 8 L 31
Barrisdale 72 D 12
Barrisdale Bay 72 D 12
Barrmill 60 G 16
Barrock 86 K 8
Barrow 30 V 27
Barrow Burn 63 N 17
Barrow Gurney 18 L 29
Barrow-in-Furness 47 K 21
Barrow-upon-Humber 45 S 22
Barrow-upon-Soar 36 Q 25
Barrowby 36 R 25
Barrowford 43 N 22
Barry *Angus* 69 L 14
Barry / Barri *Vale of Glamorgan* 18 K 29
Barsham 31 Y 26
Barston 27 O 26
Bartestree 26 M 27
Barton *Eden* 49 P 20
Barton *Lancs.* 42 L 22
Barton-le-Clay 29 S 28
Barton le Willows 50 R 21
Barton Mills 30 V 26
Barton-on-Sea 9 P 31
Barton-under-Needwood 35 O 25
Barton-upon-Humber 44 S 22
Barvas 82 A 8
Barwell 36 P 26
Barwick-in-Elmet 43 P 22
Baschurch 34 L 25
Bashall Eaves 42 M 22
Basildon *Berks.* 20 Q 29
Basildon *Essex* 22 V 29
Basing 20 Q 30
Basingstoke 20 Q 30
Baslow 43 P 24
Bass Rock 69 M 15
Bassenthwaite 54 K 19
Bassingham 37 S 24
Baston 37 S 25
Bastwick 39 Y 25
Batcombe 8 M 31
Bath 19 M 29
Bathampton 19 N 29
Batheaston 19 N 29
Bathgate 61 J 16
Batley 43 P 22
Battle 12 V 31
Baumber 45 T 24
Bawburgh 39 X 26
Bawdeswell 38 X 25
Bawdsey 31 Y 27
Bawtry 44 Q 23
Bayble 83 B 9
Baycliff 48 K 21
Baydon 19 P 29
Bayhead 76 X 11
Bayston Hill 34 L 25
Beachampton 28 R 27
Beachy Head 12 U 31
Beacon (The) 2 E 33
Beacon End 30 W 28
Beaconsfield 21 S 29
Beadlam 50 R 21
Beadnell Bay 63 P 17
Beaford 7 H 31
Beal 63 O 16
Beaminster 8 L 31
Beamish Hall 56 P 19
Beamsley 49 O 22
Bearsden 67 G 16
Bearsted 22 V 30
Beattock 61 J 18
Beauchief 43 P 24
Beaufort 18 K 28
Beaulieu 10 P 31
Beauly 79 G 11
Beauly Firth 79 G 11
Beaumaris 40 H 23
Beaumont 54 K 19
Beaupré Castle 17 J 29
Bebington 42 L 23
Beccles 31 Y 26
Beckfoot 54 J 19
Beckingham 44 R 23
Beckington 19 N 30
Beckley 12 V 31
Beckton 21 U 29
Bedale 50 P 21
Beddau 17 J 29
Beddgelert 33 H 24
Beddingham 11 U 31
Bedford 29 S 27
Bedgebury Pinetum 12 V 30
Bedlington 56 P 18
Bedlinog 17 K 28
Bedrule 62 M 17
Bedwas 18 K 29
Bedworth 28 P 26
Bee (Loch) 76 X 11
Beer 5 K 31
Beeston 36 Q 25
Beeswing 53 I 18
Begdbroke 20 Q 28
Beguildy 26 K 26
Beighton 44 P 23
Beinn a' Ghlò 74 I 13
Beinn a' Mheadhoin (Loch) 78 F 12
Beinn Dearg *Highland* 78 F 10
Beinn Dearg *Perthshire and Kinross* 73 I 13
Beinn Heasgarnich 67 G 14
Beinn Ime 66 F 15
Beith 60 G 16
Belbroughton 27 N 26
Belchford 45 T 24
Belford 63 O 17
Belhelvie 75 N 12
Bellabeg 74 K 12
Bellingham 55 N 18
Bellshill *Berwick-upon-Tweed* 63 O 17
Bellshill *North Lanarkshire* 60 H 16
Belmont 87 R 1
Belnacraig 74 K 12
Belnahua 65 C 15
Belper 36 P 24
Belsay 56 O 18
Belstead 31 X 27
Belstone 4 I 31
Belton *Lincs.* 37 S 25
Belton *Norfolk* 39 Y 26
Belton *North Lincs.* 44 R 23
Belton *Rutland* 36 R 26
Belvoir 36 R 25
Bembridge 10 Q 31
Bempton 51 T 21
Ben Alder 73 G 13
Ben Alder Lodge 73 G 13
Ben Armine Forest 85 H 9
Ben Armine Lodge 85 H 9
Ben Chonzie 67 I 14
Ben Cruachan 65 E 14
Ben-damph Forest 78 D 11
Ben Hope 84 G 8
Ben Klibreck 84 G 9
Ben Lawers 67 H 14
Ben Ledi 67 H 15
Ben Lomond 66 G 15
Ben Loyal 84 G 8
Ben Macdui 74 I 12
Ben More *Argyll and Bute* 65 B 14
Ben More *Stirling* 67 G 14
Ben More *Assynt* 84 F 9
Ben Nevis 72 E 13
Ben Starav 66 E 14
Ben Vorlich 67 H 14
Ben Wyvis 79 G 10
Benbecula 76 X 11
Benbuie 60 H 18
Benderloch *Argyll and Bute* 65 D 14
Benderloch *Mountain* 65 E 14
Bendronaig Lodge 78 E 11
Benenden 12 V 30
Benfleet 22 V 29
Benigton 37 U 25
Benllech 40 H 23
Benmore 67 G 14
Benmore Lodge 84 F 9
Benson 20 Q 29
Bentley *Doncaster* 44 Q 23
Bentley *East Hampshire* 20 R 30
Bentpath 54 K 18
Bentworth 10 Q 30
Benwick 29 T 26
Beoraid (Loch) 72 D 13
Bere Alston 3 H 32
Bere Ferrers 3 H 32
Bere Regis 9 N 31
Berkeley 18 M 28
Berkhamsted 21 S 28
Berneray *near Barra* 70 X 13
Berneray *near North Uist* 76 Y 10
Bernice 66 E 15
Bernisdale 77 B 11
Berriew 34 K 26
Berrington Hall 26 L 27
Berrow 18 K 30
Berry Head 4 J 32
Berry Hill 18 M 28
Berry Pomeroy 4 J 32
Berrynarbor 17 H 30
Bervie Bay 75 N 13
Berwick-St. John 9 N 31
Berwick-upon-Tweed 63 O 16
Berwyn 33 J 25
Bessacarr 44 Q 23
Bethel 33 H 24
Bethersden 12 W 30
Bethesda 33 H 24
Betley 35 M 24
Bettisfield 34 L 25
Bettws Cedewain 34 K 26
Bettws Evan 15 G 27
Bettws Gwerfil Goch 33 J 24
Bettyhill 85 H 8
Betws-y-Coed 33 I 24
Betws yn Rhos 41 J 23
Beulah *near Cardigan* 15 G 27
Beulah *near Llandrindod-Wells* 25 J 27
Beverley 45 S 22
Beverstone 19 N 29
Bewaldeth 54 K 19
Bewcastle 55 L 18
Bewdley 27 N 26
Bewholme 51 T 22
Bexhill 12 V 31
Bexley *London Borough* 21 U 29
Beyton 30 W 27
Bhaid-Luachraich (Loch) 78 D 10
Bhealaich (Loch a') 84 G 9
Bhraoin (Loch a') 78 E 10
Bhrollum (Loch) 82 A 10
Bibury 19 O 28
Bicester 28 Q 28
Bicker 37 T 25
Bickington 4 I 32
Bickleigh *Mid Devon* 7 J 31
Bickleigh *South Hams* 4 H 32
Bicton 34 L 25
Bicton gardens 5 K 31
Biddenden 12 V 30
Biddenham 29 S 27
Biddestone 19 N 29
Biddulph 35 N 24
Bidean nam Bian 72 E 14
Bideford 6 H 30
Bidford 27 O 27
Bieldside 75 N 12
Bierton 20 R 28
Big Corlae 60 H 18
Bigbury 4 I 33
Bigbury-on-Sea 4 I 33
Biggar *Barrow-in-Furness* 47 K 21
Biggar *South Lanarkshire* 61 J 17
Biggin Hill 21 U 30
Biggleswade 29 T 27
Bignor 11 S 31
Bildeston 30 W 27
Bildsgreen 27 M 26
Bill of Portland 8 M 32
Billericay 22 V 29
Billesdon 36 R 26
Billingborough 37 S 25
Billinge 42 L 23
Billingham 57 Q 20
Billinghay 37 T 24
Billingshurst 11 S 30
Billingsley 27 M 26
Billington 42 M 22
Billockby 39 Y 26
Billy Row 56 O 19
Bilsington 12 W 30
Bilsthorpe 36 Q 24
Bilston 35 N 26
Bilton 45 T 22
Binbrook 45 T 23
Binfield 20 R 29
Bingham 36 R 25
Bingley 43 O 22
Binham 38 W 25
Binns (The) 68 J 16
Binsted 10 R 30
Birchington 23 X 29
Birdham 10 R 31
Birdingbury 28 P 27
Birdwell 43 P 23
Birdworld 10 R 30
Birgham 62 N 17
Birkdale 42 K 23
Birkenhead 42 K 23
Birkin 44 Q 22
Birling Gap 12 U 31
Birmingham 27 O 26
Birnam 68 J 14
Birsay 86 K 6
Birsemore 75 L 12
Birstall 36 Q 25
Birtley *Gateshead* 56 P 19
Birtley *Tynedale* 55 N 18
Birtsmorton Court 27 N 27
Bisham 20 R 29
Bishop Auckland 56 P 20
Bishop Burton 44 S 22
Bishop Monkton 50 P 21
Bishop Sutton 18 M 29
Bishop Thornton 50 P 21
Bishop Wilton 50 R 22
Bishops Cannings 19 O 29
Bishop's Castle 26 L 26
Bishop's Caundle 9 M 31
Bishop's Cleeve 27 N 28
Bishop's Itchington 28 P 27
Bishops Lydeard 8 K 30
Bishop's Nympton 7 I 31
Bishop's Palace *near St. David's* 14 E 28
Bishop's Palace *near Tenby* 16 F 28
Bishop's Stortford 30 U 28
Bishop's Tachbrook 28 P 27
Bishop's Tawton 7 H 30
Bishop's Waltham 10 Q 31
Bishopsteignton 4 J 32
Bishopstocke 10 Q 31
Bishopston 15 H 29
Bishopstone *Salisbury* 9 O 30
Bishopstone *Swindon* 19 P 29
Bishopthorpe 50 Q 22
Bishopton *Darlington* 56 P 20
Bishopton *Renfrewshire* 67 G 16
Bishton 18 L 29
Bisley 19 N 28
Bispham 42 K 22
Bix 20 R 29
Bixter 87 P 3
Blaby 36 Q 26
Black Bay 59 D 17
Black Corries 72 F 13
Black Down Hills 8 K 31
Black Isle 79 G 11
Black Mount 66 F 14
Black Mountain 25 I 28
Black Mountains 26 K 28
Black Notley 30 V 28
Black Torrington 6 H 31
Black Water Valley 78 F 11
Blackawton 4 I 32

Blackburn *Aberdeenshire* 75 N 12
Blackburn *Lancs.* 42 M 22
Blackburn *West Lothian* 61 J 16
Blackfield 10 P 31
Blackford *Cumbria* 54 L 19
Blackford
Perthshire and Kinross 67 I 15
Blackhall 57 Q 19
Blackhall Rocks 57 Q 19
Blackhill *Aberdeenshire* 81 O 11
Blackhill *Highland* 77 A 11
Blacklunans 74 J 13
Blackmoor Gate 17 I 30
Blackmore 22 U 28
Blackness Castle 68 J 15
Blacko 43 N 22
Blackpool 42 K 22
Blackridge 61 I 16
Blackthorn 28 Q 28
Blacktoft 44 R 22
Blackwater *Hart* 20 R 30
Blackwater *Isle of Wight* 10 Q 31
Blackwater (River) 22 W 28
Blackwater Reservoir 72 F 13
Blackwaterfoot 59 D 17
Blackwell 50 P 20
Blackwood 18 K 29
Bladnoch 52 G 19
Bladon 20 P 28
Blaenannherch 15 G 27
Blaenau Ffestiniog 33 I 25
Blaenavon 18 K 28
Blaengarw 17 J 29
Blaengwrach 17 J 28
Blagdon 18 L 30
Blaich 72 E 13
Blaina 18 K 28
Blair Atholl 73 I 13
Blair Castle 73 I 13
Blairgowrie 68 J 14
Blairmore 66 F 16
Blakeney *Glos.* 18 M 28
Blakeney *Norfolk* 38 X 25
Blakesley 28 Q 27
Blamerino 68 K 14
Blandford Forum 9 N 31
Blanefield 67 H 16
Blàr a Chaorainn 72 E 13
Blarmachfoldach 72 E 13
Blarnalearoch 78 E 10
Blawith 48 K 21
Blaxton 44 R 23
Blaydon 56 O 19
Bleadon 18 L 30
Bleaklow Hill 43 O 23
Blean 23 X 30
Bleasby 36 R 24
Blenheim Palace 20 P 28
Bletchingdon 20 Q 28
Bletchley 28 R 27
Bletsoe 29 S 27
Blewbury 20 Q 29
Blickling 39 X 25
Blickling Hall 39 X 25
Blidworth 36 Q 24
Blindley Heath 21 T 30
Blisland 3 F 32
Blisworth 28 R 27
Blithe 35 O 25
Blithfield Hall 35 O 25
Blithfield Reservoir 35 O 25
Blockley 27 O 27
Blofield 39 Y 26
Bloxham 28 P 27
Blubberhouses 49 O 22
Blue John Cavern 43 O 23
Bluemull Sound 87 Q 1
Blundellsands 42 K 23
Blundeston 39 Z 26
Blyth *Northumb.* 56 P 18
Blyth *Notts.* 44 Q 23
Blythburgh 31 Y 27
Blythe Bridge 35 N 25
Blyton 44 R 23
Bo' Ness 68 J 15
Boarhills 69 L 15
Boat of Garten 74 I 12
Boathvic 79 G 10
Bocking Churchstreet 30 V 28
Boddam 81 O 11
Bodedern 40 G 23
Bodelwyddan 41 J 23
Bodenham 26 L 27
Bodfari 41 J 23
Bodfordd 40 G 23
Bodham Street 39 X 25
Bodiam Castle 12 V 30
Bodicote 28 Q 27
Bodmin 3 F 32
Bodmin Moor 3 G 32
Bodnant Garden 41 I 23
Bognor Regis 11 R 31
Bogue 53 H 18
Boisdale 70 X 12
Boisdale (Loch) 70 Y 12
Boldon 56 P 19
Bolham 7 J 31
Bollin (River) 42 N 23
Bollington 43 N 24
Bolney 11 T 31
Bolnhurst 29 S 27
Bolsover 44 Q 24
Boltby 50 Q 21
Bolton *Alnwick* 63 O 17
Bolton *Bolton* 42 M 23
Bolton Abbey 49 O 22
Bolton-by-Bowland 49 N 22
Bolton-le-Sands 48 L 21
Bolton on Swale 50 P 20
Bolton-upon-Dearne 44 Q 23
Bomere Heath 34 L 25
Bonar Bridge 79 G 10
Bonawe Quarries 65 E 14
Bonby 44 S 23
Boncath 15 G 27
Bonchester Bridge 62 M 17
Bonhill 66 G 16
Bonnybridge 67 I 16
Bonnyrigg 61 K 16
Bont-faen / Cowbridge 17 J 29
Bontgoch Elerch 25 I 26
Bontnewydd 32 H 24
Boosbeck 50 R 20
Boot 47 K 20
Bootle *Cumbria* 47 J 21
Bootle *Merseyside* 42 K 23
Border Forest Park (The) 55 M 18
Bordogan 32 G 24
Boreham 22 V 28
Boreham Street 12 V 31
Borehamwood 21 T 29
Boreland 54 K 18
Borgue
Dumfries and Galloway 53 H 19
Borgue *Highland* 85 J 9
Borness 53 H 19
Borough Green 22 U 30
Boroughbridge 50 P 21
Borreraig 77 Z 11
Borrobol Forest 85 H 9
Borrowash 36 P 25
Borth 25 H 26
Borve *Barra Isle* 70 X 13
Borve *Eilean Siar* 70 X 13
Borve *Isle of Lewis* 82 A 8
Borve *South Harris* 76 Y 10
Borwick 48 L 21
Bosbury 26 M 27
Boscastle 6 F 31
Boscombe 9 O 31
Bosham 10 R 31
Bosherston 16 F 29
Bosley 35 N 24
Boston 37 T 25
Boston Spa 50 P 22
Boswinger 3 F 33
Botesdale 30 W 26
Bothamsall 44 R 24
Bothel 54 K 19
Bothwell 60 H 16
Botley 10 Q 31
Bottesfor *Melton* 36 R 25
Bottesford
North Lincolnshire 44 S 23
Bottisham 30 U 27
Botwnnog 32 G 25
Boughton 36 Q 24
Boughton House 29 R 26
Boughton Street 22 W 30
Boulmer 63 P 17
Boultham 44 S 24
Bourn 29 T 27
Bourne 37 S 25
Bournemouth 9 O 31
Bourton *North Dorset* 9 N 30
Bourton
Vale of White Horse 19 P 29
Bourton-on-the-Water 27 O 28
Bovey Tracey 4 I 32
Bovingdon 21 S 28
Bow 7 I 31
Bow Street 25 H 26
Bowden 62 L 17
Bower *Highland* 85 K 8
Bower *Tynedale* 55 M 18
Bowerchalke 9 O 30
Bowes 49 N 20
Bowhill 62 L 17
Bowland 62 L 17
Bowland (Forest of) 49 M 22
Bowmore 58 B 16
Bowness 48 L 20
Bowness-on-Solway 54 K 19
Bowood House 19 N 29
Box 19 N 29
Box Hill 21 T 30
Boxford *Babergh* 30 W 27
Boxford *West Berkshire* 20 P 29
Boxley 22 V 30
Boxworth 29 T 27
Boyton 6 G 31
Bozeat 29 R 27
Braaid 46 G 21
Brabourne Lees 12 W 30
Bracadale (Loch) 77 A 12
Bracebridge Heath 37 S 24
Brackley 28 Q 27
Brackley Hatch 28 Q 27
Bracknell 20 R 29
Braco 67 I 15
Bracora 72 C 13
Bradan Resr (Loch) 60 G 18
Bradfield *Sheffield* 43 P 23
Bradfield *West Berkshire* 20 Q 29
Bradford *Bradford* 43 O 22
Bradford *Taunton Deane* 8 K 31
Bradford Abbas 8 M 31
Bradford-on-Avon 19 N 29
Brading 10 Q 31
Bradninch 7 J 31
Bradpole 5 L 31
Bradwell 43 O 24
Bradwell-on-Sea 22 W 28
Bradworthy 6 G 31
Brae 87 P 2
Brae of Achnahaird 83 D 9
Brae Roy Lodge 73 F 13
Braeantra 79 G 10
Braedownie 74 K 13
Braehead 61 J 16
Braemar 74 J 12
Braemore 85 J 9
Braeriach 74 I 12
Braeswick 87 L 6
Brafferton Helperby 50 Q 21
Bragar 82 A 8
Braglenbeg 65 D 15
Braich y Pwll 32 F 25
Braidwood 61 I 16
Bràigh Mór 82 Y 9
Brailes 28 P 27
Brailsford 35 P 25
Braintree 30 V 28
Braishfield 10 P 30
Braithwell 44 Q 23
Bramcote 36 Q 25
Bramfield 31 Y 27
Bramford 31 X 27
Bramhall 43 N 23
Bramham 43 P 22
Bramhope 43 P 22
Bramley
Basingstoke and Deane 20 Q 30
Bramley
South Yorks. 44 Q 23
Bramley *Surrey* 21 S 30
Brampton *Cambs.* 29 T 27
Brampton *Cumbria* 55 L 19
Brampton *Eden* 55 M 20
Brampton *Rotherham.* 43 P 23
Brampton *Suffolk* 31 Y 26
Brampton Bryan 26 L 26
Brancaster 38 V 25
Branderburgh 80 K 10
Brandesburton 51 T 22
Brandon *Durham* 56 P 19
Brandon *Suffolk* 30 V 26
Brandsby 50 Q 21
Branscombe 5 K 31
Bransgore 9 O 31
Branston 37 S 24
Brant Broughton 37 S 24
Brassington 35 P 24
Bratton 19 N 30
Bratton Clovelly 6 H 31
Bratton Fleming 7 I 30
Braughing 29 U 28
Braunston *Daventry* 28 Q 27
Braunston *Rutland* 36 R 26
Braunton 6 H 30
Bray-on-Thames 21 R 29
Bray Shop 3 G 32
Braybrooke 28 R 26
Brayford 7 I 30
Brayton 44 Q 22
Breaclete 82 Z 9
Breadalbane 67 G 14
Breage 2 D 33
Bream 18 M 28
Breamore House 9 O 31
Brean 18 K 30
Breasclete 82 Z 9
Breaston 36 Q 25
Brechin 75 M 13
Breckland 30 V 26
Brecon / Aberhonddu 25 J 28
Brecon Beacons
National Park 25 J 28
Bredbury 43 N 23
Brede 12 V 31
Bredenbury 26 M 27
Bredgar 22 W 30
Bredon 27 N 27
Bredwardine 26 L 27
Bremhill 19 N 29
Brenchley 12 V 30
Brendon Hills 7 J 30
Brenig Reservoir 33 J 24
Brenish 82 Y 9
Brent *London Borough* 21 T 29
Brent Knoll 18 L 30
Brent Pelham 29 U 28
Brentwood 22 U 29
Brenzett 12 W 30
Brereton 35 O 25
Bressay 87 Q 3
Bretford 28 P 26
Bretherton 42 L 22
Brewham 9 M 30
Brewlands Bridge 74 K 13
Brewood 35 N 25
Bride 46 G 20
Bridestowe 4 H 31
Bridge 23 X 30
Bridge of Alford 75 L 12
Bridge of Allan 67 I 15
Bridge of Avon 80 J 11
Bridge of Balgie 73 H 14
Bridge of Brown 74 J 12
Bridge of Buchat 74 L 12
Bridge of Craigisla 74 K 13
Bridge of Dee 53 I 19
Bridge of Don 75 N 12
Bridge of Dun 75 M 13
Bridge of Dye 75 M 13
Bridge of Earn 68 J 14
Bridge of Ericht 73 G 13
Bridge of Gairn 74 K 12
Bridge of Gaur 73 G 13
Bridge of Orchy 66 F 14
Bridge of Weir 60 G 16
Bridge Trafford 42 L 24
Bridgemary 10 Q 31
Bridgend *Aberdeenshire* 80 L 11
Bridgend *Angus* 75 L 13
Bridgend *Argyll and Bute* 65 D 15
Bridgend *Islay* 58 B 16
Bridgend
Perthshire and Kinross 68 J 14
Bridgend / Pen-y-bont 17 J 29
Bridgend of Lintrathen 74 K 13
Bridgerule 6 G 31
Bridgham 30 W 26
Bridgnorth 27 M 26
Bridgwater 8 L 30
Bridlington 51 T 21
Bridport 5 L 31
Brierfield 43 N 22
Brierley 43 P 23
Brierley Hill 27 N 26
Brigg 44 S 23
Brigham 54 J 20
Brighouse 43 O 22
Brighstone 10 P 32
Brighstone Forest 10 P 32
Brightling 12 V 31
Brightlingsea 22 X 28
Brighton 11 T 31
Brightwell 20 Q 29
Brigstock 29 S 26
Brill 20 Q 28
Brimfield 26 L 27
Brimham Rocks 49 O 21
Brimington 43 P 24
Brimpsfield 19 N 28
Brimpton 20 Q 29
Brinkburn Priory 63 O 18
Brinkley 30 V 27
Brinklow 28 P 26
Brinkworth 19 O 29
Brinyan 86 L 6
Brisley 38 W 25
Brislington 18 M 29
Bristol 18 M 29
Briston 38 X 25
Briton Ferry 17 I 29
Brittle (Loch) 71 B 12
Brittwell Salome 20 Q 29
Brixham 4 J 32
Brixton 4 H 32
Brixworth 28 R 27
Brize Norton 20 P 28
Broad Bay 83 B 9
Broad Blunsdon 19 O 29
Broad Chalke 9 O 30
Broad Haven 14 E 28
Broad Hinton 19 O 29
Broad Law 61 J 17
Broad Oak 12 V 31
Broadbrige Heath 11 S 30
Broadclyst 7 J 31
Broadford 77 C 12
Broadlands 10 P 31
Broadmayne 9 M 31
Broadstairs 23 Y 29
Broadstone 9 O 31
Broadwas 27 M 27
Broadway 27 O 27
Broadwell Ho 55 N 19
Broadwey 8 M 32
Broadwindsor 8 L 31
Broadwoodwidger 6 H 31
Brochel 77 B 11
Brockdish 31 X 26
Brockenhurst 10 P 31
Brockley 18 L 29
Brockworth 19 N 28
Brodick 59 E 17
Brodick Bay 59 E 17
Brodick Castle 59 E 17
Brodie Castle 79 I 11
Brodsworth 44 Q 23
Brodsworth Hall 44 Q 23
Brokenborough 19 N 29
Brolass 65 B 14
Bromborough 42 L 24
Brome 31 X 26
Bromfield 26 L 26
Bromham *Bedford* 29 S 27
Bromham *Kennet* 19 N 29
Bromley *London Borough* 21 U 29
Brompton *Kent* 22 V 29
Brompton *near Northallerton* 50 P 20
Brompton-by-Sawdon 51 S 21
Brompton on Swale 49 O 20
Brompton Ralph 7 K 30
Brompton Regis 7 J 30
Bromsgrove 27 N 26
Bromyard 26 M 27
Bronllys 26 K 27
Brook 22 W 30
Brooke 39 Y 26
Brookmans Park 21 T 28
Broom (Loch) 78 E 10
Broomfield *Chelmsford* 22 V 28
Broomfield *Sedgemoor* 8 K 30
Broomfleet 44 S 22
Broomhaugh 56 O 19
Brora 85 I 9
Broseley 34 M 26
Brotherton 44 Q 22
Brotton 57 R 20
Brough
East Riding of Yorkshire 44 S 22
Brough *Eden* 49 N 20
Brough *Highland* 86 J 8
Brough Head 86 J 6
Brough Lodge 87 R 2
Brough of Birsay 86 J 6
Broughton *Cumbria* 54 J 19
Broughton
Flintshire / Sir y Fflint 34 L 24
Broughton *Hants.* 10 P 30
Broughton *Lancs.* 42 L 22
Broughton *North Lincs.* 44 S 23
Broughton *Northants.* 28 R 26
Broughton *Oxon.* 28 P 27
Broughton *Scottish Borders* 61 J 17
Broughton-in-Furness 47 K 21
Broughton Mills 47 K 21
Broughton Moor 54 J 19
Broughton Poggs 19 P 28
Broughty Ferry 69 L 14
Brownhills 35 O 26
Brownsea Island 9 O 31
Broxbourne 21 T 28
Broxburn 68 J 16
Bruar Lodge 73 I 13
Bruichladdich 58 A 16
Brundall 39 Y 26
Brushford 7 J 30
Bruton 8 M 30
Brydekirk 54 K 18
Brymbo 34 K 24
Bryn-Henllan 24 F 27
Brynamman 17 I 28
Brynbuga / Usk 18 L 28
Bryncethin 17 J 29
Bryneglwys 34 K 24
Bryngwran 40 G 23
Bryngwyn 26 K 27
Brynhoffnant 15 G 27
Brynmawr 18 K 28
Brynsiencyn 32 H 24
Brynteg 40 H 23
Bualintur 71 B 12
Bubwith 44 R 22
Buccleuch 61 K 17
Buchanty 67 I 14
Buchlyvie 67 H 15
Buckden *Cambs.* 29 T 27
Buckden *North Yorks.* 49 N 21
Buckfast 4 I 32
Buckfast Abbey 4 I 32
Buckfastleigh 4 I 32
Buckhaven 68 K 15
Buckhorn Weston 9 M 30
Buckie 80 L 10
Buckingham 28 R 27
Buckland *Herts.* 29 T 28
Buckland *Oxon.* 20 P 28
Buckland Abbey 4 H 32
Buckland Brewer 6 H 31
Buckland Dinham 19 M 30
Buckland in-the-Moor 4 I 32
Buckland Newton 8 M 31
Buckland St. Mary 8 K 31
Bucklebury 20 Q 29
Bucklers Hard 10 P 31
Buckley / Bwcle 34 K 24
Buckminster 36 R 25
Bucknall 37 T 24
Bucknell 26 L 26
Bucks green 11 S 30
Bucksburn 75 N 12
Bude 6 G 31
Budleigh Salterton 5 K 32
Bugbrooke 28 Q 27
Bugle 3 F 32
Bugthorpe 50 R 21
Buildwas Abbey 34 M 26
Builth Wells /
Llanfair-ym-Muallt 25 J 27
Bulford 19 O 30
Bulkeley 34 L 24
Bulkington 28 P 26
Bulwell 36 Q 24
Bulwick 37 S 26
Bunarkaig 72 F 13
Bunessan 64 B 15
Bungay 31 Y 26
Bunnahabhainn 64 B 16
Bunny 36 Q 25
Buntingford 29 T 28
Burbage *Leics.* 28 P 26
Burbage *Wilts.* 19 O 29
Burchett's Green 20 R 29
Bures 30 W 28
Burford 19 P 28
Burgess Hill 11 T 31
Burgh-by-Sands 54 K 19
Burgh Castle 39 Y 26
Burgh-le-Marsh 38 U 24
Burgh-St. Peter 39 Y 26
Burghead 80 J 10
Burghfield 20 Q 29
Burghill 26 L 27
Burghley House 37 S 26
Burham 22 V 30
Burley 9 O 31
Burley-in-Wharfedale 49 O 22
Burlton 34 L 25
Burneside 48 L 20
Burneston 50 P 21
Burnfoot 62 L 17
Burnham 21 S 29
Burnham Market 38 W 25
Burnham-on-Crouch 22 W 29
Burnham-on-Sea 18 L 30
Burnhaven 81 O 11
Burnhope 56 O 19
Burniston 51 S 21

Burnley 43 N 22
Burntisland 68 K 15
Burrafirth 87 R 1
Burravoe 87 Q 2
Burray 87 L 7
Burrelton 68 K 14
Burringham 44 R 23
Burrington *North Devon* 7 I 31
Burrington *North Somerset* 18 L 30
Burrough Green 30 V 27
Burrow Head 53 G 19
Burry Port /Porth Tywyn 15 H 28
Burscough 42 L 23
Burscough Bridge 42 L 23
Burshill 51 S 22
Bursledon 10 Q 31
Burslem 35 N 24
Burstwick 45 T 22
Burton *Christchurch* 9 O 31
Burton *Ellesmere Port and Neston* 48 L 21
Burton *South Lakeland* 48 L 21
Burton *Wrecsam / Wrexham* 34 L 24
Burton Agnes 51 T 21
Burton Bradstock 5 L 31
Burton Constable Hall 45 T 22
Burton Fleming 51 S 21
Burton in Lonsdale 49 M 21
Burton Joyce 36 Q 25
Burton Latimer 29 R 26
Burton Leonard 50 P 21
Burton Pidsea 45 T 22
Burton-upon-Stather 44 R 23
Burton-upon-Trent 35 O 25
Burwarton 26 M 26
Burwash 12 V 31
Burwell *Cambs.* 30 U 27
Burwell *Lincs.* 45 U 24
Bury *Bury* 42 N 23
Bury *Chichester* 11 S 31
Bury St. Edmunds 30 W 27
Busby 60 H 16
Buscot 19 P 28
Bushey 21 S 29
Bute (Island of) 59 E 16
Bute (Kyles of) 59 E 16
Bute (Sound of) 59 E 16
Butleigh 8 L 30
Butley 31 Y 27
Butt of Lewis 83 B 8
Buttercrambe 50 R 21
Buttermere 47 K 20
Butterstone 68 J 14
Buttington 34 K 25
Buxted 12 U 31
Buxton *Derbs.* 43 O 24
Buxton *Norfolk* 39 X 25
Bwcle / Buckley 34 K 24
Bwlch 26 K 28
Bwlch Oerddrws 33 I 25
Bwlch y Ffridd 33 J 26
Bwlch-y-Groes 25 I 28
Bwlch-y-Sarnau 25 J 26
Bwlchgwyn 34 K 24
Bwlchllan 25 H 27
Byfield 28 Q 27
Byfleet 21 S 30
Byland Abbey 50 Q 21
Byrness 62 M 18

C

Cabrach 80 K 12
Cadair Idris 33 I 25
Caddington 29 S 28
Caddonfoot 62 L 17
Cadhay 5 K 31
Cadishead 42 M 23
Cadnam 10 P 31
Cadney 44 S 23
Cadwell Park 45 T 24
Caerau 17 J 29
Caerdydd / Cardiff 18 K 29
Caerffili / Caerphilly 18 K 29
Caerfyrddin / Carmarthen 15 H 28
Caergwrle 34 K 24
Caergybi / Holyhead 40 G 23
Caerlaverock Castle 53 J 19
Caerleon 18 L 29
Caernarfon 32 H 24
Caernarfon Bay 32 G 24
Caerphilly / Caerffili 18 K 29
Caersws 25 J 26
Caerwent 18 L 29
Caerwys 41 K 23
Cailliness Point 52 F 19
Cairn Edward Forest 53 H 18
Cairn Gorm 74 J 12
Cairn Table 60 H 17
Cairn Toul 74 I 12
Cairnborrow 80 L 11
Cairndow 66 F 15
Cairngaan 52 F 20
Cairngarroch 52 E 19
Cairnie 80 L 11
Cairnpapple Hill 67 J 16
Cairnryan 52 E 19
Cairnsmore of Carsphairn 60 H 18
Cairnsmore of Fleet 53 G 19
Cairraig Fhada 58 B 17
Caister-on-Sea 39 Z 26
Caistor 45 T 23
Calbourne 10 P 31
Caldbeck 54 K 19
Caldecott 36 R 26
Calder (Loch) 85 J 8
Calder Bridge 47 J 20
Calder Mains 85 J 8
Caldercruix 61 I 16
Calderdale 43 N 22
Caldermill 60 H 17
Caldey Island 15 F 29
Caldicot 18 L 29
Caldwell 49 O 20
Calf of Man 46 F 21
Calfsound 87 L 6
Calgary 71 B 14
Calgary Bay 71 B 14
Caliach Point 71 B 14
Calke Abbey 36 P 25
Callander 67 H 15
Callater (Glen) 74 J 13
Callington 3 H 32
Calne 19 N 29
Calow 43 P 24
Calstock 3 H 32
Calthwaite 55 L 19
Calvay 70 Y 12
Calver 43 P 24
Calverton 36 Q 24
Calvine 73 I 13
Cam 29 U 27
Cam Loch 84 E 9
Camas Chil Mhalieu 72 D 14
Camas-luinie 78 D 12
Camasnacroise 72 D 14
Camastianavaig 77 B 11
Camber 12 W 31
Camberley 20 R 30
Camblesforth 44 Q 22
Cambo 56 O 18
Cambois 56 P 18
Camborne 2 E 33
Cambrian Mountains 25 I 27
Cambridge 29 U 27
Cambusbarron 67 I 15
Cambuskenneth 67 I 15
Camden *London Borough* 21 T 29
Camelford 6 F 32
Cammachmore 75 N 12
Campbeltown 59 D 17
Campsie Fells 67 H 15
Camptown 62 M 17
Campville 35 P 25
Camrose 24 E 28
Camusnagaul 78 E 10
Candlesby 37 U 24
Canewdon 22 W 29
Canisbay 86 K 8
Canna 71 A 12
Cannich 78 F 11
Cannich (Glen) 78 F 11
Cannington 8 K 30
Cannock 35 N 25
Canonbie 54 L 18
Canons Ashby 28 Q 27
Canterbury 23 X 30
Cantley 39 Y 26
Canvey Island 22 V 29
Caol 72 E 13
Caolas a' Mhòrain 76 Y 10
Caoles 70 Z 14
Caolis 70 X 13
Caolisport (Loch) 65 D 16
Cape Cornwall 2 C 33
Cape Wrath 84 E 8
Capel 11 T 30
Capel Curig 33 I 24
Capel Garmon 33 I 24
Capel Le Ferne 13 X 30
Capel St. Mary 31 X 27
Capel-y-Ffin 26 K 28
Capesthorne Hall 43 N 24
Capheaton 56 O 18
Cappercleuch 61 K 17
Caputh 68 J 14
Cara Island 58 C 17
Carbis Bay 2 D 33
Carbost *Minginish* 77 A 12
Carbost *Trotternish* 77 B 11
Cardenden 68 K 15
Cardiff / Caerdydd 18 K 29
Cardigan / Aberteifi 15 G 27
Cardigan Bay 24 G 26
Cardington 34 L 26
Cardinham 3 G 32
Cardrona 61 K 17
Cardross 66 G 16
Cardurnock 54 K 19
Carew 15 F 28
Carfraemill 62 L 16
Cargill 68 J 14
Carhampton 7 J 30
Carie 73 H 13
Carinish 76 Y 11
Carisbrooke 10 Q 31
Cark 48 L 21
Carlbt 37 S 25
Carleen 2 D 33
Carleton 49 N 22
Carlisle 55 L 19
Carlops 61 J 16
Carloway 82 Z 9
Carlton *Bedford* 29 S 27
Carlton *Hambleton* 50 Q 20
Carlton *Hinckley and Bosworth* 36 P 26
Carlton *North Yorks.* 44 Q 22
Carlton *Notts.* 36 Q 25
Carlton Colville 31 Z 26
Carlton in Lindrick 44 Q 23
Carlton-on-Trent 36 R 24
Carluke 61 I 16
Carmarthen / Caerfyrddin 15 H 28
Carmel Head 40 G 22
Carmunnock 60 H 16
Carmyllie 69 L 14
Carn Ban 73 H 12
Carn Coire na h-Easgainn 73 H 12
Carn Eige 78 E 12
Carn Glas-choire 79 I 11
Carn Mairg 73 H 14
Carnaby 51 T 21
Carnach 78 E 12
Carnassarie Castle 65 D 15
Carnedd Llewelyn 33 I 24
Carnforth 48 L 21
Carno 33 J 26
Carnock 68 J 15
Carnoustie 69 L 14
Carnwath 61 J 16
Carradale 59 D 17
Carradale Bay 59 D 17
Carrbridge 79 I 12
Carrick 66 F 15
Carrick Roads 2 E 33
Carron 80 K 11
Carron (Loch) 77 C 11
Carron Bridge 67 H 15
Carrshield 55 N 19
Carrutherstown 54 J 18
Carsaig 65 C 15
Carse of Gowrie 68 K 14
Carseriggan 52 G 19
Carsethorn 53 J 19
Carsluith 53 G 19
Carsphairn 53 H 18
Carstairs 61 I 16
Carterton 19 P 28
Carterway Heads 56 O 19
Carthew 3 F 32
Carthorpe 50 P 21
Cartmel 48 L 21
Carville 56 P 19
Cas-Gwent / Chepstow 18 M 29
Cashlie 67 G 14
Casnewydd / Newport 18 L 29
Cassington 20 P 28
Cassley (Glen) 84 F 9
Castell-Nedd / Neath 17 I 29
Castell Newydd Emlyn / Newcastle Emlyn 15 G 27
Castell-y-Rhingyll 15 H 28
Castle Acre 38 W 25
Castle Ashby 28 R 27
Castle Bolton 49 O 21
Castle Bytham 37 S 25
Castle Campbell 67 I 15
Castle Cary 8 M 30
Castle Combe 19 N 29
Castle Donington 36 P 25
Castle Douglas 53 I 19
Castle Drogo 4 I 31
Castle Eaton 19 O 29
Castle Fraser 75 M 12
Castle frome 26 M 27
Castle Hedingham 30 V 28
Castle Howard 50 R 21
Castle Kennedy 52 F 19
Castle Lachlan 65 E 15
Castle Loch 52 F 19
Castle Rising 38 V 25
Castlebay 70 X 13
Castleford 43 P 22
Castlemartin 16 E 29
Castlerigg 54 K 20
Castleton *Casnewydd / Newport* 18 K 29
Castleton *Derbs.* 43 O 23
Castleton *North Yorks.* 50 R 20
Castletown *Highland* 85 J 8
Castletown *Isle of Man* 46 G 21
Caston 38 W 26
Catacol 59 E 16
Catacol Bay 59 D 16
Caterham 21 T 30
Catfield 39 Y 25
Catlodge 73 H 12
Caton 48 L 21
Catrine 60 H 17
Catterall 42 L 22
Catterick 50 P 20
Catterick Garrison 49 O 20
Catterline 75 N 13
Cattistock 8 M 31
Catton *Broadland* 39 X 26
Catton *Tynedale* 55 N 19
Catworth 29 S 26
Cauldcleuch Head 62 L 18
Cauldon 35 O 24
Caulkerbush 53 I 19
Cautley 49 M 20
Cava 86 K 7
Cavendish 30 V 27
Caversfield 28 Q 28
Caversham 20 R 29
Cawdor 79 I 11
Cawood 44 Q 22
Caxton 29 T 27
Caynham 26 M 26
Caythorpe 37 S 24
Cayton 51 S 21
Ceall (Loch nan) 71 C 13
Cefn Bryn 15 H 29
Cefn-Coed-y-cymmer 17 J 28
Cefn-mawr 34 K 25
Cefn-y-Pant 15 G 28
Ceinewydd / New Quay 24 G 27
Ceiriog (Vale of) 34 K 25
Cemaes 40 G 22
Cemaes Head 15 F 27
Cemmaes 33 I 26
Cemmaes road 33 I 26
Cenarth 15 G 27
Ceres 69 L 15
Cerne Abbas 8 M 31
Cerrigydrudion 33 J 24
Chacewater 2 E 33
Chacombe 28 Q 27
Chadderton 43 N 23
Chaddesden 36 P 25
Chadlington 28 P 28
Chadwell St. Mary 22 V 29
Chagford 4 I 31
Chailey 11 T 31
Chàirn Bhain (Loch a') 84 E 9
Chalfont St. Giles 21 S 29
Chalfont St. Peter 21 S 29
Chalford 19 N 28
Chalgrove 20 Q 29
Challacombe 7 I 30
Challoch 52 G 19
Challock 22 W 30
Chambercombe Manor 17 H 30
Chandler's Ford 10 P 31
Channel Islands 5
Chapel Brampton 28 R 27
Chapel-en-le-Frith 43 O 24
Chapel Haddlesey 44 Q 22
Chapel le Dale 49 M 21
Chapel St. Leonards 45 V 24
Chapel Stile 48 K 20
Chapelhall 61 I 16
Chapelknowe 54 K 18
Chapelton 60 H 16
Chapeltown *Moray* 74 K 12
Chapeltown *Sheffield* 43 P 23
Chapmanslade 19 N 30
Chard 8 L 31
Chardstock 8 L 31
Charfield 19 M 29
Charing 22 W 30
Charlbury 28 P 28
Charlecote *Park* 27 P 27
Charleston *Manor* 12 U 31
Charlestown *Highland* 78 C 10
Charlestown *Restormel* 3 F 33
Charlton 19 N 29
Charlton Horethorne 8 M 30
Charlton Kings 27 N 28
Charlton Marshall 9 N 31
Charlton Musgrove 9 M 30
Charlton on Otmoor 20 Q 28
Charlwood 11 T 30
Charminster 8 M 31
Charmouth 5 L 31
Charney Basset 20 P 29
Charsfield 31 X 27
Chartham 23 X 30
Chartridge 21 S 28
Chartwell 21 U 30
Chastleton 27 P 28
Chatburn 42 M 22
Chatham 22 V 29
Chatsworth House 43 P 24
Chatteris 29 U 26
Chatto 62 M 17
Chatton 63 O 17
Chawleigh 7 I 31
Cheadle *Gtr. Mches.* 43 N 23
Cheadle *Staffs.* 35 O 25
Checkendon 20 Q 29
Cheddar 18 L 30
Cheddar Gorge 18 L 30
Cheddington 21 S 28
Cheddleton 35 N 24
Chedington 8 L 31
Chedworth 19 O 28
Cheese Bay 76 Y 11
Chelford 42 N 24
Chellaston 36 P 25
Chelmarsh 27 M 26
Chelmsford 22 V 28
Cheltenham 27 N 28
Chelveston 29 S 27
Chelwood Gate 11 U 30
Chepstow / Cas-Gwent 18 L 29
Cherhill 19 O 29
Cherington *Cotswold* 19 N 28
Cherington *Stratford-on-Avon* 27 P 27
Cheriton 10 Q 30
Cheriton Bishop 4 I 31
Cheriton Fitzpaine 7 J 31
Cherry Burton 44 S 22
Chertsey 21 S 29
Cherwell (River) 28 Q 28
Cheselbourne 9 M 31
Chesham 21 S 28
Chesham Bois 21 S 28
Cheshunt 21 T 28
Chesil Beach 8 M 32
Cheslyn Hay 35 N 26
Chester 34 L 24
Chester-le-Street 56 P 19
Chesterfield 43 P 24
Chesters 62 M 17
Chesters Fort 55 N 18
Chesterton *Cambridge* 29 U 27
Chesterton *Cherwell* 28 Q 28
Cheswardine 35 M 25
Cheswick 63 O 16
Cheviot (The) 63 N 17
Cheviot Hills (The) 62 M 17
Chew Magna 18 M 29
Chew Stoke 18 M 29
Chewton Mendip 18 M 30
Chicheley 29 R 27
Chichester 10 R 31
Chickerell 5 M 32
Chicklade 9 N 30
Chiddingfold 11 S 30
Chiddingly 12 U 31
Chiddingstone 22 U 30
Chideock 5 L 31
Chieveley 20 Q 29
Chigwell 21 U 29
Chilcompton 18 M 30
Child Okeford 9 N 31
Childrey 20 P 29
Child's Ercall 34 M 25
Chilham 22 W 30
Chillingham 63 O 17
Chilmark 9 N 30
Chiltern Hills 20 R 29
Chilton *Sedgefield* 56 P 20
Chilton *Vale of White Horse* 20 Q 29
Chilton Folia 20 P 29
Chippenham *East Cambridgeshire* 30 V 27
Chippenham *North Wiltshire* 19 N 29
Chipping 42 M 22
Chipping Campden 27 O 27
Chipping Norton 28 P 28
Chipping Ongar 22 U 28
Chipping Sodbury 19 M 29
Chipping Warden 28 Q 27
Chirbury 34 K 26
Chirk 34 K 25
Chirk Castle 34 K 25
Chirmorie 52 F 18
Chirnside 63 N 16
Chirton 19 O 30
Chiseldon 19 O 29
Chislet 23 X 30
Chiswell Green 21 S 28
Chitterne 19 N 30
Chittlehamholt 7 I 31
Chittlehampton 7 I 30
Chobham 21 S 29
Choire (Loch) 84 H 9
Cholderton 9 O 30
Cholesbury 21 S 28
Chollerton 55 N 18
Cholsey 20 Q 29
Chon (Loch) 67 G 15
Chopwell 56 O 19
Chorley 42 M 23
Chorleywood 21 S 29
Christchurch *Christchurch* 9 O 31
Christchurch *Fenland* 38 U 26
Christian Malford 19 N 29
Christleton 34 L 24
Christmas Common 20 R 29
Christow 4 J 32
Chroisg (Loch a') 78 E 11
Chudleigh 4 J 32
Chulmleigh 7 I 31
Church 42 M 22
Church Crookham 20 R 30
Church Eaton 35 N 25
Church Enstone 28 P 28
Church Fenton 44 Q 22
Church Knowle 9 N 32
Church Leigh 35 O 25
Church Lench 27 O 27
Church Minshull 34 M 24
Church Stoke 34 K 26
Church Stretton 34 L 26
Churcham 19 M 28
Churchdown 27 N 28
Churchill *North Somerset* 18 L 29
Churchill *Oxon.* 27 P 28
Churchingford 8 K 31
Churnet 35 N 24
Churnsike Lodge 55 M 18
Churston Ferrers 4 J 32
Churt 10 R 30
Chwilog 32 H 25
Cifynydd 17 K 29
Cilcain 34 K 24
Cilcennin 25 H 27
Cilgerran 15 G 27
Cilmery 25 J 27
Cilrhedyn 15 G 28
Cilybebyll 17 I 28
Cilycwm 25 I 27
Cinderford 18 M 28
Cirencester 19 O 28
City of London *London Borough* 21 T 29
Clachaig 66 E 16
Clachan *Argyl* 66 F 15
Clachan *Kintyre* 59 D 16
Clachan Mòr 70 Z 14
Clachan of Campsie 67 H 16
Clachan of Glendaruel 65 E 15
Clachtoll 83 E 9
Clackavoid 74 J 13
Clackmannan 67 I 15
Clacton-on-Sea 23 X 28
Claggain Bay 58 B 16
Claggan 71 C 14
Claidh (Loch) 82 A 10
Claigan 77 A 11
Clandon Park 21 S 30
Clanfield 10 Q 31
Claonel 84 G 9
Clapham *Beds.* 29 S 27
Clapham *North Yorks.* 49 M 21
Clapton-in-Gordano 18 L 29

Clàr (Loch nan) 85 H 9
Clarbeston Road 24 F 28
Clare 30 V 27
Clashindarroch 80 L 11
Clashmore 79 H 10
Clashnessie 84 E 9
Clatt 80 L 12
Clatteringshaws (Loch) 53 H 18
Clauchlands Point 59 E 17
Clavering 29 U 28
Claverley 27 N 26
Claverton Manor 19 N 29
Clawdd-newydd 33 J 24
Clawton 6 G 31
Claxton *Ryedale* 50 R 21
Claxton *South Norfolk* 39 Y 26
Clay Cross 36 P 24
Claydon 31 X 27
Claydon House 28 R 28
Claypole 36 R 24
Clayton 11 T 31
Clayton-le-Moors 42 M 22
Clayton West 43 P 23
Cleadale 71 B 13
Cleadon 57 P 19
Cleat 70 X 12
Cleator Moor 47 J 20
Cleckheaton 43 O 22
Cleedownton 26 M 26
Cleehill 26 M 26
Cleethorpes 45 T 23
Cleeve Abbey 7 J 30
Cleeve Prior 27 O 27
Clehonger 26 L 27
Cleigh 65 D 14
Clenchwarton 38 V 25
Clent 27 N 26
Cleobury Mortimer 26 M 26
Cleobury North 26 M 26
Clephanton 79 I 11
Clevedon 18 L 29
Clevedon-Court 18 L 29
Cleveland Hills 50 Q 20
Cleveleys 42 K 22
Cley Next the Sea 38 X 25
Cliburn 55 M 20
Cliffe *Edway* 22 V 29
Cliffe *Selby* 44 R 22
Clifton
City of Nottingham 36 Q 25
Clifton *Eden* 55 L 20
Clifton *Rugby* 28 Q 26
Clifton Hampden 20 Q 29
Clifton-upon-Teme 27 M 27
Clipston 28 R 26
Clisham 82 Z 10
Clitheroe 42 M 22
Clive 34 L 25
Cliveden House 21 R 29
Clocaenog 33 J 24
Clocaenog Forest 33 J 24
Clola 81 O 11
Clophill 29 S 27
Clopton 29 S 26
Closeburn 53 I 18
Clotton 34 L 24
Clouds Hill 9 N 31
Cloughton 51 S 20
Clova 74 K 13
Clova (Glen) 74 K 13
Clove Lodge 49 N 20
Clovelly 6 G 31
Clovenfords 62 L 17
Clovulin 72 E 13
Clowne 44 Q 24
Cluanie Loch 72 E 12
Cluanie Lodge 72 E 12
Clumber Park 44 Q 24
Clun 26 K 26
Clunbury 26 L 26
Clunes Forest 72 F 13
Clungunford 26 L 26
Clunie 68 J 14
Clutton 18 M 30
Clwydian Range 34 K 24
Clydach 17 I 28
Clyde (Firth of) 59 F 17
Clyde (River) 61 J 17
Clydebank 60 G 16
Clydesdale 61 I 16
Clyffe Pypard 19 O 29
Clynnog-Fawr 32 G 24
Clyro 26 K 27
Clyst Honiton 4 J 31
Clyst Hydon 7 J 31
Clytha 18 L 28
Clywedog Resr. 25 J 26
Coalburn 61 I 17
Coaley 19 N 28
Coalville 36 P 25
Coast 78 D 10
Coatbridge 60 H 16
Coates 19 N 28
Cobham 21 S 30
Cock Bridge 74 K 12
Cockayne 50 Q 20
Cockburnspath 69 M 16
Cockenzie and Port Seton 69 L 16
Cockerham 48 L 22
Cockermouth 54 J 20
Cockfield *Babergh* 30 W 27
Cockfield *Teesdale* 56 O 20
Cocking 10 R 31
Cockleford 19 N 28
Cockshutt 34 L 25
Coddington 36 R 24
Codford St. Mary 9 N 30
Codicote 21 T 28
Codnor 36 P 24
Codsall 35 N 26
Coe (Glen) 72 F 14
Coed y Brenin Forest 33 I 25
Coedpoeth 34 K 24
Coggeshall 30 W 28
Coigach 84 E 10
Coignafearn 73 H 12
Coignafearn Forest 73 H 12
Coille Mhorgil 72 E 12
Colaboll 84 G 9
Colbost 77 A 11
Colby *Eden* 55 M 20
Colby *Isle of Man* 46 F 21
Colchester 30 W 28
Cold Ash 20 Q 29
Cold Ashby 28 Q 26
Cold Ashton 19 M 29
Cold Fell 55 M 19
Cold Norton 22 W 28
Coldbackie 84 G 8
Colden Common 10 Q 31
Coldingham 63 N 16
Coldstream 63 N 17
Colebrooke 7 I 31
Coleford *Glos.* 18 M 28
Coleford *Somerset* 18 M 30
Colemere 34 L 25
Coleorton 36 P 25
Coleshill
North Warwickshire 27 O 26
Coleshill
Vale of White Horse 19 P 29
Colgrave Sound 87 R 2
Colkirk 38 W 25
Coll *Argyll and Bute* 71 A 14
Coll *Eilean Siar* 83 B 9
Colliery Row 56 P 19
Collieston 81 O 11
Collin 53 J 18
Collingbourne Ducis 19 P 30
Collingbourne Kingston 19 P 30
Collingham *Notts.* 36 R 24
Collingham *West Yorks.* 50 P 22
Collington 26 M 27
Collyweston 37 S 26
Colmonell 52 F 18
Coln (River) 19 O 28
Colnabaichin 74 K 12
Colne 43 N 22
Colne (River) 22 X 28
Colonsay 64 B 15
Colsterdale 49 O 20
Colpy 81 M 11
Colsterworth 37 S 25
Coltishall 39 Y 25
Colwall Stone 27 M 27
Colwinston 17 J 29
Colwyn Bay / Bae Colwyn 41 I 23
Colyton 5 K 31
Combe Florey 8 K 30
Combe Martin 17 H 30
Combe-St. Nicholas 8 L 31
Combeinteignhead 4 J 32
Comberton 29 U 27
Combwich 8 K 30
Come-to-Good 2 E 33
Compton *Berks.* 20 Q 29
Compton *Guildford* 21 S 30
Compton *West Sussex* 10 R 31
Compton Abdale 19 O 28
Compton Basset 19 O 29
Compton Castle 4 J 32
Compton Dando 18 M 29
Compton Wynyates 28 P 27
Comrie 67 I 14
Cona Glen 72 D 13
Conchra 65 E 15
Condicote 27 O 28
Condover 34 L 26
Congleton 35 N 24
Congresbury 18 L 29
Coningsby 37 T 24
Conington 29 T 26
Conisbrough 44 Q 23
Coniston 48 K 20
Connah's Quay 42 K 24
Connel 65 D 14
Connel Park 60 H 17
Conon Bridge 79 G 11
Consett 56 O 19
Constantine Bay 2 E 32
Contin 79 G 11
Convinth (Glen) 79 G 11
Conway Falls 33 I 24
Conwy 41 I 23
Conwy (River) 33 I 24
Conwy (Vale of) 33 I 24
Cooden Beach 12 V 31
Cookham 21 R 29
Coolham 11 S 31
Coombe Bissett 9 O 30
Copdock 31 X 27
Copford 30 W 28
Copley 56 O 20
Copmanthorpe 50 Q 22
Copplestone 7 I 31
Coppull 42 M 23
Copthorne 11 T 30
Coquet (River) 63 N 17
Corbridge 55 N 19
Corby 28 R 26
Corby Glen 37 S 25
Corfe Castle 9 N 32
Corfe Mullen 9 N 31
Corgarff Castle 74 K 12
Corhampton 10 Q 31
Cornforth 56 P 19
Cornhill 81 L 11
Cornhill-on-Tweed 63 N 17
Cornwood 4 I 32
Cornworthy 4 J 32
Corpach 72 E 13
Corpusty 39 X 25
Corran 72 E 13
Corrany 46 G 21
Corrie 59 E 17
Corrie Common 54 K 18
Corrimony 78 F 11
Corringham *Thurrock* 22 V 29
Corringham *West Lindsey* 44 R 23
Corris 33 I 26
Corry 77 C 12
Corryvreckan (Gulf of) 65 C 15
Corscombe 8 L 31
Corsham 19 N 29
Corsham Court 19 N 29
Corsley Heath 19 N 30
Corsock 53 I 18
Corstopitum 55 N 19
Corton 9 N 30
Corwen 33 J 25
Cosby 36 Q 26
Cosham 10 Q 31
Costessey 39 X 26
Cot-town 81 N 11
Cotehill 55 L 19
Cotgrave 36 Q 25
Cotham 36 R 24
Cotherstone 49 O 20
Cothi *River* 25 H 28
Coton 29 U 27
Cotswold Wildlife Park 19 O 28
Cottenham 29 U 27
Cottered 29 T 28
Cottesmore 37 S 25
Cottingham
East Riding of Yorks. 45 S 22
Cottingham *Northants.* 28 R 26
Cottisford 28 Q 28
Cottonshopeburn Foot 62 M 18
Coulags 78 D 11
Coulport 66 F 15
Coulter 61 J 17
Coundon 56 P 20
Countesthorpe 36 Q 26
Coupar Angus 68 K 14
Coustonn 66 E 16
Cove *Argyll and Bute* 66 F 15
Cove *Highland* 78 C 10
Cove Bay 75 N 12
Coventry 28 P 26
Coverack 2 E 33
Cow Honeybourne 27 O 27
Cowal 65 E 15
Cowan Bridge 48 M 21
Cowbit 37 T 25
Cowbridge / Bont-faen 17 J 29
Cowdenbeath 68 J 15
Cowdray House 10 R 31
Cowes *Isle of Wight* 10 Q 31
Cowfold 11 T 31
Cowie 67 I 15
Cowling 43 N 22
Cowplain 10 Q 31
Coxheath 22 V 30
Coxhoe 56 P 19
Coxwold 50 Q 21
Coylton 60 G 17
Coylumbridge 74 I 12
Crackington Haven 6 G 31
Crafthole 3 H 32
Craggan 66 F 15
Cragside Gardens 63 O 18
Crai 25 J 28
Craig 78 E 11
Craig Lodge 65 E 16
Craig-y-nos 17 I 28
Craigdarroch 60 H 18
Craigellachie 80 K 11
Craigencallie 53 G 18
Craigendoran 66 F 16
Craigens 58 B 16
Craighead 69 M 15
Craighouse 58 C 16
Craigie 60 G 17
Craigievar Castle 75 L 12
Craigmalloch 53 G 18
Craignish (Loch) 65 D 15
Craignure 65 C 14
Craigrothie 69 L 15
Craigton 74 K 14
Craik 62 K 17
Crail 69 M 15
Crailing 62 M 17
Crailinghall 62 M 17
Crakaig 85 I 9
Cramlington 56 P 18
Cramond 68 K 16
Cranborne 9 O 31
Cranbrook 12 V 30
Crane Moor 43 P 23
Cranford St. John 29 S 26
Cranleigh 11 S 30
Cranmore 18 M 30
Cranshaws 62 M 16
Cranstal 46 G 20
Cranwell 37 S 24
Cranworth 38 W 26
Crask Inn 84 G 9
Craster 63 P 17
Crathes Castle 75 M 12
Crathie 74 K 12
Crathorne 50 Q 20
Craven Arms 26 L 26
Crawcrook 56 O 19
Crawford 61 J 17
Crawfordjohn 61 I 17
Crawick 61 I 17
Crawley *Hants.* 10 P 30
Crawley *West Sussex* 11 T 30
Crawley Down 11 T 30
Creag Meagaidh 73 G 13
Creagan 65 E 14
Creagorry 76 Y 11
Creake South 38 W 25
Credenhill 26 L 27
Crediton 7 J 31
Creech St. Michael 8 K 30
Creetown 53 G 19
Creggans 66 E 15
Creran (Loch) 65 D 14
Cressage 34 M 26
Cresswell *Castle Morpeth* 56 P 18
Cresswell *Pembrokeshire /*
Sir Benfro 15 F 28
Creswell 44 Q 24
Crewe 35 M 24
Crewkerne 8 L 31
Crianlarich 66 G 14
Cribyn 15 H 27
Criccieth 33 H 25
Crich 36 P 24
Crichton 62 L 16
Crick 28 Q 26
Crickadarn 25 K 27
Cricket St. Thomas 8 L 31
Crickhowell 26 K 28
Cricklade 19 O 29
Crickley Hill 19 N 28
Crieff 67 I 14
Crimond 81 O 11
Crimplesham 38 V 26
Crinan 65 D 15
Crinan (Loch) 65 D 15
Cringleford 39 X 26
Croachy 79 H 12
Crocketford 53 I 18
Crockham Hill 21 U 30
Croes-goch 14 E 28
Croesyceiliog 18 L 29
Croft *Herefordshire* 26 L 27
Croft *Richmondshire* 50 P 20
Croft-on-Tees 50 P 20
Crofty 15 H 29
Croggan 65 C 14
Croglin 55 M 19
Croick 79 G 10
Croig 71 B 14
Cromalt Hills 84 E 9
Cromar 74 L 12
Cromarty 79 H 10
Cromarty Bay 79 H 10
Cromarty Firth 79 H 11
Cromdale 80 J 11
Cromdale (Hills of) 80 J 12
Cromer 39 X 25
Cromford 35 P 24
Cromore 82 A 9
Cromra 73 G 13
Crondall 20 R 30
Cronk (The) 46 G 21
Crook *South Lakeland* 48 L 20
Crook *Wear Valley* 56 O 19
Crook of Devon 68 J 15
Crookham 63 N 17
Crookham Village 20 R 30
Crooklands 48 L 21
Cropredy 28 Q 27
Cropston 36 Q 25
Cropwell Bishop 36 R 25
Crosby *Allerdale* 54 J 19
Crosby *Isle of Man* 46 G 21
Crosby *Sefton* 42 K 23
Crosby Ravensworth 48 M 20
Croscombe 18 M 30
Cross 83 B 8
Cross Fell 55 M 19
Cross Hands 15 H 28
Cross Inn 25 H 27
Crossaig 59 D 16
Crossapoll 64 Z 14
Crossbost 82 A 9
Crossford 61 I 16
Crossgates 68 J 15
Crossgill 48 L 21
Crosshill *Fife* 68 K 15
Crosshill *South Ayrshire* 60 G 18
Crosshouse 60 G 17
Crosskeys 18 K 29
Crosskirk 85 J 8
Crossmichael 53 I 19
Crossraguel Abbey 60 F 18
Crossways 9 N 31
Croston 42 L 23
Crouch (River) 22 W 29
Croughton 28 Q 28
Crow Hill 26 M 28
Crowborough 12 U 30
Crowcombe 8 K 30
Crowhurst 12 V 31
Crowland 37 T 25
Crowle *Doncaster* 44 R 23
Crowle *Wychavon* 27 N 27
Crowlin Island 77 C 11
Crowmarsh Gifford 20 Q 29
Crowthorne 20 R 29
Croxley Green 21 S 29
Croxton 30 W 26
Croxton Kerrial 36 R 25
Croy 79 H 11
Croyde 6 H 30
Croydon *London Borough* 21 T 29
Cruden Bay 81 O 11
Crudgington 34 M 25
Crudwell 19 N 29
Crug-y-bar 25 I 27
Crulivig 82 Z 9
Crymmych 15 G 28
Crynant 17 I 28
Cuaig 77 C 11
Cubbington 28 P 27
Cubert 2 E 32
Cuckfield 11 T 30
Cucklington 9 M 30
Cuckney 44 Q 24
Cuddington *Aylesbury* 20 R 28
Cuddington *Vale Royal* 42 M 24
Cudworth 43 P 23
Cuffley 21 T 28
Cuhxham 20 Q 29
Cuilicudden 79 H 11
Cuillin Sound 71 B 12
Cuillin (The) 77 B 12
Culbokie 79 G 11
Culdrose 2 E 33
Culgaith 55 M 20
Culkein 83 D 9
Cullen 80 L 10
Cullen Bay 80 L 10
Cullingworth 43 O 22
Cullipool 65 D 15
Culloch 67 I 14
Cullompton 7 J 31
Culmington 26 L 26
Culmstock 8 K 31
Culnacraig 84 E 10
Culrain 79 G 10
Culross 68 J 15
Culshabbin 52 G 19
Culswic 87 P 3
Culter Fell 61 J 17
Cults 75 N 12
Culzean Castle 59 F 17
Cumbernauld 67 I 16
Cumbrian Moutains 48 K 20
Cuminestown 81 N 11
Cummersdale 54 L 19
Cummertrees 54 J 19
Cumnock 60 H 17
Cumnor 20 P 28
Cumwhitton 55 L 19
Cunninghamhead 60 G 17
Cupar 69 K 15
Curbridge 20 P 28
Curdridge 10 Q 31
Currie 61 K 16
Curry Rivel 8 L 30
Cutcloy 53 G 19
Cutnall green 27 N 27
Cuxton 22 V 29
Cwm 18 K 28
Cwm Bychan 33 H 25
Cwm Taf 17 J 28
Cwmafan 17 I 29
Cwmaman 17 J 28
Cwmbach *Carmarthenshire /*
Sir Gaerfyrddin 15 G 28
Cwmbach *Powys / Powys* 25 J 27
Cwmbach *Rhondda, Cynon, Taf /*
Rhondda, Cynon, Taff 17 J 28
Cwmbrân 18 L 29
Cwmcarn 18 K 29
Cwmcoy 15 G 27
Cwmllynfell 17 I 28
Cwmystwyth 25 I 26
Cwnduad 15 G 28
Cwnfelin Boeth 15 G 28
Cwrt-Newydd 15 H 27
Cydweli / Kidwelly 15 H 28
Cyffylliog 33 J 24
Cymmer 17 J 29
Cymyran Bay 40 G 23
Cynwyl Elfed 15 G 28

D

Dacre *Eden* 55 L 20
Dacre *Harrogate* 49 O 21
Daglingworth 19 N 28
Dailly 60 F 18
Daimh (Loch an) 73 G 14
Dairsie or Osnaburgh 69 L 14
Dalavich 65 E 15
Dalbeattie 53 I 19
Dalbeg 73 H 12
Dalblair 60 H 17
Dalby 46 F 21
Dalchalloch 73 H 13
Dalchruin 67 H 15
Dale 14 E 28
Dale Head 48 L 20
Dalgonar 60 H 18
Dalham 30 V 27
Dalhavaig 85 I 8
Daliburgh 76 X 12
Dalkeith 61 K 16
Dallas 80 J 11
Dalleagles 60 H 17
Dallington *Northampton* 28 R 27
Dallington *Rother* 12 V 31
Dalmally 66 F 14
Dalmellington 60 G 18
Dalmeny 68 J 16
Dalmigavie 73 H 12
Dalnabreck 71 C 13

Dalnaspidal Lodge 73 H 13
Dalnavaid 74 J 13
Dalnavie 79 H 10
Dalness 72 F 14
Dalry
Dumfries and Galloway 53 H 18
Dalry *North Ayrshire* 60 F 16
Dalrymple 60 G 17
Dalston 54 L 19
Dalswinton 53 I 18
Dalton
Dumfries and Galloway 54 J 18
Dalton *North Yorks.* 50 P 21
Dalton in Furness 47 K 21
Damerham 9 O 31
Damh (Loch) 78 D 11
Dan-yr-Ogof 17 I 28
Danbury 22 V 28
Danby 50 R 20
Dane 35 N 24
Danehill 11 U 30
Darenth 22 U 29
Darfield 43 P 23
Darlington 50 P 20
Darowen 33 I 26
Darras Hall 56 O 18
Darrington 44 Q 22
Darsham 31 Y 27
Dartford 22 U 29
Dartford Tunnel 22 U 29
Dartington 4 I 32
Dartmeet 4 I 32
Dartmoor National Park 4 I 32
Dartmouth 4 J 32
Darton 43 P 23
Darvel 60 H 17
Darwen 42 M 22
Datchet 21 S 29
Datchworth 29 T 28
Dava 80 J 11
Daventry 28 Q 27
Davidstow 6 G 32
Davington 61 K 18
Daviot 79 H 11
Dawley 34 M 26
Dawlish 4 J 32
Deal 23 Y 30
Dean 54 J 20
Dean Forest Park 18 M 28
Deanich Lodge 78 F 10
Deanston 67 H 15
Dearham 54 J 19
Debden 30 U 28
Deben (River) 31 X 27
Debenham 31 X 27
Deddington 28 Q 28
Dedham 30 W 28
Dee / Afon Dyfrdwy (River)
Wales 41 K 23
Dee (River) *Scotland* 75 N 12
Dee (River) / Afon Dyfrdwy 34 K 24
Deene 29 S 26
Deepcut 21 R 30
Deepdale 49 M 21
Deeping-St. James 37 T 25
Deeping St. Nicholas 37 T 25
Deeps (The) 87 P 3
Defford 27 N 27
Deiniolen 33 H 24
Delabole 6 F 32
Delamere 34 M 24
Delamere Forest 42 L 24
Dell 83 B 8
Dellifure 80 J 11
Delnadamph Lodge 74 K 12
Delph 43 N 23
Denbigh / Dinbych 33 J 24
Denby Dale 43 P 23
Denchworth 20 P 29
Denham 21 S 29
Denholm 62 L 17
Denmead 10 Q 31
Dennington 31 Y 27
Denny 67 I 15
Dent 49 M 21
Denton *South Kesteven* 36 R 25
Denton *Stockport* 43 N 23
Denver 38 V 26
Derby 36 P 25
Deri 18 K 28
Dersingham 38 V 25
Dervaig 71 B 14
Derwent (River) *R. Ouse* 44 R 22
Derwent (River) *R. Trent* 36 P 24
Derwent (River) *R. Tyne* 56 O 19
Derwent Dale 43 O 23
Derwent Reservoir *Derbs.* 43 O 23
Derwent Reservoir
Northumb. 56 N 19
Derwent Water 54 K 20
Desborough 28 R 26
Desford 36 Q 26
Detling 22 V 30
Devauden 18 L 28
Deveron (River) 81 M 11
Devil's Beef Tub 61 J 17
Devil's Bridge / Pontarfynach 25 I 26
Devil's Elbow 74 J 13
Devil's Punch Bowl 10 R 30
Devizes 19 O 29
Devonport 3 H 32
Dewsbury 43 P 22
Dherue (Loch an) 84 G 8
Dial Post 11 S 31
Dickleburgh 31 X 26
Didcot 20 Q 29
Diddlebury 26 L 26
Digby 37 S 24
Dilhorne 35 N 25
Dilton Marsh 19 N 30
Dilwyn 26 L 27
Dinas 24 F 27
Dinas Dinlle 32 G 24
Dinas Head 24 F 27
Dinas-Mawddwy 33 I 25
Dinas Powys 18 K 29
Dinbych / Denbigh 33 J 24
Dinbych-y-pysgod / Tenby 15 F 28
Dingwall 79 G 11
Dinnet 74 L 12
Dinnington
Newcastle upon Tyne 56 O 18
Dinnington *Rotherham* 44 Q 23
Dinsdale 50 P 20
Dinton 9 O 30
Diptford 4 I 32
Dirleton 69 L 15
Dishforth 50 P 21
Diss 31 X 26
Disserth 25 J 27
Distington 53 J 20
Ditcheat 8 M 30
Ditchingham 31 Y 26
Ditchley Park 28 P 28
Ditchling 11 T 31
Ditton Priors 26 M 26
Doc Penfro /
Pembroke Dock 16 F 28
Docherty (Glen) 78 E 11
Dochgarroch 79 H 11
Docking 38 V 25
Dockray 54 L 20
Dodburn 62 L 17
Doddington *Cambs.* 29 U 26
Doddington *Kent* 22 W 30
Doddington *Lincs.* 44 S 24
Doddington *Northumb.* 63 O 17
Dodington 19 M 29
Dodman Point 3 F 33
Dodworth 43 P 23
Doirlinn 71 C 13
Dolanog 33 J 25
Dolbenmaen 33 H 25
Dolfor 26 K 26
Dolgarrog 33 I 24
Dolgellau 33 I 25
Dolgoch Falls 33 I 26
Dollar 67 I 15
Dolphinholme 48 L 22
Dolton 7 H 31
Don (River) *R. Ouse* 44 Q 23
Don (River) *R. Spey* 74 K 12
Doncaster 44 Q 23
Donhead-St. Andrew 9 N 30
Donhead-St. Mary 9 N 30
Donington 37 T 25
Donington-on-Bain 45 T 24
Donington Park Circuit 36 P 25
Donisthorpe 36 P 25
Donnington *Berks.* 20 Q 29
Donnington *Salop* 35 M 25
Donyatt 8 L 31
Doon (Loch) 60 G 18
Dorback Lodge 74 J 12
Dorchester *Dorset* 8 M 31
Dorchester *Oxon.* 20 Q 29
Dordon 35 P 26
Dore 43 P 24
Dores 79 H 11
Dorking 21 T 30
Dormansland 11 U 30
Dormanstown 57 Q 20
Dornie 78 D 12
Dornoch 79 H 10
Dornoch Firth 79 H 10
Dornock 54 K 19
Dorrington 34 L 26
Dorstone 26 K 27
Dorusduain 78 D 12
Douchary (Glen) 78 F 10
Dougarie 59 D 17
Douglas *Isle of Man* 46 G 21
Douglas
South Lanarkshire 61 I 17
Douglastown 74 L 14
Dounby 86 K 6
Doune *Highland* 84 G 10
Doune *Stirling* 67 H 15
Dove (River) 35 O 24
Dove Cottage 48 K 20
Dove Holes 43 O 24
Dovedale 35 O 24
Dover 13 X 30
Dovercourt 31 X 28
Doveridge 35 O 25
Dovey / Dyfi (River) 33 I 26
Dowally 74 J 14
Dowdeswell 27 N 28
Dowlish Wake 8 L 31
Down Ampney 19 O 28
Downderry 3 G 32
Downham 30 U 26
Downham Market 38 V 26
Downies 75 N 12
Downton 9 O 31
Dowsby 37 S 25
Doynton 19 M 29
Drakes Broughton 27 N 27
Draughton 49 O 22
Drax 44 R 22
Draycott 36 P 25
Draycott-in-the-Clay 35 O 25
Draycott-in-the-Moors 35 N 25
Drayton *Norfolk* 39 X 25
Drayton *Oxon.* 20 Q 29
Drayton-St. Leonard 20 Q 29
Drefach *near Carmarthen* 15 H 28
Drefach
near Newcastle-Emlyn 15 G 27
Dreghorn 60 G 17
Drem 69 L 15
Drenewydd / Newtown 26 K 26
Dreswick Point 46 G 21
Driffield 19 O 28
Drigg 47 J 20
Drighlington 43 P 22
Drimnin 71 C 14
Drinnishadder 76 Z 10
Drissaig 65 E 15
Droitwich 27 N 27
Dronfield 43 P 24
Drongan 60 G 17
Droxford 10 Q 31
Druidibeg (Loch) 76 Y 12
Druim a' Chliabhain (Loch) 85 H 8
Druimindarroch 71 C 13
Drum Castle 75 M 12
Drumbeg 84 E 9
Drumblade 81 L 11
Drumburgh 54 K 19
Drumchardine 79 G 11
Drumclog 60 H 17
Drumelzier 61 J 17
Drumfearn 71 C 12
Drumlanrig Castle 61 I 18
Drumlemble 58 C 17
Drumlithie 75 M 13
Drummond Castle 67 I 14
Drummore 52 F 19
Drummossie Muir 79 H 11
Drumnadrochit 79 G 11
Drumrunie 84 E 9
Drumsallie 72 D 13
Drumtochty Forest 75 M 13
Druridge Bay 63 P 18
Drybrook 18 M 28
Dryburgh Abbey 62 M 17
Drygarn Fawr 25 J 27
Drymen 67 G 15
Drynoch 77 B 12
Duchally 84 F 9
Ducklington 20 P 28
Duddington 37 S 26
Duddo 63 N 16
Dudley *Dudley* 27 N 26
Dudley *North Tyneside* 56 P 18
Duff House 81 M 11
Duffield 36 P 25
Dufftown 80 K 11
Duffus 80 J 10
Dufton 55 M 20
Duggleby 51 S 21
Duich (Loch) 78 D 12
Duirinish 77 C 12
Duke's Pass 67 G 15
Dukinfield 43 N 23
Dullingham 30 V 27
Dulnain Bridge 80 J 12
Duloe 3 G 32
Dulverton 7 J 30
Dumbarton 67 G 16
Dumbleton 27 O 27
Dumfries 53 J 18
Dun Carloway Broch 82 Z 9
Dunan 66 F 16
Dunbar 69 M 15
Dunbeath 85 J 9
Dunblane 67 I 15
Duncansby Head 86 K 8
Dunchurch 28 Q 26
Duncow 53 J 18
Duncton 11 S 31
Dundee 69 K 14
Dundonald 60 G 17
Dundrennan 53 I 19
Dundry 18 M 29
Dunecht 75 M 12
Dunfermline 68 J 15
Dungeness 13 W 31
Dunholme 44 S 24
Dunino 69 L 15
Dunipace 67 I 15
Dunkeld 68 J 14
Dunkery Beacon 7 J 30
Dunkeswell 8 K 31
Dunkirk 19 N 29
Dunley 27 N 27
Dunlop 60 G 16
Dunmaglass Lodge 79 H 12
Dunnet 85 J 8
Dunnet Bay 85 J 8
Dunnet Head 86 J 7
Dunning 68 J 15
Dunnington 50 R 22
Dunnockshaw 42 N 22
Dunnottar Castle 75 N 13
Dunoon 66 F 16
Dunragit 52 F 19
Dunrobin Castle 85 I 10
Duns 62 M 16
Duns Tew 28 P 28
Dunscore 53 I 18
Dunsfold 11 S 30
Dunsford 4 I 31
Dunsop Bridge 49 M 22
Dunstable 29 S 28
Dunstaffnage Castel 65 D 14
Dunstanburgh Castle 63 P 17
Dunster 17 J 30
Dunston 37 S 24
Dunstone 4 I 32
Dunsyre 61 J 16
Duntelchaig (Loch) 79 H 11
Dunton bassett 28 Q 26
Dunure 59 F 17
Dunvegan 77 A 11
Dunvegan (Loch) 77 A 11
Dunvegan Castle 77 A 11
Dunvegan Head 76 Z 11
Dunwich 31 Y 27
Durdle Door 9 N 32
Durham 56 P 19
Durisdeer 61 I 18
Durlston Head 9 O 32
Durness 84 F 8
Durrington 19 O 30
Dursley 19 M 28
Dury Voe 87 Q 2
Duston 28 R 27
Duthil 79 I 12
Duxford 29 U 27
Dyce 75 N 12
Dyfi / Dovey (River) 33 I 26
Dyke 80 I 11
Dykehead 74 K 13
Dykends 74 K 13
Dymchurch 13 W 30
Dymock 27 M 28
Dyrham 19 M 29
Dyserth 41 J 23

E

Eaglescliffe 50 P 20
Eaglesfield 54 K 18
Eaglesham 60 H 16
Eakring 36 R 24
Ealing *London Borough* 21 T 29
Earba (Lochan na h-) 73 G 13
Earby 49 N 22
Eardisley 26 K 27
Earl Shilton 36 Q 26
Earl Soham 31 X 27
Earl Stonham 31 X 27
Earley Winnersh 20 R 29
Earlish 77 A 11
Earls Barton 28 R 27
Earls Colne 30 W 28
Earlsferry 69 L 15
Earlston 62 L 17
Earn (Loch) 67 H 14
Earn (River) 67 J 14
Earsdon 56 P 18
Earsham 31 Y 26
Eartham 11 S 31
Easdale 65 D 15
Easebourne 10 R 31
Easington *Easington* 57 P 19
Easington
East Riding of Yorkshire 45 U 23
Easington
Redcar and Cleveland 50 R 20
Easington
South Oxfordshire 20 Q 28
Easington Lane 56 P 19
Easingwold 50 Q 21
Eassie and Nevay 68 K 14
East Aberthaw 17 J 29
East Barkwith 45 T 24
East Bergholt 30 X 28
East Brent 18 L 30
East Budleigh 5 K 32
East Butterwick 44 R 23
East-Challow 20 P 29
East Chinnok 8 L 31
East-Coker 8 M 31
East Cowes 10 Q 31
East Cowton 50 P 20
East Dereham 38 W 25
East Ferry 44 R 23
East Glen (River) 37 S 25
East Grafton 19 P 29
East Grinstead 11 T 30
East Hagbourne 20 Q 29
East-Halton 45 T 23
East Hanney 20 P 29
East Hardwick 44 Q 23
East Harling 30 W 26
East Haven 69 L 14
East Hendred 20 P 29
East Hoathly 12 U 31
East Horsley 21 S 30
East Huntspill 18 L 30
East Ilsley 20 Q 29
East Keswick 50 P 22
East Kilbride *Eilean Siar* 70 X 12
East Kilbride
South Lanarkshire 60 H 16
East-Knoyle 9 N 30
East Knoyle 9 N 30
East Lambrook 8 L 31
East Leake 36 Q 25
East Linton 69 M 16
East Loch Roag 82 Z 9
East Loch Tarbet 77 Z 10
East Looe 3 G 32
East Lulworth 9 N 32
East-Malling 22 V 30
East Markham 44 R 24
East Meon 10 Q 31
East Mersea 22 W 28
East Midlands Airport 36 Q 25
East Moor 35 P 24
East Norton 36 R 26
East-Poringland 39 Y 26
East Portlemouth 4 I 33
East Rhidorroch Lodge 78 F 10
East-Rudham 38 W 25
East-Saltoun 62 L 16
East Tisted 10 R 30
East Wemyss 68 K 15
East-Winch 38 V 25
East Wittering 10 R 31
East Witton 49 O 21
East-Woodhay 20 P 29
East-Wretham 30 W 26
Eastbourne 12 U 31
Eastchurch 22 W 29
Eastdean 12 U 31
Easter-Compton 18 M 29
Easter Ross 79 G 10
Eastergate 11 S 31
Eastfield 51 S 21
Eastgate 55 N 19
Eastham 42 L 24
Eastington 19 N 28
Eastleach 19 O 28
Eastleigh 10 P 31
Eastoft 44 R 23
Easton *Carlisle* 55 L 18
Easton *Dorset* 8 M 32
Easton *Norfolk* 39 X 26
Easton-Grey 19 N 29
Easton-in-Gordano 18 L 29
Easton-Royal 19 O 29
Eastriggs 54 K 19
Eastrington 44 R 22
Eastry 23 X 30
Eastville 37 U 24
Eastwood 36 Q 24
Eaton 34 M 24
Eaton Bray 29 S 28
Eaton Socon 29 T 27
Ebbw Vale / Glyn Ebwy 18 K 28
Ebchester 56 O 19
Ebrington 27 O 27
Eccels 62 M 17
Ecchinswell 20 Q 29
Ecclefechan 54 K 18
Eccles 42 M 23
Eccleshall 35 N 25
Echt 75 M 12
Eckford 62 M 17
Eckington *Derbs.* 43 P 24
Eckington *Worc.* 27 N 27
Edale 43 O 23
Eday 87 L 6
Eddelston 61 K 16
Edderton 79 H 10
Eddrachillis Bay 84 E 9
Eden (River) 55 M 19
Eden Project 3 F 32
Edenbridge 21 U 30
Edentaggart 66 F 15
Edenthorpe 44 Q 23
Edgefield 39 X 25
Edgmond 35 M 25
Edgton 26 L 26
Edinbane 77 A 11
Edinburgh 68 K 16
Edington 19 N 30
Edith Weston 37 S 26
Edlesborough 29 S 28
Edlingham 63 O 17
Edmondsley 56 P 19
Edmundbyers 56 O 19
Edwalton 36 Q 25
Edwinstowe 36 Q 24
Edzell 75 M 13
Efailnewydd 32 G 25
Egerton 22 W 30
Eggerness Point 53 G 19
Eggleston 56 N 20
Egham 21 S 29
Egilsay 87 L 6
Eglingham 63 O 17
Egloskerry 6 G 32
Eglwys Brewis 17 J 29
Eglwysfach 33 I 26
Eglwyswrw 15 F 27
Egremont 47 J 20
Egton 50 R 20
Eigg 71 B 13
Eigheach (Loch) 73 G 13
Eight Ash Green 30 W 28
Eil 73 I 12
Eil (Loch) 72 E 13
Eilde Mór (Loch) 72 F 13
Eilean a' Chalmain 64 A 15
Eilean Beag 77 C 11
Eilean Chathastail 71 B 13
Eilean Donan Castle 78 D 12
Eilean Flodigarry 77 B 10
Eilean Mhuire 82 A 10
Eilean Mòr 77 C 11
Eilean Mullagrach 83 D 9
Eilean na Bà 77 C 11
Eilean nan Each 71 B 13
Eilean Trodday 77 B 10
Eileanach Lodge 79 G 10
Eilt (Loch) 72 D 13
Eishken 82 A 9
Eishort (Loch) 71 C 12
Elan Valley 25 J 27
Elan Village 25 J 27
Elcho 68 J 14
Elgin 80 K 11
Elgol 71 B 12
Elham 23 X 30
Elie 69 L 15
Eling 10 P 31
Elkesley 44 R 24
Elkstone 19 N 28

Elland 43 O 22
Ellastone 35 O 25
Ellen's Green 11 S 30
Ellerbeck 50 P 20
Ellerton 44 R 22
Ellesmere 34 L 25
Ellesmere Port 42 L 24
Ellingham 31 Y 26
Ellington 56 P 18
Ellon 81 N 11
Elloughton 44 S 22
Elmdon 29 U 27
Elmley Castle 27 N 27
Elmore 19 N 28
Elmstead Market 30 W 28
Elmswell 30 W 27
Elphin 84 E 9
Elrick 75 N 12
Elrig 52 G 19
Elsdon 55 N 18
Elsenham 30 U 28
Elsham 45 S 23
Elsrickle 61 J 16
Elstead 21 R 30
Elstree 21 T 29
Elswick 42 L 22
Eltisley 29 T 27
Elton 37 S 26
Elveden 30 W 26
Elvington 50 R 22
Elwick 57 Q 19
Elworth 35 M 24
Ely 30 U 26
Emberton 28 R 27
Embleton *Allerdale* 54 K 20
Embleton *Alnwick* 63 P 17
Embo 79 I 10
Embsay 49 O 22
Emneth 37 U 26
Empingham 37 S 25
Emsworth 10 R 31
Enaclete 82 Z 9
Enard Bay 83 D 9
Enderby 36 Q 26
Endmoor 48 L 21
Endon 35 N 24
Enfield *London Borough* 21 T 29
Enford 19 O 30
Englefield Green 21 S 29
English Bicknor 18 M 28
Englishcombe 19 M 29
Enham Alamein 20 P 30
Enmore 8 K 30
Ensay 71 B 14
Enstone 28 P 28
Enterkinfoot 61 I 18
Enville 27 N 26
Eochar 76 X 11
Eoligarry 70 X 12
Eoropie 83 B 8
Eorsa 65 B 14
Eport (Loch) 76 Y 11
Epping 21 U 28
Epping Forest 21 U 29
Epsom 21 T 30
Epworth 44 R 23
Erddig 34 K 24
Eredine 65 E 15
Eredine Forest 65 D 15
Eriboll 84 F 8
Eriboll (Loch) 84 F 8
Ericht (Loch) 73 G 13
Ericstane 61 J 17
Eridge Green 12 U 30
Eriska 65 D 14
Eriskay 70 Y 12
Erisort (Loch) 82 A 9
Eriswell 30 V 26
Erlestoke 19 N 30
Ermington 4 I 32
Erpingham 39 X 25
Erraid 64 A 15
Errochty (Loch) 73 H 13
Errogie 79 G 12
Errol 68 K 14
Ersary 70 X 13
Erskine Bridge 67 G 16
Ervie 52 E 19
Erwood 25 K 27
Esh Winning 56 O 19
Esha Ness 87 P 2
Esher 21 S 29
Esk (Glen) 75 L 13
Esk (River) 54 K 19
Eskdale 54 K 18
Eskdalemuir 61 K 18
Essendon 21 T 28
Essich 79 H 11
Eston 57 Q 20
Etal 63 N 17
Etchilhampton 19 O 29
Etchingham 12 V 30
Etherow (River) 43 N 23
Etherow Park 43 N 23
Etive (Glen) 72 F 14
Etive (Loch) 65 E 14
Eton 21 S 29
Ettington 27 P 27
Ettrick 61 K 17
Ettrick Forest 62 K 17
Ettrick Pen 61 K 17
Etwall 35 P 25
Euston 30 W 26
Euxton 42 L 22
Evanton 79 G 11
Evelix 79 H 10
Evenlode 27 O 28
Evenwood 56 O 20
Evercreech 8 M 30
Everingham 44 R 22
Everleigh 19 O 30
Evershot 8 M 31
Eversley 20 R 29
Everton 44 R 23
Evesham 27 O 27
Evesham (Vale of) 27 O 27
Ewe (Isle of) 78 D 10
Ewell 21 T 29
Ewelme 20 Q 29
Ewenny 17 J 29
Ewes 54 L 18
Ewhurst 11 S 30
Exbourne 7 I 31
Exe (River) 7 J 31
Exebridge 7 J 30
Exeter 4 J 31
Exford 7 J 30
Exminster 4 J 31
Exmoor National Park 7 I 30
Exmouth 4 J 32
Exton 7 J 30
Eyam 43 O 24
Eye *Cambs.* 37 T 26
Eye *Suffolk* 31 X 27
Eye Peninsula 83 B 9
Eyemouth 63 N 16
Eynort 77 A 12
Eynort (Loch) *Highland* 77 A 12
Eynort (Loch) *Western Isles* 76 Y 12
Eynsford 22 U 29
Eynsham 20 P 28
Eyre Point 77 B 12
Eythorne 23 X 30

F

Fada (Loch) 76 Y 11
Failsworth 43 N 23
Fair Isle 87 P 5
Fair Oak 10 Q 31
Fairbourne 33 H 25
Fairburn 44 Q 22
Fairford 19 O 28
Fairlie 59 F 16
Fairlight 12 V 31
Fakenham 38 W 25
Fala 62 L 16
Faldingworth 45 S 23
Falfield 18 M 29
Falkirk 67 I 16
Falkland 68 K 15
Fallford 54 K 18
Fallin 67 I 15
Falmer 11 T 31
Falmouth 2 E 33
Falstone 55 M 18
Fanagmore 84 E 8
Fangfoss 50 R 22
Fannich (Loch) 78 E 11
Fannich Lodge 78 F 11
Fara 86 K 7
Fareham 10 Q 31
Faringdon 19 P 29
Farlam 55 L 19
Farleigh-Hungerford 19 N 30
Farley 9 O 30
Farley Mount 10 P 30
Farlow 26 M 26
Farmborough 18 M 29
Farmers 25 I 27
Farmtown 80 L 11
Farnborough *Hants.* 20 R 30
Farnborough *Warw.* 28 P 27
Farnborough *West Berkshire* 20 P 29
Farndon *Chester* 34 L 24
Farndon *Newark and Sherwood* 36 R 24
Farne Islands 63 P 17
Farnell 75 M 13
Farnham *Dorset* 9 N 31
Farnham *Surrey* 20 R 30
Farnham Royal 21 S 29
Farningham 22 U 29
Farnley 49 O 22
Farnsfield 36 Q 24
Farnworth 42 M 23
Farr 85 H 8
Farrington Gurney 18 M 30
Farway 5 K 31
Fasnakyle 78 F 12
Fasnakyle Forest 78 F 11
Fasque 75 M 13
Fassfern 72 E 13
Fauldhouse 61 I 16
Faversham 22 W 30
Fawley 10 P 31
Fazeley 35 O 26
Fearby 49 O 21
Fearn Lodge 79 H 10
Fearnan 67 H 14
Fearnmore 77 C 11
Featherstone *Staffs.* 35 N 26
Featherstone *West Yorks.* 43 P 22
Feelindre 15 F 27
Feering 30 W 28
Feetham 49 N 20
Felbridge 11 T 30
Felindre *Carmarthenshire / Sir Gaerfyrddin* 25 I 28
Felindre *Powys* 26 K 26
Felinfach 25 K 28
Felinheli 33 H 24
Felixkirk 50 Q 21
Felixstowe 31 Y 28
Felling 56 P 19
Felmingham 39 Y 25
Felpham 11 S 31
Felsham 30 W 27
Felsted 30 V 28
Feltham 21 S 29
Felthorpe 39 X 25
Felton 63 O 18
Feltwell 30 V 26
Fence 42 N 22
Feniton 8 K 31
Fenny Bentley 35 O 24
Fenstanton 29 T 27
Fenton *Stoke-on-Trent* 35 N 25
Fenton *West Lindsey* 44 R 24
Fenwick *Berwick-upon-Tweed* 63 O 17
Fenwick *East Ayrshire* 60 G 17
Feochaig 59 D 17
Feochan (Loch) 65 D 14
Feock 2 E 33
Feolin Ferry 58 B 16
Fern 74 L 13
Ferndown 9 O 31
Ferness 79 I 11
Fernhurst 11 R 30
Ferryden 75 M 13
Ferryhill 56 P 19
Ferryside 15 G 28
Fersit 73 F 13
Feshie (Glen) 73 I 12
Feshiebridge 73 I 12
Fetcham 21 S 30
Fetlar 87 R 2
Fetterangus 81 N 11
Fettercairn 75 M 13
Fewston 49 O 22
Ffestiniog 33 I 25
Ffestiniog (Vale of) 33 H 25
Fflint / Flint 42 K 24
Fforest Fawr 17 J 28
Ffostrasol 15 G 27
Fiaray 70 X 12
Fiddleton 62 L 18
Fifield 27 P 28
Filby 39 Y 26
Filey 51 T 21
Fillongley 27 P 26
Filton 18 M 29
Finchampstead 20 R 29
Finchingfield 30 V 28
Findhorn 80 J 11
Findhorn (River) 73 H 12
Findhorn Bay 80 J 11
Findo Gask 68 J 14
Findochty 80 L 10
Findon 11 S 31
Finedon 29 S 26
Fingest 20 R 29
Fingland 60 I 17
Finiskaig 72 D 13
Finmere 28 Q 28
Finniegill 61 K 18
Finningley 44 R 23
Finsbay 76 Z 10
Finstock 20 P 28
Finstown 86 K 6
Fintry *Aberdeenshire* 81 M 11
Fintry *Stirling* 67 H 15
Fionn Loch 78 D 10
Fionn Loch Mór 84 F 9
Fionnphort 64 A 15
Fishbourne *Chichester* 10 R 31
Fishbourne *Isle of Wight* 10 Q 31
Fishburn 56 P 19
Fisherfield Forest 78 D 10
Fisherford 81 M 11
Fishguard / Abergwaun 24 F 28
Fishnish Bay 65 B 14
Fishtoft 37 U 25
Fiskavaig 77 A 12
Fiskerton 44 S 24
Fittleworth 11 S 31
Fiunary 71 C 14
Fivehead 8 L 30
Flackwell Heath 21 R 29
Fladbury 27 N 27
Fladda-Chùain 77 A 10
Flagg 35 O 24
Flamborough 51 T 21
Flamborough Head 51 T 21
Flamingo Park 50 R 21
Flamstead 21 S 28
Flash 35 O 24
Flashader 77 A 11
Flatford Mill 30 X 28
Flax Bourton 18 L 29
Flaxton 50 R 21
Fleckney 36 Q 26
Fleet 20 R 30
Fleet (Islands of) 53 H 19
Fleet (Loch) 79 H 10
Fleet Hargate 37 U 25
Fleetwood 48 K 22
Flimby 53 J 19
Flint / Fflint 42 K 24
Flintham 36 R 24
Flitton 29 S 27
Flitwick 29 S 27
Flixton 31 Y 26
Flodday *near Hellisay* 70 X 13
Flodday *near Sandray* 70 X 13
Flodden Field 63 N 17
Flodigarry 77 B 11
Flookburgh 48 L 21
Floors Castle 62 M 17
Flotta 86 K 7
Flowerdale Forest 78 D 11
Flyford Flavell 27 N 27
Fochabers 80 K 11
Foggathorpe 44 R 22
Foinaven 84 F 8
Foindle 84 E 8
Folkestone 13 X 30
Folkingham 37 S 25
Folly Gate 7 H 31
Fontmell Magna 9 N 31
Ford *Argyll and Bute* 65 D 15
Ford *Arun* 11 S 31
Ford *Berwick-upon-Tweed* 63 N 17
Ford *Buckinghamshire* 20 R 28
Ford *Cotswold* 27 O 28
Ford *Shrewsbury and Atcham* 34 L 25
Forde Abbey 8 L 31
Forden 34 K 26
Fordham 30 V 27
Fordingbridge 9 O 31
Fordoun 75 M 13
Fordwich 23 X 30
Fordyce 80 L 11
Foreland 10 Q 31
Foreland Point 17 I 30
Foremark Reservoir 36 P 25
Forest Lodge 74 I 13
Forest Row 11 U 30
Forestburn Gate 63 O 18
Forfar 74 L 14
Forgandenny 68 J 14
Formby 42 K 23
Formby Point 42 K 23
Fornham All Saints 30 W 27
Forres 80 J 11
Forrest Lodge 53 H 18
Forse 85 K 9
Forsinard 85 I 8
Fort Augustus 73 F 12
Fort George 79 H 11
Fort Victoria 10 P 31
Fort William 72 E 13
Forter 74 K 13
Forteviot 68 J 14
Forth 61 I 16
Forth (Firth of) 68 K 15
Forth (River) 67 G 15
Forth Bridges 68 J 15
Fortingall 73 H 14
Forton 35 M 25
Fortrose 79 H 11
Fortuneswell 8 M 32
Fosdyke 37 T 25
Foss 73 I 13
Foston 36 R 25
Foston on the Wolds 51 T 22
Fotherby 45 T 23
Fotheringhay 29 S 26
Foulden 63 N 16
Foulness Point 22 W 29
Foulridge 43 N 22
Foulsham 38 X 25
Fountainhall 62 L 16
Fountains Abbey 50 P 21
Four Crosses 34 K 25
Four Elms 21 U 30
Four Marks 10 Q 30
Fovant 9 O 30
Foveran 81 N 12
Fowey 3 G 32
Fowlmere 29 U 27
Fownhope 26 M 27
Foxdale 46 G 21
Foxholes 51 S 21
Foxton 28 R 26
Foxup 49 N 21
Foyers 73 G 12
Fraddon 3 F 32
Framfield 12 U 31
Framlingham 31 Y 27
Frampton-on-Severn 19 M 28
Framwellgate Moor 56 P 19
Frant 12 U 30
Fraserburgh 81 O 10
Fraserburgh Bay 81 O 10
Freckenham 30 V 27
Freckleton 42 L 22
Freeland 20 P 28
Freethorpe 39 Y 26
Freevater Forest 79 F 10
Freiston 37 U 25
Fremington 7 H 30
Frensham 10 R 30
Freshwater 10 P 31
Freshwater Bay 10 P 31
Freshwater East 16 F 29
Freshwater West 14 E 29
Fressingfield 31 X 26
Freswick 86 K 8
Freuchie 68 K 15
Freuchie (Loch) 67 I 14
Friday Bridge 37 U 26
Fridaythorpe 51 S 21
Frimley 21 R 30
Fringford 28 Q 28
Frinton-on-Sea 31 X 28
Friockheim 75 M 14
Frisa (Loch) 71 B 14
Friskney 37 U 24
Frithville 37 T 24
Frittenden 12 V 30
Fritwell 28 Q 28
Frizington 47 J 20
Frocester 19 N 28
Frodsham 42 L 24
Froggatt 43 P 24
Frome 19 N 30
Frosterley 56 O 19
Froxfield 20 P 29
Fuday 70 X 12
Fuiay 70 X 13
Fulbourn 30 U 27
Fulking 11 T 31
Fuller Street 22 V 28
Fulwood 42 M 22
Funtington 10 R 31
Funzie 87 R 2
Furness Abbey 47 K 21
Furness Fells 48 K 20
Fyfield 22 U 28
Fyvie 81 M 11

G

Gaddesby 36 R 25
Gaick Lodge 73 H 13
Gainford 49 O 20
Gainsborough 44 R 23
Gairloch 78 C 10
Gairlochy 72 F 13
Gairsay 87 L 6
Gaitsgill 54 L 19
Galashiels 62 L 17
Galgate 48 L 22
Gallan Head 82 Y 9
Gallanach 65 D 14
Galloway Forest Park 52 G 18
Galltair 72 D 12
Galmisdale 71 B 13
Galmpton 4 J 32
Galson 82 A 8
Galston 60 G 17
Galtrigill 76 Z 11
Gamblesby 55 M 19
Gamlingay 29 T 27
Gamston 44 R 24
Ganavan 65 D 14
Ganton 51 S 21
Garboldisham 30 W 26
Gardenstown 81 N 10
Garelochhead 66 F 15
Garenin 82 Z 9
Garforth 43 P 22
Gargrave 49 N 22
Gargunnock 67 H 15
Garioch 81 M 12
Garlieston 53 G 19
Garlogte 75 M 12
Garmony 65 C 14
Garmouth 80 K 11
Garrabost 83 B 9
Garragie Lodge 73 G 12
Garraron 65 D 15
Garreg 33 H 25
Garrigill 55 M 19
Garrisdale Point 71 A 12
Garros 77 B 11
Garrow 67 I 14
Garry (Glen) *Highland* 72 E 12
Garry (Glen) *Perthshire and Kinross* 73 H 13
Garry (Loch) 72 F 12
Garsington 20 Q 28
Garten (Loch) 74 I 12
Garth 25 J 27
Garthorpe 44 R 23
Gartmore 67 G 15
Gartocharn 67 G 15
Garton-on-The-Wolds 51 S 21
Garvald 69 M 16
Garvamore 73 G 12
Garve 79 F 11
Garvellachs 65 C 15
Garvestone 38 W 26
Garvock 66 F 16
Garway 26 L 28
Garynahine 82 Z 9
Gatehouse of Fleet 53 H 19
Gateshead 56 P 19
Gateside 68 K 15
Gatley 42 N 23
Gatwick Airport 11 T 30
Gaulden Manor 8 K 30
Gavard 64 B 15
Gaydon 28 P 27
Gayton *King's Lynn and West Norfolk* 38 V 25
Gayton *Stafford* 35 N 25
Gaywood 38 V 25
Geary 77 A 11
Geddington 29 R 26
Gedney Drove End 37 U 25
Gedney Hill 37 T 25
Gelligaer 18 K 29
Gelston 53 I 19
Georgeham 6 H 30
Georth 86 K 6
Gerrards Cross 21 S 29
Gestingthorpe 30 V 27
Gifford 62 L 16
Gigha (Sound of) 58 C 17
Gigha Island 58 C 16
Gighay 70 Y 12
Gilberdyke 44 R 22
Gilcrux 54 J 19
Gildersome 43 P 22
Gilfach Goch 17 J 29
Gillamour 50 R 21
Gilling East 50 Q 21

Gilling West 49 O 20
Gillingham *Dorset* 9 N 30
Gillingham *Kent* 22 V 29
Gillingham *South Norfolk* 31 Y 26
Gills 86 K 8
Gilmerton 67 I 14
Gilmorton 28 Q 26
Gilston 62 L 16
Gilwern 18 K 28
Girthon 53 H 19
Girton 29 U 27
Girvan 59 F 18
Gisburn 49 N 22
Gisland 55 M 19
Gittisham 8 K 31
Gladestry 26 K 27
Glaisdale 50 R 20
Glamis 74 K 14
Glamis Castle 74 L 14
Glanaman 17 I 28
Glandwr 15 G 28
Glanton 63 O 17
Glas-allt-Shiel 74 K 13
Glas-leac Mór 83 D 9
Glas Maol 74 J 13
Glasbury 26 K 27
Glascarnoch (Loch) 78 F 10
Glascwm 26 K 27
Glasdrum 72 E 14
Glasgow 60 H 16
Glasphein 76 Z 11
Glaspwll 33 I 26
Glass (Loch) 79 G 10
Glassburn 78 F 11
Glasserton 52 G 19
Glassford 60 H 16
Glasshouses 49 O 21
Glasson 48 L 22
Glassonby 55 M 19
Glastonbury 8 L 30
Gleadless 43 P 23
Gleann Beag 78 F 10
Gleann Mór 79 G 10
Gleaston 48 K 21
Glecknabae 59 E 16
Glemsford 30 V 27
Glen auldyn 46 G 21
Glen Brittle Forest 77 B 12
Glen Finglas Reservoir 67 G 15
Glen More Forest Park 74 I 12
Glen Shee 74 J 13
Glen Trool Lodge 52 G 18
Glenbarr 59 C 17
Glenborrodale 71 C 13
Glenbranter 66 E 15
Glenbrittle House 77 B 12
Glenbuchat Castle 74 K 12
Glenbuck 60 I 17
Glencaple 53 J 18
Glencarse 68 K 14
Glencoe 72 E 13
Glencoul (Loch) 84 F 9
Glendoebeg 73 G 12
Glendurgan Garden 2 E 33
Glenegedale 58 B 16
Glenelg 72 D 12
Glenelg Bay 72 D 12
Glenfarg 68 J 15
Glenfeshie Lodge 73 I 12
Glenfiddich Lodge 80 K 11
Glenfield 36 Q 26
Glenfinnan 72 D 13
Glenforsa Airport 65 C 14
Glenfyne Lodge 66 F 15
Glengorm 71 B 14
Glengoulandie 73 H 14
Glengrasco 77 B 11
Glenkens (The) 53 H 18
Glenkin die 74 L 12
Glenkirk 61 J 17
Glenlivet 80 J 11
Glenluce 52 F 19
Glenmassan 66 E 15
Glenmaye 46 F 21
Glenmore 71 C 13
Glenprosen Village 74 K 13
Glenridding 48 L 20
Glenrothes 68 K 15
Glenside 82 A 9
Glenstriven 66 E 16
Glentham 44 S 23
Glentress 61 K 17
Glentrool Village 52 G 18
Glentworth 44 S 23
Glenuachdarach 77 B 11
Glenuig 71 C 13
Glespin 61 I 17
Gletness 87 Q 3
Glinton 37 T 26
Glossop 43 O 23
Gloucester 27 N 28
Gloup 87 Q 1
Glusburn 49 O 22
Glutt Lodge 85 I 9
Glympton 28 P 28
Glyn Ceiriog 34 K 25
Glyn-Ebwy / Ebbw Vale 18 K 28
Glyn-neath 17 J 28
Glyncorrwg 17 J 28
Glynde 11 U 31
Glyndebourne 11 U 31
Glyndyfrdwy 34 K 25
Gnosall 35 N 25
Goadby 36 R 26
Goat Fell 59 E 17
Goathland 50 R 20
Gobowen 34 K 25
Godalming 21 S 30
Godmanchester 29 T 27
Godmanstone 8 M 31
Godshill 10 Q 32
Godstone 21 T 30
Goil (Loch) 66 F 15
Golborne 42 M 23
Goldcliff 18 L 29
Goldhanger 22 W 28
Goldthorpe 44 Q 23
Golspie 85 I 10
Gomersal 43 O 22
Gometra 64 B 14
Gomshall 21 S 30
Gooderstone 38 V 26
Goodleigh 7 I 30
Goodrich 26 M 28
Goodrington 4 J 32
Goodwick 24 F 27
Goodwood House 10 R 31
Goole 44 R 22
Goonhavern 2 E 32
Goostrey 42 M 24
Gordon 62 M 16
Gordonbush 85 I 9
Gordonstown 80 L 11
Gorebridge 61 K 16
Goring 20 Q 29
Gorm Loch Mór 84 F 9
Gorran Haven 3 F 33
Gorseinon 15 H 29
Gorsleston-on-Sea 39 Z 26
Gortantaoid 64 B 16
Gosberton 37 T 25
Gosfield 30 V 28
Gosforth *Cumbria* 47 J 20
Gosforth
Newcastle upon Tyne 56 P 18
Gosport 10 Q 31
Goswick 63 O 16
Gotham 36 Q 25
Gott Bay 70 Z 14
Goudhurst 12 V 30
Gourdon 75 N 13
Gourock 66 F 16
Gowerton 15 H 29
Goxhill 45 T 22
Graemsay 86 K 7
Grafton Underwood 29 S 26
Grain 22 W 29
Grainthorpe 45 U 23
Granby 36 R 25
Grandtully 74 I 14
Grange-over-Sands 48 L 21
Grangemouth 67 I 15
Grantchester 29 U 27
Grantham 37 S 25
Grantown-on-Spey 80 J 12
Grantshouse 62 N 16
Grasby 45 S 23
Grasmere 48 K 20
Grassington 49 O 21
Grateley 9 P 30
Graveley 29 T 27
Gravesend 22 V 29
Gravir 82 A 9
Grayrigg 48 M 20
Grays Thurrock 22 V 29
Grayshott 10 R 30
Grayswood 11 R 30
Greasbrough 43 P 23
Great Addington 29 S 26
Great Altcar 42 K 23
Great Amwell 21 T 28
Great Asby 49 M 20
Great Ayton 50 Q 20
Great Baddow 22 V 28
Great Bardfield 30 V 28
Great Barford 29 S 27
Great Barr 35 O 26
Great Barrow 34 L 24
Great Barugh 50 R 21
Great Bedwyn 19 P 29
Great Bentley 31 X 28
Great Bernera 82 Z 9
Great Bircham 38 V 25
Great-Bollright 28 P 28
Great Bookham 21 S 30
Great Bourton 28 Q 27
Great Bowden 28 R 26
Great Brickhill 29 R 28
Great Bridgeford 35 N 25
Great Bromley 30 X 28
Great Broughton 50 Q 20
Great-Budworth 42 M 24
Great Burdon 50 P 20
Great Chalfield 19 N 29
Great Chesterford 30 U 27
Great Chishill 29 U 27
Great Clifton 53 J 20
Great Coates 45 T 23
Great-Comberton 27 N 27
Great Cornard 30 W 27
Great Cubley 35 O 25
Great Cumbrae Island 59 F 16
Great-Dalby 36 R 25
Great Doddington 28 R 27
Great Driffield 51 S 21
Great-Dunham 38 W 25
Great Dunmow 30 V 28
Great Easton *Essex* 30 U 28
Great Easton *Leics.* 28 R 26
Great Eccleston 42 L 22
Great Ellingham 38 W 26
Great Finborough 30 W 27
Great Glen 36 Q 26
Great Gonerby 37 S 25
Great Gransden 29 T 27
Great Harrowden 28 R 27
Great Harwood 42 M 22
Great Hockham 30 W 26
Great Horkesley 30 W 28
Great Horwood 28 R 28
Great Houghton 43 P 23
Great Langton 50 P 20
Great-Limber 45 T 23
Great Livermere 30 W 27
Great Lumley 56 P 19
Great Malvern 27 N 27
Great Marton 42 K 22
Great Massingham 38 W 25
Great Milton 20 Q 28
Great Missenden 21 R 28
Great Mitton 42 M 22
Great Musgrave 49 M 20
Great Oakley 31 X 28
Great Ormes Head 41 I 22
Great Orton 54 K 19
Great Ouse (River) 38 V 25
Great Ouseburn 50 Q 21
Great Ponton 37 S 25
Great Ryburgh 38 W 25
Great Salkeld 55 L 19
Great Sampford 30 V 28
Great Shefford 20 P 29
Great Shelford 29 U 27
Great Smeaton 50 P 20
Great Somerford 19 N 29
Great Stainton 56 P 20
Great Strickland 55 L 20
Great Torrington 6 H 31
Great Tosson 63 O 18
Great Totham 22 W 28
Great Urswick 48 K 21
Great Wakering 22 W 29
Great Waltham 22 V 28
Great Whernside 49 O 21
Great Whittington 56 O 18
Great Witley 27 M 27
Great Wolford 27 P 27
Great Wyrley 35 N 26
Great Yarmouth 39 Z 26
Great Yeldham 30 V 27
Greatford 37 S 25
Greatham *Cleveland* 57 Q 20
Greatham *Hants.* 10 R 30
Greatstone-on-Sea 12 W 31
Green Hammerton 50 Q 21
Greenfield
Flintshire / Sir y Fflint 41 K 23
Greenfield *Highland* 72 F 12
Greenhaugh 55 N 18
Greenhead 55 M 19
Greenholm 60 H 17
Greenhow Hill 49 O 21
Greenlaw 62 M 16
Greenloaning 67 I 15
Greenock 66 F 16
Greenodd 48 K 21
Greens Norton 28 Q 27
Greenside 56 O 19
Greenwich
London Borough 21 U 29
Grendon 28 R 27
Grendon Underwood 28 Q 28
Gresford 34 L 24
Greshornish 77 A 11
Greshornish (Loch) 77 A 11
Gress 83 B 9
Gretna 54 K 19
Gretton 37 R 26
Greys Court 20 R 29
Greysouthen 54 J 20
Greystoke 55 L 19
Griffithstown 18 K 28
Griminish 76 X 11
Grimley 27 N 27
Grimoldby 45 U 23
Grimsay 76 Y 11
Grimsby 45 T 23
Gringley on the Hill 44 R 23
Grinshill 34 L 25
Grinton 49 O 20
Gristhorpe 51 T 21
Grittleton 19 N 29
Groby 36 Q 26
Grogport 59 D 17
Groombridge 12 U 30
Grosebay 76 Z 10
Grosmont *Monmouthshire /*
Sir Fynwy 26 L 28
Grosmont *Scarborough* 50 R 20
Grove 20 P 29
Gruinard Bay 78 D 10
Gruinard Island 78 D 10
Gruinart 58 B 16
Gruinart (Loch) 64 B 16
Grunavat (Loch) 82 Z 9
Grundisburgh 31 X 27
Gualachulain 66 E 14
Guardbridge 69 L 14
Guernsey *Channel I.* 5
Guesting 12 V 31
Guildford 21 S 30
Guildtown 68 J 14
Guilsborough 28 Q 26
Guisborough 50 Q 20
Guiseley 43 O 22
Guist 38 W 25
Gullane 69 L 15
Gunna 70 Z 14
Gunnerside 49 N 20
Gunnerton 55 N 18
Gunness 44 R 23
Gunnislake 3 H 32
Gunthorpe 36 R 25
Gurnard 10 Q 31
Gurness Broch 86 K 6
Gurnos 17 I 28
Gussage All Saints 9 O 31
Gutcher 87 Q 1
Guthrie 75 L 14
Guyhirn 37 U 26
Gwalchmai 40 G 23
Gwaun-Cae-Gurwen 17 I 28
Gwbert-on-Sea 15 F 27
Gweek 2 E 33
Gwennap 2 E 33
Gwithian 2 D 33
Gwyddelwern 33 J 24
Gwyddgrug 15 H 28
Gwydir Castle 33 I 24
Gwytherin 33 I 24

H

Habost 83 B 8
Hackney *London Borough* 21 T 29
Haddenham *Bucks.* 20 R 28
Haddenham *Cambs.* 29 U 26
Haddington 69 L 16
Haddiscoe 39 Y 26
Haddo House 81 N 11
Haddon Hall 35 P 24
Hadfield 43 O 23
Hadleigh *Essex* 22 V 29
Hadleigh *Suffolk* 30 W 27
Hadley 34 M 25
Hadlow 22 V 30
Hadnall 34 L 25
Hadrian's Wall 55 M 18
Haggbeck 55 L 18
Hagley 27 N 26
Hagworthingham 45 U 24
Hailsham 12 U 31
Hainford 39 X 25
Hainton 45 T 23
Halam 36 R 24
Halberton 7 J 31
Hale 42 M 23
Hales 39 Y 26
Halesowen 27 N 26
Halesworth 31 Y 26
Halford 27 P 27
Halifax 43 O 22
Halistra 77 A 11
Halkirk 85 J 8
Hall 60 G 16
Halland 12 U 31
Hallaton 36 R 26
Halling 22 V 29
Hallington 55 N 18
Halloughton 36 R 24
Hallow 27 N 27
Hallsands 4 J 33
Halsall 42 L 23
Halse 8 K 30
Halsetown 2 D 33
Halstead 30 V 28
Halstock 8 M 31
Haltham 37 T 24
Halton *Aylesbury Vale* 20 R 28
Halton *Lancaster* 48 L 21
Halton Gill 49 N 21
Haltwhistle 55 M 19
Halwell 4 I 32
Halwill Junction 6 H 31
Hamble 10 Q 31
Hambleden 20 R 29
Hambledon *Hants.* 10 Q 31
Hambledon *Surrey* 11 S 30
Hambleton *Lancs.* 42 L 22
Hambleton *North Yorks.* 44 Q 22
Hambleton Hills (The) 50 Q 21
Hambridge 8 L 31
Hamilton 60 H 16
Hammersmith and Fulham
London Borough 21 T 29
Hamnavoe *near Brae* 87 Q 2
Hamnavoe *near Scallway* 87 P 3
Hampreston 9 O 31
Hampstead Norris 20 Q 29
Hampsthwaite 50 P 21
Hampton Court 21 S 29
Hampton in Arden 27 O 26
Hamstead Marshall 20 P 29
Hamsterley 56 O 19
Hamstreet 12 W 30
Hamworthy 9 N 31
Handa Island 84 E 8
Handbridge 34 L 24
Handbury 27 N 27
Handcross 11 T 30
Handforth 43 N 23
Handley 34 L 24
Handsworth 43 P 23
Hanham 18 M 29
Hanley 35 N 24
Hanley Swan 27 N 27
Hanningfield 22 V 28
Hannington 19 O 29
Hanslope 28 R 27
Happisburgh 39 Y 25
Hapton 42 N 22
Harberton 4 I 32
Harbertonford 4 I 32
Harbledown 23 X 30
Harborough Magna 28 Q 26
Harbottle 63 N 17
Harbury 28 P 27
Harby 36 R 25
Hardham 11 S 31
Hardwick 44 Q 24
Hardwick Hall 36 Q 24
Hardwicke 19 N 28
Hardy Monument 5 M 31
Hardy's Cottage 9 M 31
Hare Street 29 U 28
Haresfield 19 N 28
Harewood House 50 P 22
Hargrave 29 S 27
Hargrave Green 30 V 27
Haringey *London Borough* 21 T 29
Harlaxton 36 R 25
Harlech 33 H 25
Harleston 31 X 26
Harlestone 28 R 27
Harley 34 M 26
Harlington 29 S 28
Harlosh 77 A 11
Harlow 21 U 28
Harlow Hill 56 O 18
Harmston 37 S 24
Haroldswick 87 R 1
Harpenden 21 S 28
Harpley 38 V 25
Harport (Loch) 77 A 12
Harray (Loch of) 86 K 6
Harrietfield 67 J 14
Harrington *Allerdale* 53 J 20
Harrington *Kettering* 28 R 26
Harringworth 37 S 26
Harris *Highland* 71 A 13
Harris *Western Isles* 82 Y 10
Harris (Sound of) 76 Y 10
Harrogate 50 P 22
Harrow *London Borough* 21 S 29
Harston 29 U 27
Hartburn 56 O 18
Hartest 30 W 27
Hartfield 11 U 30
Harthill *North Lanarkshire* 61 I 16
Harthill *Rotherham* 44 Q 24
Harting 10 R 31
Hartington 35 O 24
Hartland 6 G 31
Hartland Quay 6 G 31
Hartlebury 27 N 26
Hartlepool 57 Q 19
Hartley 22 U 29
Hartley Wintney 20 R 30
Hartpury 27 N 28
Hartshill 36 P 26
Hartwell 20 R 28
Hartwell 28 R 27
Harvington 27 O 27
Harwell 20 Q 29
Harwich 31 X 28
Harwood Dale 51 S 20
Harworth 44 Q 23
Hascosay 87 R 2
Haselbury Plucknett 8 L 31
Hasland 43 P 24
Haslemere 11 R 30
Haslingden 42 N 22
Haslingfield 29 U 27
Haslington 35 M 24
Hassocks 11 T 31
Haster 86 K 8
Hastings 12 V 31
Hatch Court 8 L 31
Hatfield
County of Herefordshire 26 M 27
Hatfield *Herts.* 21 T 28
Hatfield *South Yorks.* 44 Q 23
Hatfield Broad Oak 22 U 28
Hatfield Heath 22 U 28
Hatfield Peverel 22 V 28
Hatfield Woodhouse 44 R 23
Hatherleigh 7 H 31
Hathern 36 Q 25
Hathersage 43 P 24
Hatton *Aberdeenshire* 81 O 11
Hatton *Derbs.* 35 O 25
Hatton of Fintray 75 N 12
Haugh of Urr 53 I 19
Haughton 35 N 25
Haunn 71 B 14
Havant 10 R 31
Havenstreet 10 Q 31
Haverfordwest / Hwlffordd 16 F 28
Haverhill 30 V 27
Haverigg 47 K 21
Havering *London Borough* 22 U 29
Haverthwaite 48 K 21
Hawarden 34 K 24
Hawes 49 N 21
Hawick 62 L 17
Hawkchurch 8 L 31
Hawkedon 30 V 27
Hawkesbury Upton 19 M 29
Hawkhurst 12 V 30
Hawkridge 7 J 30
Hawkshead 48 L 20
Hawkwell 22 V 29
Hawley 20 R 30
Hawling 27 O 28
Haworth 43 O 22
Hawsker 51 S 20
Haxby 50 Q 21
Haxey 44 R 23
Hay-on-Wye 26 K 27
Haydock 42 M 23
Haydon Bridge 55 N 19
Haydon Wick 19 O 29
Hayfield 43 O 23

Hayle 2 D 33
Hayling Island 10 R 31
Hayscastle 14 E 28
Hayton 50 R 22
Haywards Heath 11 T 31
Hazel Grove 43 N 23
Hazelbank 61 I 16
Hazelbury Bryan 9 M 31
Hazlemere 21 R 29
Heacham 38 V 25
Headcorn 22 V 30
Headington 20 Q 28
Headless Cross 27 O 27
Headley 10 R 30
Heads of Ayr 60 F 17
Healey 49 O 21
Healing 45 T 23
Heanor 36 P 24
Heast 71 C 12
Heath End 20 Q 29
Heath Hayes 35 O 25
Heather 36 P 25
Heathfield *Renfrewshire* 60 F 16
Heathfield *Wealden* 12 U 31
Heathrow Airport 21 S 29
Hebburn 56 P 19
Hebden Bridge 43 N 22
Hebrides (Sea of the) 76 Z 12
Heckfield 20 R 29
Heckington 37 T 25
Heddon on the Wall 56 O 19
Hedge End 10 Q 31
Hednesford 35 O 25
Hedon 45 T 22
Heighington *Durham* 56 P 20
Heighington *Lincs.* 44 S 24
Heights of Kinlochewe 78 E 11
Helensburgh 66 F 15
Helford 2 E 33
Hellifield 49 N 22
Hellingly 12 U 31
Hellisay 70 X 12
Hell's Mouth or Porth Neigwl 32 G 25
Helmdon 28 Q 27
Helmsdale 85 J 9
Helmsley 50 Q 21
Helpringham 37 T 25
Helpston 37 S 26
Helsby 42 L 24
Helston 2 E 33
Helton 55 L 20
Helvellyn 48 K 20
Hemel Hempstead 21 S 28
Hemingbrough 44 R 22
Hemingford Grey 29 T 27
Hemington 19 M 30
Hempnall 39 X 26
Hempton 38 W 25
Hemsby 39 Z 25
Hemswell 44 S 23
Hemsworth 43 P 23
Hemyock 8 K 31
Hendy 15 H 28
Henfield 11 T 31
Hengoed 18 K 29
Henham 30 U 28
Henley 27 O 27
Henley-on-Thames 20 R 29
Henllan 33 J 24
Henllys 18 K 29
Henlow 29 T 27
Hennock 4 J 32
Henshaw 55 M 19
Henstead 31 Y 26
Henstridge 9 M 31
Heol Senni 25 J 28
Hepple 63 N 18
Heptonstall 43 N 22
Herbrandston 14 E 28
Hereford 26 L 27
Heriot 62 L 16
Herm *Channel I.* 5
Herma Ness 87 R 1
Hermitage 20 Q 29
Hermitage Castle 62 L 18
Herne Bay 23 X 29
Herriard 20 Q 30
Herrington 56 P 19
Herstmonceux 12 U 31
Hertford 21 T 28
Hesket Newmarket 54 K 19
Hesketh Bank 42 L 22
Hesleden 57 Q 19
Hessenford 3 G 32
Hessle 45 S 22
Hest Bank 48 L 21
Heswall 42 K 24
Hethersgill 55 L 19
Hethpool 63 N 17
Hetton-le-Hole 56 P 19
Hevenhingham 31 Y 27
Hever 21 U 30
Heversham 48 L 21
Hevingham 39 X 25
Hewelsfield 18 M 28
Hexham 55 N 19
Heybridge 22 W 28
Heysham 48 L 21
Heyshott 11 R 31
Heytesbury 9 N 30
Heythrop 28 P 28
Heywood 43 N 23
Hibaldstow 44 S 23
Hickling 36 R 25
Hickling Green 39 Y 25
Hidcote Manor Garden 27 O 27
High Bentham 49 M 21
High Bickington 7 I 31
High Birkwith 49 N 21
High Easter 22 V 28
High Ercall 34 M 25
High Etherley 56 O 20
High Force (The) 55 N 20
High Halden 12 W 30
High Halstow 22 V 29
High Ham 8 L 30
High Hesket 55 L 19
High Newton *Alnwick* 63 P 17
High Newton *South Lakeland* 48 L 21
High Offley 35 N 25
High Ongar 22 U 28
High Peak 43 O 23
High Willhays 4 I 31
High Wycombe 20 R 29
Higham *Kent* 22 V 29
Higham *Lancs.* 42 N 22
Higham *North East Derbyshire* 36 P 24
Higham *Suffolk* 30 V 27
Higham Ferrers 29 S 27
Higham on the Hill 36 P 26
Highbridge 18 L 30
Highclere 20 P 29
Highcliffe 9 O 31
Higher Penwortham 42 L 22
Highland Wildlife Park 73 I 12
Highley 27 M 26
Highmoor Cross 20 R 29
Highnam 27 N 28
Hightae 54 J 18
Hightown *Congleton* 35 N 24
Hightown *Sefton* 42 K 23
Highworth 19 O 29
Hilborough 38 W 26
Hildenborough 22 U 30
Hilderstone 35 N 25
Hilgay 38 V 26
Hill 18 M 29
Hill of Fearn 79 I 10
Hill of Tarvit 69 L 15
Hillhead 52 G 19
Hillingdon *London Borough* 21 S 29
Hillington 38 V 25
Hillside 75 M 13
Hillswick 87 P 2
Hilmarton 19 O 29
Hilperton 19 N 30
Hilpsford Point 47 K 21
Hilton *Aberdeenshire* 81 N 11
Hilton *Eden* 55 M 20
Hilton *Huntingdonshire* 29 T 27
Hilton *North Dorset* 9 N 31
Hilton *South Derbyshire* 35 P 25
Hilton of Cadboll 79 I 10
Himbleton 27 N 27
Hinchingbrooke House 29 T 27
Hinckley 36 P 26
Hinderwell 50 R 20
Hindhead 10 R 30
Hindley 42 M 23
Hindolveston 38 X 25
Hindon 9 N 30
Hingham 38 W 26
Hinstock 34 M 25
Hintlesham 31 X 27
Hinton-Blewett 18 M 30
Hirst Courtney 44 Q 22
Hirwaun 17 J 28
Histon 29 U 27
Hitcham 30 W 27
Hitchin 29 T 28
Hockering 38 X 25
Hockerton 36 R 24
Hockley 22 V 29
Hockley Heath 27 O 26
Hockliffe 29 S 28
Hoddesdon 21 T 28
Hodnet 34 M 25
Hodthorpe 44 Q 24
Hogsthorpe 45 U 24
Holbeach 37 U 25
Holbeach-St. Johns 37 T 25
Holbeach-St. Matthew 37 U 25
Holbeck 44 Q 24
Holbrook 31 X 28
Holbury 10 P 31
Holcombe 18 M 30
Holcombe Rogus 7 J 31
Holdenby 28 R 27
Holford 8 K 30
Holkam Hall 38 W 25
Hollandstoun 87 M 5
Hollesley 31 Y 27
Hollesley Bay 31 Y 27
Hollingbourne 22 V 30
Hollingworth 43 O 23
Hollybush 60 G 17
Hollym 45 U 22
Holmbridge 43 O 23
Holme *Huntingdonshire* 29 T 26
Holme *South Lakeland* 48 L 21
Holme-next-the-Sea 38 V 25
Holme upon Spalding-Moor 44 R 22
Holmer Green 21 R 29
Holmes Chapel 35 M 24
Holmesfield 43 P 24
Holmfirth 43 O 23
Holmhead 60 H 17
Holmpton 45 U 22
Holnest 8 M 31
Holsworthy 6 G 31
Holt *Dorset* 9 O 31
Holt *Norfolk* 38 X 25
Holt *Wilts.* 19 N 29
Holt *Wrexham* 34 L 24
Holt Heath 27 N 27
Holton *Lincs.* 45 T 24
Holton *Norfolk* 31 Y 26
Holton *South Somerset* 8 M 30
Holton Heath 9 N 31
Holton-le-Clay 45 T 23
Holwick 55 N 20
Holy Island *Anglesey* 40 F 23
Holy Island *North Ayrshire* 59 E 17
Holy Island *Northumb.* 63 O 16
Holybourne 10 R 30
Holyhead / Caergybi 40 G 23
Holystone 63 N 18
Holywell 2 E 32
Holywell / Treffynnon 41 K 23
Holywell Bay 2 E 32
Holywood 53 J 18
Honing 39 Y 25
Honiton 8 K 31
Hoo St. Werburgh 22 V 29
Hook *Basingstoke and Deane* 20 R 30
Hook *East Riding of Yorkshire* 44 R 22
Hook Norton 28 P 28
Hooke 8 M 31
Hope *Derbs.* 43 O 23
Hope *Flintshire* 34 K 24
Hope *Highland* 84 G 8
Hope *South Shropshire* 34 L 26
Hope (Loch) 84 G 8
Hope Bowdler 26 L 26
Hope under Dinmore 26 L 27
Hopeman 80 J 10
Hopetoun House 68 J 16
Hopton 39 Z 26
Horam 12 U 31
Horbury 43 P 23
Horden 57 Q 19
Hordley 34 L 25
Horeb 15 G 27
Horley 21 T 30
Hornby 48 M 21
Horncastle 45 T 24
Hornchurch 22 U 29
Horncliffe 63 N 16
Horning 39 Y 25
Horninglow 35 P 25
Horn's Cross 6 H 31
Hornsea 51 T 22
Hornton 28 P 27
Horrabridge 4 H 32
Horseheath 30 V 27
Horsehouse 49 O 21
Horsell 21 S 30
Horsford 39 X 25
Horsforth 43 P 22
Horsham 11 T 30
Horsham St. Faith 39 X 25
Horsington *East Lindsey* 37 T 24
Horsington *South Somerset* 9 M 30
Horsley *Stroud* 19 N 28
Horsley *Tynedale* 56 O 19
Horsmonden 12 V 30
Horstead 39 Y 25
Horsted Keynes 11 T 30
Horton *Abertawe / Swansea* 15 H 29
Horton *East Dorset* 9 O 31
Horton *South Somerset* 8 L 31
Horton Court 19 M 29
Horton-in-Ribblesdale 49 N 21
Horwich 42 M 23
Hoton 36 Q 25
Hott 55 M 18
Houghton 10 P 30
Houghton Hall 38 V 25
Houghton House 29 S 27
Houghton-le-Spring 56 P 19
Houghton-on-the-Hill 36 R 26
Hougton 55 L 19
Hounslow *London Borough* 21 S 29
Hourn (Loch) 72 D 12
Housesteads Fort 55 N 18
Houston 60 G 16
Houstry 85 J 9
Hove 11 T 31
Hoveton 39 Y 25
Hovingham 50 R 21
How Caple 26 M 28
Howden 44 R 22
Howe of the Mearns 75 M 13
Howick 63 P 17
Howmore 76 X 12
Hownam 62 M 17
Howwood 60 G 16
Hoxa (Sound of) 86 K 7
Hoxne 31 X 26
Hoy 86 J 7
Hoylake 41 K 22
Hoyland Nether 43 P 23
Huby 50 Q 21
Hucknall 36 Q 24
Huddersfield 43 O 23
Huggate 51 S 22
Hugh Town *I. of Scilly* 2
Hughenden 20 R 29
Hughley 34 M 26
Huish Champflower 7 J 30
Huish Episcopi 8 L 30
Hull (River) 45 S 22
Hulland 35 P 24
Hullavington 19 N 29
Hullbridge 22 V 29
Humber (River) 45 T 23
Humber Bridge 44 S 22
Humberston 45 T 23
Humbleton 45 T 22
Hume Castle 62 M 17
Humshaugh 55 N 18
Hundleton 16 F 28
Hundred House 26 K 27
Hungerford 20 P 29
Hunmanby 51 T 21
Hunstanton 38 V 25
Hunter's Inn 17 I 30
Hunter's Quay 66 F 16
Huntingdon 29 T 26
Huntington 50 Q 22
Huntingtower Castle 68 J 14
Huntly 80 L 11
Hunton 49 O 21
Huntspill 18 L 30
Hunwick 56 O 19
Hurlford 60 G 17
Hurn 9 O 31
Hursley 10 P 30
Hurst Green 12 V 30
Hurstbourne Priors 20 P 30
Hurstbourne Tarrant 20 P 30
Hurstpierpoint 11 T 31
Hurworth-on-Tees 50 P 20
Hury 55 N 20
Husbands Bosworth 28 Q 26
Huthwaite 36 Q 24
Huttoft 45 U 24
Hutton *Scottish Borders* 63 N 16
Hutton *South Ribble* 42 L 22
Hutton Cranswick 51 S 22
Hutton Rudby 50 Q 20
Huxley 34 L 24
Huyton 42 L 23
Hwlffordd / Haverfordwest 16 F 28
Hyde 43 N 23
Hynish 64 Z 14
Hynish Bay 64 Z 14
Hythe *Hants.* 10 P 31
Hythe *Kent* 13 X 30

I

Ibsley 9 O 31
Ibstock 36 P 25
Ickleford 29 T 28
Icklingham 30 V 27
Ickworth House 30 V 27
Iddesleigh 7 H 31
Ideford 4 J 32
Iden 12 W 31
Iden Green 12 V 30
Idmiston 9 O 30
Idrigill Point 77 A 12
Ightham 22 U 30
Ightham Mote 22 U 30
Ilchester 8 L 30
Ilderton 63 O 17
Ilfracombe 17 H 30
Ilkeston 36 Q 25
Ilkley 49 O 22
Illogan 2 E 33
Ilmington 27 O 27
Ilminster 8 L 31
Ilsington 4 I 32
Ilton 8 L 31
Immingham 45 T 23
Immingham Dock 45 T 23
Ince Blundell 42 K 23
Ince-in-Makerfield 42 M 23
Inch Kenneth 64 B 14
Inchard (Loch) 84 E 8
Inchbare 75 M 13
Inchgrundle 74 L 13
Inchkeith 68 K 15
Inchlaggan 72 E 12
Inchmarnock 59 E 16
Inchnadamph 84 F 9
Inchture 68 K 14
Indaal (Loch) 58 A 16
Inerval 58 B 17
Ingatestone 22 V 28
Ingbirchworth 43 P 23
Ingham 30 W 27
Ingleby Barwick 50 Q 20
Ingleton *Durham* 56 O 20
Ingleton *North Yorks.* 49 M 21
Inglewhite 42 L 22
Inglewood Forest 55 L 19
Ingliston 68 J 16
Ingoldmells 38 V 24
Ingoldsby 37 S 25
Ingram 63 O 17
Ings 48 L 20
Inkpen 20 P 29
Innellan 59 F 16
Inner Hebrides 70 Y 14
Inner Sound 77 C 11
Innerleithen 61 K 17
Innerpeffray 67 I 14
Innerwick 69 M 16
Insch 81 M 11
Insh 73 I 12
Inshore 84 F 8
Instow 6 H 30
Inver *Highland* 79 I 10
Inver *Perth and Kinross* 68 J 14
Inver (Loch) 84 E 9
Inver Bay 79 I 10
Inver Mallie 72 E 13
Inver Valley 84 E 9
Inveralligin 78 D 11
Inverallochy 81 O 10
Inveran 84 G 10
Inveraray 66 E 15
Inverarity 69 L 14
Inverarnan 66 F 15
Inverbeg 66 G 15
Inverbervie 75 N 13
Invercassley 84 G 10
Invercauld House 74 J 12
Inverchapel 66 F 15
Invercreran 72 E 14
Inverdruie 73 I 12
Inverewe Gardens 78 C 10
Inverey 74 J 13
Inverfarigaig 79 G 12
Invergarry 72 F 12
Invergeldie 67 H 14
Invergordon 79 H 10
Invergowrie 68 K 14
Inverie 72 C 12
Inverinan 65 E 15
Inverinate 78 D 12
Inverkeithing 68 J 15
Inverkeithny 81 M 11
Inverkip 66 F 16
Inverkirkaig 84 E 9
Inverliever Forest 65 D 15
Inverlochlarig 67 G 15
Invermoriston 73 G 12
Inverness 79 H 11
Inversanda 72 D 13
Inversnaid Hotel 66 F 15
Inveruglas 66 F 15
Inverurie 81 M 12
Invervar 73 H 14
Inwardleigh 7 H 31
Iona 64 A 15
Ipplepen 4 J 32
Ipstones 35 O 24
Ipswich 31 X 27
Irby *East Lindsey* 37 U 24
Irby *Wirral* 42 K 23
Irchester 29 S 27
Ireby 54 K 19
Ireleth 47 K 21
Irlam 42 M 23
Iron Acton 18 M 29
Ironbridge 34 M 26
Irthington 55 L 19
Irthlingborough 29 S 27
Irvine 60 F 17
Irwell (River) 42 N 23
Isbyty Ystwyth 25 I 27
Isla (Glen) 74 K 13
Islay (Sound of) 64 B 16
Isle of Whithorn 53 G 19
Isleham 30 V 26
Isleornsay 71 C 12
Isleworth 21 S 29
Islington *London Borough* 21 T 29
Islip 20 Q 28
Islivig 82 Y 9
Itchingfield 11 S 30
Ithon (River) 25 K 27
Itteringham 39 X 25
Iver 21 S 29
Iver Heath 21 S 29
Ivinghoe 21 S 28
Ivybridge 4 I 32
Ivychurch 12 W 30
Iwade 22 W 29
Iwerne Minster 9 N 31
Ixworth 30 W 27

J

Jacobstow 6 G 31
Jacobstowe 7 H 31
Jameston 15 F 29
Jamestown *Dumfries and Galloway* 61 K 18
Jamestown *West Dunbartonshire* 66 G 16
Janetstown 85 J 8
Jarrow 56 P 19
Jaywick 23 X 28
Jedburgh 62 M 17
Jedburgh Abbey 62 M 17
Jeffreyston 15 F 28
Jemimaville 79 H 11
Jersey *Channel I.* 5
Jevington 12 U 31
John Muir 69 M 15
John o' Groats 86 K 8
Johnshaven 75 N 13
Johnston 16 F 28
Johnstone 60 G 16
Johnstonebridge 54 J 18
Jura (Isle of) 58 B 16
Jura (Sound of) 65 C 16
Jura Forest 65 B 16
Jura Ho 58 B 16
Jurby West 46 G 20

K

Kainakill 77 C 11
Kames 65 E 16
Katrine (Loch) 67 G 15
Kea 2 E 33
Keal 37 U 24
Keal (Loch na) 65 B 14
Kearsley 42 M 23
Keasden 49 M 21

Great Britain 129

Kebock Head 82 A 9
Kedington 30 V 27
Kedleston Hall 36 P 25
Keelby 45 T 23
Keevil 19 N 30
Kegworth 36 Q 25
Keig 75 M 12
Keighley 43 O 22
Keillmore 65 C 16
Keinton Mandeville 8 M 30
Keir Mill 53 I 18
Keiss 86 K 8
Keith 80 L 11
Keld 49 N 20
Kellas *Angus* 69 L 14
Kellas *Moray* 80 J 11
Kelleth 49 M 20
Kellie Castle 69 L 15
Kellington 44 Q 22
Kelloe 56 P 19
Kelly Bray 3 H 32
Kelmarsh 28 R 26
Kelsall 34 L 24
Kelso 62 M 17
Kelston 19 M 29
Keltneyburn 73 H 14
Kelty 68 J 15
Kelvedon 30 W 28
Kelvedon Hatch 22 U 29
Kemble 19 N 28
Kemnay 75 M 12
Kempley 26 M 28
Kempsey 27 N 27
Kempsford 19 O 28
Kempston 29 S 27
Kemsing 22 U 30
Kendal 48 L 21
Kenfig 17 I 29
Kenilworth 27 P 26
Kenknock 67 G 14
Kenmore *Highland* 77 C 11
Kenmore
Perthshire and Kinross 67 I 14
Kenn 18 L 29
Kennet (River) 19 O 29
Kennethmont 80 L 11
Kenninghall 30 X 26
Kennington *Kent* 22 W 30
Kennington *Oxon.* 20 Q 28
Kennoway 68 K 15
Kenovay 70 Z 14
Kensaleyre 77 B 11
Kentallen 72 E 13
Kentford 30 V 27
Kentisbeare 7 K 31
Kentmere 48 L 20
Kenton 4 J 32
Kents Bank 48 L 21
Keoldale 84 F 8
Keresley 28 P 26
Kerrera 65 D 14
Kerry 26 K 26
Kersey 30 W 27
Kershader 82 A 9
Kershopefoot 55 L 18
Kesgrave 31 X 27
Kessingland 31 Z 26
Keswick 54 K 20
Kettering 28 R 26
Kettleness 50 R 20
Kettleshulme 43 N 24
Kettletoft 87 M 6
Kettlewell 49 N 21
Ketton 37 S 26
Kew 21 T 29
Kewstoke 18 L 29
Kexbrough 43 P 23
Kexby 44 R 23
Keyingham 45 T 22
Keymer 11 T 31
Keynsham 18 M 29
Keyworth 36 Q 25
Kibworth Harcourt 36 R 26
Kidderminster 27 N 26
Kidermorie Lodge 79 G 10
Kidlington 20 Q 28
Kidsgrove 35 N 24
Kidstones 49 N 21
Kidwelly / Cydweli 15 H 28
Kielder 55 M 18
Kielder Forest 55 M 18
Kielder Reservoir 55 M 18
Kiiphedir 85 I 9
Kilamarsh 44 Q 24
Kilbarchan 60 G 16
Kilbirnie 60 F 16
Kilbrannan Sound 59 D 17
Kilbride 65 D 14
Kilburn *Amber Valley* 36 P 24
Kilburn *Hambleton* 50 Q 21
Kilchattan 59 E 16
Kilchenzie 59 C 17
Kilcheran 65 D 14
Kilchiaran 58 A 16
Kilchoan 71 B 13
Kilchoman 58 A 16
Kilchrenan 65 E 14
Kilconquhar 69 L 15
Kilcreggan 66 F 16
Kildale 50 Q 20
Kildary 79 H 10
Kildavanan 59 E 16
Kildonan 59 E 17
Kildonan Lodge 85 I 9
Kildrummy 74 L 12
Kildrummy Castle 74 L 12
Kilfinnan 72 F 12
Kilgetti 15 F 28
Kilham
Berwick-upon-Tweed 63 N 17
Kilham
East Riding of Yorkshire 51 S 21
Kilkhampton 6 G 31
Killay 15 H 29
Killean 59 D 17
Killearn 67 G 15
Killen 79 H 11
Killerton 7 J 31
Killiechronan 65 C 14
Killilan 78 D 12
Killin 67 H 14
Killinghall 50 P 21
Killundine 71 C 14
Kilmacolm 60 G 16
Kilmaluag 77 B 10
Kilmany 69 L 14
Kilmarie 71 B 12
Kilmarnock 60 G 17
Kilmartin 65 D 15
Kilmaurs 60 G 17
Kilmelford 65 D 15
Kilmersdon 19 M 30
Kilmington *East Devon* 8 K 31
Kilmington *Salisbury* 9 N 30
Kilmorack 79 G 11
Kilmore 71 C 12
Kilmory *Ardnamurchan* 71 B 13
Kilmory *Argyll and Bute* 65 C 16
Kilmory *I. Rhum* 71 A 12
Kilmory *North Ayrshire* 59 E 17
Kilmuir 77 A 11
Kilmun 66 F 16
Kilncadzow 61 I 16
Kilninver 65 D 14
Kilnsey 49 N 21
Kiloran 64 B 15
Kilpeck 26 L 28
Kilrenny 69 L 15
Kilsyth 67 H 16
Kilt Rock 77 B 11
Kiltarlity 79 G 11
Kilvaxter 77 A 11
Kilwinning 60 F 17
Kimberley *Broxtowe* 36 Q 25
Kimberley *South Norfolk* 38 X 26
Kimble 20 R 28
Kimbolton 29 S 27
Kimmeridge 9 N 32
Kimpton 21 T 28
Kinbrace 85 I 9
Kinbuck 67 I 15
Kincardine *Fife* 67 I 15
Kincardine *Highland* 79 G 10
Kincardine *O'Neil* 75 L 12
Kinclaven 68 J 14
Kincraig 73 I 12
Kineton 28 P 27
Kinfauns 68 J 14
Kingairloch 72 D 14
Kingarth 59 E 16
Kinghorn 68 K 15
Kinglassie 68 K 15
King's Bromley 35 O 25
King's Cliffe 37 S 26
Kings Langley 21 S 28
King's Lynn 38 V 25
King's Meaburn 55 M 20
King's Somborne 10 P 30
King's Sutton 28 Q 27
King's Walden 29 T 28
Kings Worthy 10 Q 30
Kingsbarns 69 M 15
Kingsbridge 4 I 33
Kingsburgh 77 A 11
Kingsbury Episcopi 8 L 31
Kingsclere 20 Q 30
Kingscote 19 N 29
Kingsdon 8 L 30
Kingsdown 23 Y 30
Kingsgate 23 Y 29
Kingshouse *Highland* 72 F 14
Kingshouse *Stirling* 67 H 14
Kingskerswell 4 J 32
Kingskettle 68 K 15
Kingsland 26 L 27
Kingsley *East Hampshire* 10 R 30
Kingsley
Staffordshire Moorlands 35 O 24
Kingsmuir 74 L 14
Kingsnorth 12 W 30
Kingsteignton 4 J 32
Kingsthorpe 28 R 27
Kingston *Devon* 4 I 33
Kingston *East Hampshire* 69 L 15
Kingston *Moray* 80 K 10
Kingston
South Cambridgeshire 29 T 27
Kingston Bagpuize 20 P 28
Kingston Deverill 9 N 30
Kingston Lacy 9 N 31
Kingston Lisle 20 P 29
Kingston Seymour 18 L 29
Kingston-St. Mary 8 K 30
Kingston-upon-Hull 45 S 22
Kingston-upon-Thames
London Borough 21 T 29
Kingstone 26 L 27
Kingswear 4 J 32
Kingswinford 27 N 26
Kingswood 19 M 29
Kingswood *Powys* 34 K 26
Kingswood *South Glos.* 18 M 29
Kington 26 K 27
Kington Langley 19 N 29
Kington-St. Michael 19 N 29
Kingussie 73 H 12
Kinkell 75 M 12
Kinkell Bridge 67 I 15
Kinknockie 81 O 11
Kinlet 27 M 26
Kinloch 71 B 12
Kinloch Hourn 72 D 12
Kinloch Lodge 84 G 8
Kinloch Rannoch 73 H 13
Kinlochard 67 G 15
Kinlochbervie 84 E 8
Kinlocheil 72 E 13
Kinlochewe 78 E 11
Kinlochleven 72 F 13
Kinlochmoidart 71 C 13
Kinloss 80 J 11
Kinmuck 75 N 12
Kinnaird 68 K 14
Kinneff 75 N 13
Kinnelhead 61 J 18
Kinnerley 34 L 25
Kinnersley 26 L 27
Kinnesswood 68 K 15
Kinninvie 56 O 20
Kinoulton 36 R 25
Kinross 68 J 15
Kinrossie 68 K 14
Kintbury 20 P 29
Kintessack 80 I 11
Kintore 75 M 12
Kintra 58 B 17
Kintyre (Peninsula) 59 D 17
Kinver 27 N 26
Kippax 43 P 22
Kippen 67 H 15
Kippford 53 I 19
Kirby Bellars 36 R 25
Kirby Cross 31 X 28
Kirby Hall 29 S 26
Kirby Misperton 50 R 21
Kirby Muxloe 36 Q 26
Kirby Underwood 37 S 25
Kirdford 11 S 30
Kirk Ella 45 S 22
Kirk Ireton 35 P 24
Kirk Merrington 56 P 19
Kirk Michael 46 G 21
Kirk Yetholm 63 N 17
Kirkbampton 54 K 19
Kirkbean 53 J 19
Kirkbride 54 K 19
Kirkbuddo 69 L 14
Kirkburn 51 S 22
Kirkburton 43 O 23
Kirkby 42 L 23
Kirkby Fleetham 50 P 20
Kirkby-in-Ashfield 36 Q 24
Kirkby-la-Thorpe 37 S 25
Kirkby Lonsdale 48 M 21
Kirkby Malham 49 N 21
Kirkby Mallory 36 Q 26
Kirkby Malzeard 49 P 21
Kirkby Overblow 50 P 22
Kirkby Stephen 49 M 20
Kirkby Thore 55 M 20
Kirkbymoorside 50 R 21
Kirkcaldy 68 K 15
Kirkcolm 52 E 19
Kirkconnel 60 I 17
Kirkcowan 52 G 19
Kirkcudbright 53 H 19
Kirkcudbright Bay 53 H 19
Kirkfieldbank 61 I 16
Kirkgunzeon 53 I 19
Kirkham 42 L 22
Kirkheaton 56 O 18
Kirkhill 79 G 11
Kirkhope 61 J 18
Kirkinner 52 G 19
Kirkintilloch 67 H 16
Kirkland
Dumfries and Galloway 53 I 18
Kirkland *Eden* 55 M 19
Kirklees 43 O 23
Kirklevington 50 P 20
Kirklington
North Yorkshire 50 P 21
Kirklington
Nottinghamshire 36 R 24
Kirkliston 68 J 16
Kirkmaiden 52 F 19
Kirkmichael
Perthshire and Kinross 74 J 13
Kirkmichael
South Ayrshire 60 G 17
Kirkmuirhill 61 I 17
Kirknewton
Berwick-upon-Tweed 63 N 17
Kirknewton
West Lothian 61 J 16
Kirkoswald 59 F 18
Kirkpatrick Durham 53 I 18
Kirkpatrick-Fleming 54 K 18
Kirkstone Pass 48 L 20
Kirkton
Dumfries and Galloway 53 J 18
Kirkton *Scottish Borders* 62 L 17
Kirkton Manor 61 K 17
Kirkton of Culsalmond 81 M 11
Kirkton of Durris 75 M 12
Kirkton of Glenisla 74 K 13
Kirkton of Kingoldrum 74 K 13
Kirkton of Largo 69 L 15
Kirkton of Skene 75 N 12
Kirkton of Strathmartine 69 K 14
Kirktown of Auchterless 81 M 11
Kirktown of Deskford 80 L 11
Kirkwall 86 L 7
Kirkwhelpington 56 N 18
Kirmington 45 T 23
Kirn 66 F 16
Kirriemuir 74 K 13
Kirtlebridge 54 K 18
Kirtlington 28 Q 28
Kirtomy 85 H 8
Kirton *Boston* 37 T 25
Kirton *Suffolk Coastal* 31 X 27
Kirton End 37 T 25
Kirton-in-Lindsey 44 S 23
Kishorn (Loch) 78 D 11
Kislingbury 28 R 27
Kitchener Memorial 86 J 6
Kiveton 44 Q 23
Knaresborough 50 P 21
Knarsdale 55 M 19
Knebworth 29 T 28
Kneesall 36 R 24
Kneesworth 29 T 27
Knighton / Trefyclawdd 26 K 26
Knightshayes Court 7 J 31
Kniveton 35 O 24
Knock *Argyll and Bute* 65 C 14
Knock *Moray* 80 L 11
Knock *Western Isles* 83 B 9
Knockandhu 80 K 12
Knockbrex 53 H 19
Knockie Lodge 73 G 12
Knockin 34 L 25
Knocknaha 59 D 17
Knocksharry 46 G 21
Knockvennie Smithy 53 I 18
Knole 22 U 30
Knossington 36 R 25
Knottingley 44 Q 22
Knowe 52 G 18
Knowehead 53 H 18
Knowesgate 55 N 18
Knowle 27 O 26
Knowsley 42 L 23
Knoydart 72 D 12
Knutsford 42 M 24
Kyle Forest 60 G 17
Kyle of Durness 84 F 8
Kyle of Lochalsh 77 C 12
Kyle of Sutherland 79 G 10
Kyle of Tongue 84 G 8
Kyleakin 77 C 12
Kylerhea 72 C 12
Kyles Scalpay 82 Z 10
Kylestrome 84 E 9
Kynance Cove 2 E 34
Kyre park 26 M 27

L

La Rocque *Jersey I.* 5
Laceby 45 T 23
Lacey Green 20 R 28
Lache 34 L 24
Lacock 19 N 29
Ladder Hills 74 K 12
Ladock 3 F 33
Ladybank 68 K 15
Ladybower Reservoir 43 O 23
Ladyhill 55 N 18
Lagg 65 C 16
Laggan *Argyll and Bute* 58 B 16
Laggan *near Invergarry* 72 F 12
Laggan
near Newtonmore 73 H 12
Laggan (Loch) 73 G 13
Laggan Point 58 B 16
Lagganulva 64 B 14
Laide 78 D 10
Lair 78 E 11
Lairg 84 G 9
Lake District National Park 48 K 20
Lakenheath 30 V 26
Lamanva 2 E 33
Lamberhurst 12 V 30
Lambeth *London Borough* 21 T 29
Lambley *Gedling* 36 Q 24
Lambley *Tynedale* 55 M 19
Lambourn 20 P 29
Lamerton 3 H 32
Lamington 61 J 17
Lamlash 59 E 17
Lamlash Bay 59 E 17
Lammermuir Hills 62 L 16
Lampeter /
Llanbedr Pont Steffan 15 H 27
Lamplugh 54 J 20
Lamport 28 R 26
Lanark 61 I 16
Lancaster 48 L 21
Lanchester 56 O 19
Lancing 11 T 31
Landmark Visitor Centre 79 I 12
Landrake 3 H 32
Land's End 2 C 33
Landulph 3 H 32
Lane End 20 R 29
Laneast 6 G 32
Lanercost 55 L 19
Langar 36 R 25
Langavat (Loch) *Lewis* 82 Z 9
Langavat (Loch)
South Harris 76 Z 10
Langbank 66 G 16
Langcliffe 49 N 21
Langdale End 51 S 21
Langdale Valley 48 K 20
Langdon Beck 55 N 19
Langenhoe 30 W 28
Langford
Mid Bedfordshire 29 T 27
Langford
West Oxfordshire 19 P 28
Langford Budville 8 K 31
Langham 36 R 25
Langholm 54 L 18
Langleeford 63 N 17
Langley 21 S 29
Langley Park 56 O 19
Langold 44 Q 23
Langport 8 L 30
Langrick 37 T 24
Langrish 10 Q 30
Langsett 43 O 23
Langshaw 62 L 17
Langstrothdale Chase 49 N 21
Langthwaite 49 O 20
Langtoft 51 S 21
Langton 50 R 21
Langton Matravers 9 O 32
Langwathby 55 L 19
Lanhydrock 3 F 32
Lanivet 3 F 32
Lanlivery 3 F 32
Lanreath 3 G 32
Lansallos 3 G 32
Lanton 62 M 17
Lapford 7 I 31
Larachbeg 71 C 14
Larbert 67 I 15
Largs 59 F 16
Larkhall 61 I 16
Larkhill 19 O 30
Larling 30 W 26
Lasswade 61 K 16
Lastingham 50 R 21
Latchingdon 22 W 28
Latton 19 O 29
Lauder 62 L 16
Lauderdale 62 L 16
Laugharne 15 G 28
Laughton *Wealden* 12 U 31
Laughton *West Lindsey* 44 R 23
Launcells 6 G 31
Launceston 6 G 32
Launton 28 Q 28
Laurencekirk 75 M 13
Laurieston 53 H 19
Lauriston Castle 68 K 16
Lavendon 29 S 27
Lavenham 30 W 27
Laverstock 9 O 30
Laverstoke 20 Q 30
Lawford 30 X 28
Lawrenny 16 F 28
Lawshall 30 W 27
Laxay 82 A 9
Laxey 46 G 21
Laxey Bay 46 G 21
Laxfield 31 Y 27
Laxford (Loch) 84 E 8
Laxford Bridge 84 E 8
Laxo 87 Q 2
Laxton
East Riding of Yorkshire 44 R 22
Laxton
Newark and Sherwood 36 R 24
Layer-de-la-Haye 30 W 28
Layer Marney 22 W 28
Laytham 44 R 22
Layton 42 K 22
Lazonby 55 L 19
Lea *Herefordshire* 26 M 28
Lea *North Wiltshire* 19 N 29
Lea *West Lindsey* 44 R 23
Leaden Roding 22 U 28
Leadenham 37 S 24
Leadgate *Derwentside* 56 O 19
Leadgate *Eden* 55 M 19
Leadhills 61 I 17
Leafield 20 P 28
Leagrave 29 S 28
Lealholm 50 R 20
Lealt 65 C 15
Leargybreck 65 C 16
Leasingham 37 S 24
Leathaid Bhuain (Loch an) 84 F 9
Leatherhead 21 T 30
Leathley 49 P 22
Leavening 50 R 21
Lebberston 51 S 21
Lechlade 19 O 28
Lecht Road 74 K 12
Leckmelm 78 E 10
Leconfield 44 S 22
Ledbury 27 M 27
Ledmore 84 F 9
Ledsham 44 Q 22
Lee 16 H 30
Lee-on-the-Solent 10 Q 31
Leebotwood 34 L 26
Leeds *Kent* 22 V 30
Leeds *West Yorks.* 43 P 22
Leedstown 2 D 33
Leek 35 N 24
Leek Wootton 27 P 27
Leeming Bar 50 P 21
Leeswood 34 K 24
Legbourne 45 U 23
Legerwood 62 M 16
Leicester 36 Q 26
Leicester Forest East 36 Q 26
Leigh 42 M 23

A B C D E F G H I J K L M N O P Q R S T U V W X Y Z

Leigh *Mole Valley* 21 T 30
Leigh *North Wiltshire* 19 O 29
Leigh *Sevenoaks* 22 U 30
Leigh *West Dorset* 8 M 31
Leigh-on-Sea 22 V 29
Leigh Sinton 27 N 27
Leighterton 19 N 29
Leighton Buzzard 29 S 28
Leim 58 C 17
Leintwardine 26 L 26
Leirinmore 84 F 8
Leiston 31 Y 27
Leith 68 K 16
Leitholm 62 M 16
Lemreway 82 A 9
Lendalfoot 52 F 18
Lenham 22 W 30
Lennoxtown 67 H 16
Leominster 26 L 27
Leonard Stanley 19 N 28
Lepe 10 P 31
Lephinmore 65 E 15
Lerwick 87 Q 3
Lesbury 63 P 17
Leslie *Aberdeenshire* 81 L 12
Leslie *Fife* 68 K 15
Lesmahagow 61 I 17
Leswalt 52 E 19
Letchworth 29 T 28
Letham *Angus* 75 L 14
Letham *Fife* 68 K 15
Letheringsett 38 X 25
Letterewe Forest 78 D 10
Letterfearn 78 D 12
Lettermore 84 G 8
Letters 78 E 10
Letterston 24 F 28
Leuchars 69 L 14
Leurbost 82 A 9
Leven
East Riding of Yorks. 51 T 22
Leven *Fife* 69 K 15
Leven (Loch) 72 E 13
Leven (River) 72 F 13
Levens 48 L 21
Levens Hall 48 L 21
Levenwick 87 Q 4
Leverington 37 U 25
Leverton
with Habblesthorpe 44 R 24
Levington 31 X 27
Levisham 50 R 21
Lewannick 3 G 32
Lewdown 6 H 32
Lewes 11 U 31
Lewis (Isle of) 82 Z 9
Lewis and Harris (Isle of) 82 Z 8
Lewisham
London Borough 21 T 29
Lewknor 20 R 28
Leyburn 49 O 21
Leyland 42 L 22
Leysdown-on-Sea 22 W 29
Lezant 3 G 32
Lhanbryde 80 K 11
Lhen (The) 46 G 20
Liathach 78 D 11
Libberton 61 J 16
Lichfield 35 O 25
Liddesdale 55 L 18
Lidgate 30 V 27
Lifton 6 H 32
Ligger or Perran Bay 2 E 32
Lilbourne 28 Q 26
Lilleshall 35 M 25
Lilliesleaf 62 L 17
Limmerhaugh 60 H 17
Limpsfield 21 U 30
Linchmere 10 R 30
Lincoln 44 S 24
Lincolnshire Wolds 45 T 23
Lindfield 11 T 30
Lindores 68 K 14
Lingague 46 F 21
Lingay *near Eriskay* 70 X 12
Lingay *near Pabbay* 70 X 13
Lingen 26 L 27
Lingfield 21 T 30
Liniclate 76 X 11
Linlithgow 67 J 16
Linn of Dee 74 J 13
Linn of Tummel 74 I 13
Linneraineach 84 E 9
Linney Head 14 E 29
Linnhe (Loch) 72 D 14
Linslade 29 R 28
Lintmill 80 L 10
Linton *Craven* 49 N 21
Linton *Herefordshire* 26 M 28
Linton *Scottish Borders* 62 M 17
Linton
South Cambridgeshire 30 U 27
Linton *South Derbyshire* 35 P 25
Linton-on-Ouse 50 Q 21
Lintrathen (Loch of) 74 K 13
Linwood *Renfrewshire* 60 G 16
Linwood *West Lindsey* 45 T 23
Liphook 10 R 30
Liskeard 3 G 32
Lismore 65 D 14
Liss 10 R 30
Lisset 51 T 21
Lisvane 18 K 29
Litcham 38 W 25
Litchborough 28 Q 27
Litchfield 20 P 30
Litherland 42 L 23
Little-Baddow 22 V 28
Little-Barningham 39 X 25
Little Berkhamsted 21 T 28
Little Brington 28 Q 27
Little Budworth 34 M 24
Little Bytham 37 S 25
Little Chalfont 21 S 28
Little Clacton 31 X 28
Little Colonsay 64 B 14
Little-Coxwell 19 P 29
Little Cumbrae Island 59 F 16
Little Dewchurch 26 L 28
Little Galdenoch 52 E 19
Little Glenshee 67 J 14
Little Hadham 29 U 28
Little Hallingbury 22 U 28
Little Harrowden 28 R 27
Little Houghton 28 R 27
Little Loch Broom 78 D 10
Little Loch Roag 82 Z 9
Little Mill 18 L 28
Little-Milton 20 Q 28
Little Minch (The) 76 Z 11
Little Moreton Hall 35 N 24
Little Ouse (River) 30 V 26
Little Ouseburn 50 Q 21
Little-Raveley 29 T 26
Little Snoring 38 W 25
Little-Stretton 26 L 26
Little-Stukeley 29 T 26
Little Torrington 6 H 31
Little Urswick 48 K 21
Little Walsingham 38 W 25
Little Waltham 22 V 28
Little Wenlock 34 M 26
Littleborough 43 N 23
Littlebourne 23 X 30
Littlebury 30 U 27
Littlecote House 20 P 29
Littleferry 79 H 10
Littleham 4 J 32
Littlehampton 11 S 31
Littlemill 79 I 11
Littleport 30 U 26
Littlestone-on-Sea 12 W 31
Littleton 10 P 30
Littleworth 20 P 28
Litton Cheney 5 M 31
Liverpool 42 L 23
Liverton 50 R 20
Livet (Glen) 80 K 12
Livingston 61 J 16
Lizard 2 E 34
Lizard Peninsula 2 E 33
Llam 35 O 24
Llan 33 J 26
Llan-non 15 H 28
Llan-y-Bri 15 G 28
Llanarmon-yn-Ial 34 K 24
Llanarthne 24 H 28
Llanarthney 15 H 28
Llanasa 41 J 23
Llanbadarn Fawr 25 H 26
Llanbedr 33 H 25
Llanbedr Pont Steffan /
Lampeter 15 H 27
Llanbedrog 32 G 25
Llanberis 33 H 24
Llanberis (Pass of) 33 H 24
Llanbister 26 K 26
Llanboidy 15 G 28
Llanbradach 18 K 29
Llanbrynmair 33 J 26
Llanddarog 15 H 28
Llanddeiniol 25 H 27
Llandderfel 33 J 25
Llanddeusant 40 G 22
Llanddewi Brefi 25 I 27
Llanddewi Ystradenni 26 K 27
Llanddona 40 H 23
Llanddowror 15 G 28
Llanddulas 41 J 23
Llandegla 34 K 24
Llandeilo 15 I 28
Llandenny 18 L 28
Llandinam 25 J 26
Llandissilio 15 F 28
Llandogo 18 L 28
Llandovery / Llanymddyfri 25 I 28
Llandrindod Wells 25 J 27
Llandrinio 34 K 25
Llandudno 41 I 23
Llandudno Junction 41 I 23
Llandwrog 32 H 24
Llandybie 15 H 28
Llandyfaelog 15 H 28
Llandygai 40 H 23
Llandysul 15 H 27
Llanegryn 33 H 26
Llanelidan 34 K 24
Llanellen 18 K 28
Llanelli 15 H 28
Llanelltyd 33 I 25
Llanengan 32 G 25
Llanerchymedd 40 G 23
Llanerfyl 33 J 25
Llanfachraeth 40 G 23
Llanfaethlu 40 G 22
Llanfair 33 H 25
Llanfair-Caereinion 34 K 26
Llanfair-Pwllgwyngyll 40 H 23
Llanfair-ym-Muallt /
Builth Wells 25 J 27
Llanfair-yn-Neubwll 40 G 23
Llanfairfechan 41 I 23
Llanfairynghornwy 40 G 22
Llanfechell 40 G 22
Llanferres 34 K 24
Llanfihangel-ar-arth 15 H 27
Llanfihangel Glyn Myfyr 33 J 24
Llanfihangel Nant Bran 25 J 28
Llanfihangel Rhydition 26 K 27
Llanfihangel-y-Creuddyn 25 I 26
Llanfilo 26 K 28
Llanfoist 18 K 28
Llanfrynach 25 J 28
Llanfwrog 40 G 23
Llanfyllin 34 K 25
Llanfynydd *Carmarthenshire /*
Sir Gaerfyrddin 15 H 28
Llanfynydd *Flintshire /*
Sir y Fflint 34 K 24
Llanfyrnach 15 G 28
Llangadfan 33 J 25
Llangadog 25 I 28
Llangain 15 G 28
Llangammarch Wells 25 J 27
Llangarron 26 L 28
Llangathen 15 H 28
Llangedwyn 34 K 25
Llangefni 40 H 23
Llangeinor 17 J 29
Llangeitho 25 H 27
Llangeler 15 G 27
Llangenith 15 H 29
Llangennech 15 H 28
Llangernyw 33 I 24
Llangoed 40 H 23
Llangollen 34 K 25
Llangorse 26 K 28
Llangorwen 25 H 26
Llangrannog 15 G 27
Llangunllo 26 K 27
Llangunnor 15 H 28
Llangurig 25 J 26
Llangwm 33 J 25
Llangwn *Monmouthshire /*
Sir Fynwy 18 L 28
Llangwn *Pembrokeshire /*
Sir Benfro 16 F 28
Llangwnnadl 32 F 25
Llangwyryfon 25 H 27
Llangybi 15 H 27
Llangyndeyrn 15 H 28
Llangynidr 26 K 28
Llangynog *Carmarthenshire /*
Sir Gaerfyrddin 15 G 28
Llangynog *Powys* 33 J 25
Llangynwyd 17 J 29
Llangywer 33 J 25
Llanharan 17 J 29
Llanharry 17 J 29
Llanhilleth 18 K 28
Llanidloes 25 J 26
Llanilar 25 H 26
Llanishen 18 L 28
Llanllwchaiarn 26 K 26
Llanllyfni 32 H 24
Llanmadoc 15 H 29
Llannefydd 41 J 23
Llanon 25 H 27
Llanpumsaint 15 H 28
Llanrhaeadr 33 J 24
Llanrhaeadr-ym-
Mochnant 34 K 25
Llanrhidian 15 H 29
Llanrhystud 25 H 27
Llanrug 33 H 24
Llanrwst 33 I 24
Llansanffraid Glan Conwy 41 I 23
Llansannan 33 J 24
Llansantffraid 25 H 27
Llansantffraid-ym-Mechain 34 K 25
Llansawel 15 H 27
Llansilin 34 K 25
Llansoy 18 L 28
Llansteffan 15 G 28
Llanthony 26 K 28
Llanthony Priory 26 K 28
Llantilio Crossenny 18 L 28
Llantrisant 17 J 29
Llantwit Major 17 J 29
Llanuwchllyn 33 I 25
Llanvetherine 18 L 28
Llanwddyn 33 J 25
Llanwenog 15 H 27
Llanwnda 32 H 24
Llanwnen 15 H 27
Llanwnog 25 J 26
Llanwrda 25 I 28
Llanwrin 33 I 26
Llanwrtyd Wells 25 J 27
Llanwyddelan 33 J 26
Llanybydder 15 H 27
Llanychaer 24 F 28
Llanymawddwy 33 J 25
Llanymddyfri / Llandovery 25 I 28
Llanymynech 34 K 25
Llanynghenedl 40 G 23
Llanystumdwy 32 H 25
Llawhaden 15 F 28
Llechryd 15 G 27
Lledrod 25 I 27
Lleyn Peninsula 32 G 25
Llithfaen 32 G 25
Llowes 26 K 27
Llston 15 H 29
Llwyndafydd 24 G 27
Llwyngwril 33 H 25
Llwynmawr 34 K 25
Llyfnant Valley 33 I 26
Llyn Brianne 25 I 27
Llyn Celyn 33 I 25
Llyn Tegid or Bala Lake 33 J 25
Llyswen 26 K 27
Llysworney 17 J 29
Llywel 25 J 28
Loanhead 61 K 16
Lochailort 72 D 13
Lochaline 65 C 14
Lochans 52 E 19
Locharbriggs 53 J 18
Lochassynt Lodge 84 E 9
Lochawe 66 E 14
Lochay (Glen) 67 G 14
Lochboisdale 70 Y 12
Lochbuie 65 C 14
Lochcarron 78 D 11
Lochdonhead 65 C 14
Lochdrum 78 F 10
Lochearnhead 67 H 14
Locheport 76 Y 11
Locherben 61 J 18
Lochfoot 53 I 18
Lochgair 65 D 15
Lochgarthside 73 G 12
Lochgelly 68 K 15
Lochgilphead 65 D 15
Lochgoilhead 66 F 15
Lochinver 84 E 9
Lochluichart 78 F 11
Lochmaben 54 J 18
Lochmaddy 76 Y 11
Lochore 68 K 15
Lochportain 76 Y 11
Lochranza 59 E 16
Lochsie (Glen) 74 J 13
Lochstack 84 F 8
Lochton *Aberdeenshire* 75 M 12
Lochton *South Ayrshire* 52 F 18
Lochtyn / Ynys 15 G 27
Lochuisge 72 D 14
Lochwinnoch 60 G 16
Lochy (Loch) 72 F 13
Lockerbie 54 J 18
Lockerley 9 P 30
Locking 18 L 30
Loddington 28 R 26
Loddon 39 Y 26
Lode 30 U 27
Lodsworth 11 R 31
Lofthouse 49 O 21
Loftus 50 R 20
Logan Gardens 52 F 19
Loggerheads 35 M 25
Logie Coldstone 74 L 12
Logiealmond 67 I 14
Login 15 F 28
Lomond (Loch) 66 G 15
Londesborough 51 R 22
London 21 T 29
London Colney 21 T 28
Long (Loch) *Angus* 68 K 14
Long (Loch)
Argyll and Bute 66 F 15
Long Ashton 18 M 29
Long Bennington 36 R 25
Long Bredy 5 M 31
Long Buckby 28 Q 27
Long Clawson 36 R 25
Long Crendon 20 R 28
Long Eaton 36 Q 25
Long Hanborough 20 P 28
Long Itchington 28 P 27
Long Lawford 28 Q 26
Long Man (The) 12 U 31
Long Marston 50 Q 22
Long Marton 55 M 20
Long Melford 30 W 27
Long Mountain 34 K 26
Long Mynd (The) 26 L 26
Long Preston 49 N 21
Long Stratton 31 X 26
Long Sutton *Lincs.* 37 U 25
Long Sutton *Somerset* 8 L 30
Long Wittenham 20 Q 29
Longay 77 C 12
Longbenton 56 P 18
Longborough 27 O 28
Longbridge Deverill 9 N 30
Longburton 8 M 31
Longcot 19 P 29
Longdon 35 O 25
Longfield 22 U 29
Longford
Derbyshire Dales 35 O 25
Longford *Tewkesbury* 27 N 28
Longforgan 68 K 14
Longformacus 62 M 16
Longham 38 W 25
Longhirst 56 P 18
Longhorsley 56 O 18
Longhoughton 63 P 17
Longleat House 19 N 30
Longmanhil 81 M 11
Longnewton 50 P 20
Longney 19 M 28
Longniddry 69 L 16
Longnor 35 O 24
Longridge *Ribble Valley* 42 M 22
Longridge
South Staffordshire 35 N 25
Longridge *West Lothian* 61 I 16
Longside 81 O 11
Longstanton 29 U 27
Longton *South Ribble* 42 L 22
Longton *Stoke-on-Trent* 35 N 25
Longtown *Carlisle* 54 L 18
Longtown *Herefordshire* 26 L 28
Longwick 20 R 28
Longworth 20 P 28
Lonmore 77 A 11
Looe 3 G 32
Loose 22 V 30
Loppington 34 L 25
Lorn 65 E 14
Lorn (Firth of) 65 D 14
Lossiemouth 80 K 10
Lostwithiel 3 G 32
Lothbeg 85 I 9
Lothersdale 49 N 22
Lothmore 85 I 9
Loudwater 21 R 29
Loughborough 36 Q 25
Loughor (River) 17 H 29
Loughton 21 U 29
Louth 45 U 23
Lovington 8 M 30
Low Bradley 49 O 22
Low Crosby 55 L 19
Low Row *Carlisle* 55 M 19
Low Row *Richmondshire* 49 N 20
Low Street 39 Y 25
Lowca 53 J 20
Lowdham 36 Q 24
Lower Beeding 11 T 30
Lower Bentham 49 M 21
Lower Boddington 28 Q 27
Lower Broadheath 27 N 27
Lower Cam 19 M 28
Lower Diabaig 78 C 11
Lower Dounreay 85 I 8
Lower Dunsforth 50 Q 21
Lower Halstow 22 W 29
Lower Hardres 23 X 30
Lower Heyford 28 Q 28
Lower Killeyan 58 B 17
Lower Largo 69 L 15
Lower Mayland 22 W 28
Lower Peover 42 M 24
Lower Upham 10 Q 31
Lower-Whitley 42 M 24
Lowestoft 31 Z 26
Lowgill 49 M 21
Lowick
Berwick-upon-Tweed 63 O 17
Lowick
East Northamptonshire 29 S 26
Lowick Bridge 48 K 21
Lowther 55 L 20
Lowther Hills 61 J 18
Loxwood 11 S 30
Loyal (Loch) 84 G 8
Loyne (Loch) 72 E 12
Lùb Score 77 A 10
Lubcroy 84 F 10
Lubenham 28 R 26
Lubnaig (Loch) 67 H 15
Luccombe 17 J 30
Luce Bay 52 F 19
Lucker 63 O 17
Luddesdown 22 V 29
Ludford *East Lindsey* 45 T 23
Ludford *South Shropshire* 26 L 26
Ludgershall *Bucks* 20 Q 28
Ludgershall *Wilts.* 19 P 30
Ludgvan 2 D 33
Ludham 39 Y 25
Ludlow 26 L 26
Lugton 60 G 16
Luib *Highland* 77 B 12
Luib *Stirling* 67 G 14
Luichart (Loch) 78 F 11
Luing 65 D 15
Lullington 35 P 25
Lulsgate Bottom 18 L 29
Lulworth Cove 9 N 32
Lumphanan 75 L 12
Lumsden 80 L 12
Lunan 75 M 14
Lunanhead 74 L 14
Luncarty 68 J 14
Lund 51 S 22
Lundie 68 K 14
Lundie (Loch) 78 C 11
Lundin Links 69 L 15
Lundy 16 G 30
Lunning 87 Q 2
Lurgainn (Loch) 84 E 9
Lurgashall 11 S 30
Luskentyre 82 Z 10
Luss 66 G 15
Lusta 77 A 11
Lustleigh 4 I 32
Luston 26 L 27
Luthermuir 75 M 13
Luthrie 68 K 14
Luton 29 S 28
Luton Hoo 21 S 28
Lutterworth 28 Q 26
Lutton 37 U 25
Luxborough 7 J 30
Lybster 86 K 9
Lydbury North 26 L 26
Lydd 12 W 31
Lydd-on-Sea 12 W 31
Lydden 23 X 30
Lydeard-St. Lawrence 8 K 30
Lydford *Mendip* 8 M 30
Lydford *West Devon* 4 H 32
Lydham 26 L 26
Lydiard Millicent 19 O 29
Lydiard Park 19 O 29
Lydiate 42 L 23
Lydlinch 9 M 31

Lydney 18 M 28
Lydstep 15 F 29
Lyme Bay 5 L 32
Lyme Park 43 N 23
Lyme Regis 5 L 31
Lyminge 13 X 30
Lymington 10 P 31
Lymm 42 M 23
Lympne 13 X 30
Lympstone 4 J 32
Lyndhurst 10 P 31
Lyne 61 K 17
Lyneham *North Wiltshire* 19 O 29
Lyneham
West Oxfordshire 27 P 28
Lynemouth 56 P 18
Lyness 86 K 7
Lynmouth 17 I 30
Lynton 17 I 30
Lyon (Glen) 73 H 14
Lyonshall 26 L 27
Lytchett Matravers 9 N 31
Lytchett Minster 9 N 31
Lytes Cary 8 L 30
Lyth 86 K 8
Lytham 42 L 22
Lytham St. Anne's 42 K 22
Lythe 51 R 20

M

Maaruig 82 Z 10
Mabie 53 J 18
Mablethorpe 45 U 23
Macaskin (Island) 65 D 15
Macclesfield 43 N 24
Macduff 81 M 10
Machars (The) 52 G 19
Machen 18 K 29
Machir Bay 58 A 16
Machrihanish 58 C 17
Machrihanish Bay 58 C 17
Machynlleth 33 I 26
Madderty 67 I 14
Maddiston 67 I 16
Maddy (Loch) 76 Y 11
Madeley *Staffs* 35 M 24
Madeley
Telford and Wrekin 35 M 26
Madingley 29 U 27
Madron 2 D 33
Maenclochog 15 F 28
Maentwrog 33 I 25
Maerdy *Conwy* 33 J 25
Maerdy
Rhondda, Cynon, Taf 17 J 28
Maes Howe 86 K 7
Maesbrook 34 K 25
Maesteg 17 J 29
Maghull 42 L 23
Magor 18 L 29
Maiden Bradley 9 N 30
Maiden Castle 8 M 31
Maiden Newton 8 M 31
Maidenhead 20 R 29
Maidens 59 F 17
Maidford 28 Q 27
Maids Moreton 28 R 27
Maidstone 22 V 30
Maidwell 28 R 26
Mainland *Orkney Islands* 86 J 6
Mainland *Shetland Islands* 87 R 3
Mainstone 26 K 26
Maisemore 27 N 28
Malborough 4 I 33
Maldon 22 W 28
Malham 49 N 21
Mallaig 71 C 12
Mallory Park Circuit 36 P 26
Mallwyd 33 I 25
Malmesbury 19 N 29
Malpas 34 L 24
Maltby 44 Q 23
Maltby-le-Marsh 45 U 24
Malton 50 R 21
Malvern Wells 27 N 27
Mamble 26 M 26
Mamore Forest 72 F 13
Man (Isle of) 46 G 21
Manaccan 2 E 33
Manaton 4 I 32
Manchester 43 N 23
Manderston 62 N 16
Manea 29 U 26
Mangersta 82 Y 9
Mangotsfield 18 M 29
Manish 76 Z 10
Manningford Bruce 19 O 30
Mannings Heath 11 T 30
Manningtree 31 X 28
Manorbier 15 F 29
Mansfield 36 Q 24
Mansfield Woodhouse 36 Q 24
Manstone 9 N 31
Manton 36 R 26
Manuden 30 U 28
Maplebeck 36 R 24
Mapledurham 20 Q 29
Mappleton 45 T 22
Mappowder 9 M 31
Mar (Forest of) 74 J 12
Marazion 2 D 33
March 37 U 26
Marcham 20 P 29
Marchington 35 O 25
Marchwood 10 P 31
Marden 22 V 30
Maree (Loch) 78 D 10
Mareham-le-Fen 37 T 24
Maresfield 11 U 31
Margam 17 I 29
Margaretting 22 V 28
Margate 23 Y 29
Margnaheglish 59 E 17
Marham 38 V 26
Marhamchurch 6 G 31
Marholm 37 T 26
Marian-Glas 40 H 22
Marishader 77 B 11
Mark *Sedgemoor* 18 L 30
Mark *South Ayrshire* 52 E 18
Market Bosworth 36 P 26
Market Deeping 37 T 25
Market Drayton 34 M 25
Market Harborough 28 R 26
Market Lavington 19 O 30
Market Overton 36 R 25
Market Rasen 45 T 23
Market Weighton 44 S 22
Markfield 36 Q 25
Markinch 68 K 15
Marks Tey 30 W 28
Marksbury 18 M 29
Markyate 21 S 28
Marlborough 19 O 29
Marldon 4 J 32
Marlesford 31 Y 27
Marloes 14 E 28
Marlow 20 R 29
Marnhull 9 N 31
Marple 43 N 23
Marros 15 G 28
Marsden 43 O 23
Marsett 49 N 21
Marsh Gibbon 28 Q 28
Marsham 39 X 25
Marshaw 48 M 22
Marshchapel 45 U 23
Marshfield
Casnewydd / Newport 18 K 29
Marshfield
South Gloucestershire 19 N 29
Marshwood 8 L 31
Marske 49 O 20
Marske-by-the-Sea 57 Q 20
Marstch 20 Q 28
Marston 37 R 25
Marston Magna 8 M 31
Marston Moretaine 29 S 27
Martham 39 Y 25
Martin *New Forest* 9 O 31
Martin *North Kesteven* 37 T 24
Martin (Isle) 84 E 10
Martin Mill 23 Y 30
Martindale 48 L 20
Martinstown 5 M 31
Martlesham 31 X 27
Martletwy 15 F 28
Martley 27 M 27
Martock 8 L 31
Marton *Harrogate* 50 P 21
Marton *Macclesfield* 35 N 24
Marvig 82 A 9
Marwell Zoological Park 10 Q 31
Mary Arden's House 27 O 27
Mary Tavy 4 H 32
Marybank 79 G 11
Maryburgh 79 G 11
Maryculter 75 N 12
Maryfield 87 Q 3
Marykirk 75 M 13
Marypark 80 J 11
Maryport *Allerdale* 53 J 19
Maryport
Dumfries and Galloway 52 F 19
Marywell *Aberdeenshire* 75 L 12
Marywell *Angus* 69 M 14
Masham 49 P 21
Matching Green 22 U 28
Mathry 14 E 28
Matlock 36 P 24
Matlock Bath 35 P 24
Mattersey 44 R 23
Mattingley 20 R 30
Mattishall 38 X 26
Mauchline 60 G 17
Maud 81 N 11
Maughold 46 H 21
Maughold Head 46 H 21
Mawbray 54 J 19
Mawnan 2 E 33
Maxstoke 27 P 26
Maxton 62 M 17
Maybole 60 F 17
Mayfield *East Sussex* 12 U 30
Mayfield *Staffs* 35 O 24
Mc Arthur's Head 58 B 16
Meadie (Loch) 84 G 9
Meal Bank 48 L 20
Mealsgate 54 K 19
Meare 8 L 30
Measach (Falls of) 78 E 10
Measham 36 P 25
Meavaig 82 Z 10
Meavy 4 H 32
Medbourne 28 R 26
Medmenham 20 R 29
Medstead 10 Q 30
Medway (River) 22 W 29
Meidrim 15 G 28
Meifod 34 K 25
Meigle 68 K 14
Meikleour 68 J 14
Melbost 83 B 9
Melbourn 29 U 27
Melbourne
East Riding of Yorkshire 44 R 22
Melbourne
South Derbyshire 36 P 25
Melbury Osmond 8 M 31
Meldon 56 O 18
Melfort 65 D 15
Melgarve 73 G 12
Melksham 19 N 29
Melldalloch 65 E 16
Mellerstain 62 M 17
Melling 48 M 21
Mellon Charles 78 D 10
Mellon Udrigle 78 D 10
Mells 19 M 30
Melmerby *Eden* 55 M 19
Melmerby *Harrogate* 50 P 21
Melrose 62 L 17
Meltham 43 O 23
Melton 31 X 27
Melton Mowbray 36 R 25
Melvaig 77 C 10
Melvich 85 I 8
Memsie 81 N 11
Menai Bridge /
Porthaethwy 40 H 23
Menai Strait 33 H 24
Mendip Hills 18 L 30
Mendlesham 31 X 27
Menheniot 3 G 32
Mennock 61 I 17
Menston 43 O 22
Menstrie 67 I 15
Menteith Hills 67 H 15
Mentmore 29 R 28
Meonstoke 10 Q 31
Meopham 22 V 29
Mepal 29 U 26
Mere *Cheshire* 42 M 24
Mere *Wilts* 9 N 30
Mereworth 22 V 30
Meriden 27 P 26
Merkland Lodge 84 F 9
Mermaid Inn 32 H 24
Merrick 52 G 18
Merriott 8 L 31
Merrylaw 62 K 18
Mersey (River) 42 M 23
Merthyr Cynog 25 J 27
Merthyr Tydfil 17 J 28
Merton *Cherwell* 20 Q 28
Merton *Devon* 7 H 31
Merton *London Borough* 21 T 29
Meshaw 7 I 31
Messing 30 W 28
Messingham 44 S 23
Metfield 31 Y 26
Metheringham 37 S 24
Methil 69 K 15
Methlick 81 N 11
Methven 68 J 14
Methwold 38 V 26
Mevagissey 3 F 33
Mexborough 44 Q 23
Mhór (Loch) 73 G 12
Miavaig 82 Z 9
Michaelchurch Escley 26 L 27
Michaelstow 3 F 32
Micheldever 10 Q 30
Michelham Priory 12 U 31
Micklefield 44 Q 22
Mickleover 36 P 25
Mickleton *Cotswold* 27 O 27
Mickleton *Teesdale* 55 N 20
Mid Ardlaw 81 N 10
Mid Calder 61 J 16
Mid Lavant 10 R 31
Mid Sannox 59 E 17
Mid Yell 87 Q 2
Midbea 86 L 6
Middle Barton 28 P 28
Middle Rasen 45 S 23
Middle Tysoe 28 P 27
Middle Wallop 9 P 30
Middle Woodford 9 O 30
Middlebie 54 K 18
Middleham 49 O 21
Middlesbrough 57 Q 20
Middlestown 43 P 23
Middleton *Argyll and Bute* 64 Z 14
Middleton
Berwick-upon-Tweed 63 O 17
Middleton *Bradford* 49 O 22
Middleton *Gtr. Mches* 43 N 23
Middleton Cheney 28 Q 27
Middleton-in-Teesdale 55 N 20
Middleton-on-Sea 11 S 31
Middleton on the Wolds 51 S 22
Middleton St. George 50 P 20
Middleton Tyas 49 P 20
Middletown *Powys* 34 K 25
Middlewich 35 M 24
Midgeholme 55 M 19
Midhurst 10 R 31
Midlem 62 L 17
Midsomer Norton 18 M 30
Midtown 78 C 10
Miefield 53 H 19
Migdale (Loch) 79 H 10
Milborne Port 8 M 31
Milborne St. Andrew 9 N 31
Milbourne 56 O 18
Milburn 55 M 20
Mildenhall *Forest Heath* 30 V 26
Mildenhall *Kennet* 19 O 29
Mile End 30 W 28
Milfield 63 N 17
Milford 11 S 30
Milford Haven /
Aberdaugleddau 14 E 28
Milford-on-Sea 9 P 31
Milland 10 R 30
Millbrook 3 H 32
Millhouse 59 E 16
Millmeece 35 N 25
Millom 47 K 21
Millport 59 F 16
Milltown
Dumfries and Galloway 54 K 18
Milltown *Highland* 78 F 11
Milltown *Moray* 80 L 11
Milnathort 68 J 15
Milngavie 67 H 16
Milnrow 43 N 23
Milnthorpe 48 L 21
Milovaig 76 Z 11
Milton 79 H 10
Milton *Cambs* 29 U 27
Milton *Carlisle* 55 L 19
Milton *Dumfries* 53 I 18
Milton *Highland* 79 G 11
Milton *Stranraer* 52 F 19
Milton Abbas 9 N 31
Milton Abbot 3 H 32
Milton Bryan 29 S 28
Milton Ernest 29 S 27
Milton Keynes 28 R 27
Milton Libourne 19 O 29
Milton of Campsie 67 H 16
Milton of Cushnie 75 L 12
Milton-on-Stour 9 N 30
Miltonduff 80 J 11
Miltown of Edinvillie 80 K 11
Milverton 8 K 30
Milwich 35 N 25
Minard 65 E 15
Minch (The) 83 C 9
Minehead 17 J 30
Minety 19 O 29
Mingary 76 X 12
Minginish 77 B 12
Mingulay 70 X 13
Minnigaff 52 G 19
Minster *near Sheerness* 22 W 29
Minster *near Ramsgate* 23 X 29
Minsterley 34 L 26
Minsterworth 19 N 28
Minterne Magna 8 M 31
Minting 45 T 24
Mintlaw 81 O 11
Minto 62 L 17
Mirfield 43 O 22
Miserden 19 N 28
Misson 44 R 23
Misterton *Notts* 44 R 23
Misterton *Somerset* 8 L 31
Mistley 31 X 28
Mitcheldean 26 M 28
Mitchell 2 E 32
Mitford 56 O 18
Mitcham 21 T 29
Mithian 2 E 33
Moaness 86 K 7
Mochdre 41 I 23
Mochrum 52 G 19
Modbury 4 I 32
Moelfre 40 H 22
Moffat 61 J 17
Moidart 72 C 13
Moira 36 P 25
Mol-Chlach 71 B 12
Mold / Yr Wyddgrug 34 K 24
Molland 7 I 30
Monach Islands 76 W 11
Monadhliath Mountains 73 H 12
Monar (Loch) 78 E 11
Monar Lodge 78 F 11
Monaughty Forest 80 J 11
Moneydie 68 J 14
Moniaive 53 I 18
Monifieth 69 L 14
Monikie 69 L 14
Monk Fryston 44 Q 22
Monkland 26 L 27
Monkokehampton 7 H 31
Monks Eleigh 30 W 27
Monksilver 7 K 30
Monkton 60 G 17
Monmouth / Trefynwy 18 L 28
Monreith 52 G 19
Montacute 8 L 31
Montgarrie 75 L 12
Montgomery / Trefaldwyn 34 K 26
Montrose 75 M 13
Monyash 35 O 24
Monymusk 75 M 12
Monzie 67 I 14
Moonen Bay 76 Z 11
Moor Monkton 50 Q 21
Moorends 44 R 23
Moorfoot Hills 61 K 16
Moors (The) 52 F 19
Moortown 45 S 23
Morar 71 C 13
Moray Firth 79 H 11
Morchard Bishop 7 I 31
Morcott 37 S 26
Morden 9 N 31
Mordiford 26 M 27
More (Glen) 65 C 14
More (Loch) *near Kinloch* 84 F 9
More (Loch)
near Westerdale 85 J 8
Morebath 7 J 30
Morebattle 62 M 17
Morecambe 48 L 21
Morecambe Bay 48 L 21
Moresby 53 J 20
Moreton *Epping Forest* 22 U 28
Moreton *Purbeck* 9 N 31
Moreton-in-Marsh 27 O 28
Moreton-on-lugg 26 L 27
Moreton Say 34 M 25
Moretonhampstead 4 I 32
Morfa Nefyn 32 G 25
Moricambe Bay 54 K 19
Morie (Loch) 79 G 10
Moriston (Glen) 72 F 12
Morland 55 M 20
Morley 43 P 22
Morlich (Loch) 74 I 12
Morpeth 56 O 18
Morriston 17 I 29
Morte Bay 6 H 30
Mortehoe 16 H 30
Mortimer 20 Q 29
Morton *near Bourne* 37 S 25
Morton
near Gainsborough 44 R 23
Morton
North East Derbyshire 36 P 24
Morton on Swale 50 P 21
Morval 3 G 32
Morven 85 I 9
Morvern 71 C 14
Morvich 72 D 12
Morville 34 M 26
Morwelham 3 H 32
Morwenstow 6 G 31
Mosborough 43 P 24
Moss Bank 42 L 23
Mossdale 53 H 18
Mossend 60 H 16
Mossley 43 N 23
Mosstodloch 80 K 11
Mostyn 41 K 23
Motherwell 61 I 16
Moulin 74 I 13
Moulton *Forest Heath* 30 V 27
Moulton *Lincs* 37 T 25
Moulton *Northants* 28 R 27
Moulton Chapel 37 T 25
Mount Pleasant 9 P 31
Mountain Ash /
Aberpennar 17 J 28
Mount's Bay 2 D 33
Mountsorrel 36 Q 25
Mousa 87 Q 4
Mousehole 2 D 33
Mouswald 54 J 18
Mow Cop 35 N 24
Mowtie 75 N 13
Moy 79 H 11
Muasdale 59 C 17
Much Dewchurch 26 L 28
Much Hadham 29 U 28
Much Hoole 42 L 22
Much Marcle 26 M 28
Much Wenlock 34 M 26
Muchalls 75 N 12
Muchelney 8 L 30
Muchrachd 78 F 11
Muck 71 B 13
Muckle Roe 87 P 2
Mucklestone 35 M 25
Muddiford 7 H 30
Mudford 8 M 31
Mugeary 77 B 11
Muick (Loch) 74 K 13
Muie 85 H 9
Muir of Fowlis 75 L 12
Muir of Ord 79 G 11
Muirdrum 69 L 14
Muirhead 60 H 16
Muirkirk 60 H 17
Muirshearlich 72 E 13
Muker 49 N 20
Mulbarton 39 X 26
Mulben 80 K 11
Muldoanich 70 X 13
Mull (Isle of) 64 B 14
Mull (Sound of) 71 C 14
Mull of Galloway 52 F 20
Mull of Oa 58 A 17
Mullardoch (Loch) 78 E 12
Mullardoch House 78 F 11
Mullion 2 E 33
Mumbles (The) 15 H 29
Mumby 45 U 24
Mundesley 39 Y 25
Mundford 30 V 26
Mundham 10 R 31
Munlochy 79 H 11
Munlochy Bay 79 H 11
Munslow 26 L 26
Murlaggan 72 E 13
Murrayfield 68 K 16
Mursley 28 R 28
Murton *Easington* 57 P 19
Murton *Eden* 55 M 20
Musbury 5 K 31
Musselburgh 68 K 16
Muston 51 T 21
Muthill 67 I 15
Mwnt 15 G 27
Mybster 85 J 8
Myddfai 25 I 28
Myddle 34 L 25

Mydroilyn 15 H 27
Mynach Falls 25 I 26
Mynachlog-ddu 15 F 28
Mynydd Eppynt 25 J 27
Mynydd Mawr 32 F 25
Mynydd Preseli 15 F 28
Myrelandhorn 86 K 8
Mytchett 21 R 30
Mytholmroyd 43 O 22

N

Na Cùiltean 58 C 16
Naburn 50 Q 22
Nacton 31 X 27
Nafferton 51 S 21
Nailsea 18 L 29
Nailstone 36 P 26
Nailsworth 19 N 28
Nairn 79 I 11
Nant (Loch) 65 E 14
Nant-y-Moch Reservoir 25 I 26
Nant-y-moel 17 J 29
Nantgwynant Valley 33 H 24
Nantwich 34 M 24
Nantyglo 18 K 28
Napton 28 Q 27
Narberth / Arberth 15 F 28
Narborough *Blaby* 36 Q 26
Narborough *Breckland* 38 V 25
Naseby 28 R 26
Nash Point 17 J 29
Nassington 37 S 26
Nateby 49 M 20
National Exhibition Centre 27 O 26
National Motor Museum 10 P 31
Naunton 27 O 28
Navenby 37 S 24
Naver (Loch) 84 G 9
Nayland 30 W 28
Naze (The) 31 X 28
Neap 87 Q 3
Neath / Castell-nedd 17 I 29
Neath (River) 17 I 28
Nebo 33 I 24
Necton 38 W 26
Needham Market 31 X 27
Needingworth 29 T 27
Needles (The) 10 P 32
Nefyn 32 G 25
Neidpath Castle 61 K 17
Neilston 60 G 16
Neist Point 76 Z 11
Nelson
Caerffili / Caerphilly 18 K 29
Nelson *Pendle* 43 N 22
Nene (River) 37 T 26
Nenthead 55 M 19
Nercwys 34 K 24
Nereabolls 58 A 16
Ness 83 B 8
Ness (Loch) 73 G 12
Nesscliffe 34 L 25
Nestley Marsh 10 P 31
Neston 42 K 24
Nether Broughton 36 R 25
Nether Kellet 48 L 21
Nether Langwith 44 Q 24
Nether Stowey 8 K 30
Nether Wasdale 47 J 20
Nether Whitecleuch 61 I 17
Netheravon 19 O 30
Netherbrae 81 M 11
Netherbury 8 L 31
Netherend 18 M 28
Netherhampton 9 O 30
Nethermill 54 J 18
Netherthong 43 O 23
Netherton 63 N 17
Nethertown 86 K 7
Netherwitton 56 O 18
Nethy Bridge 74 J 12
Netley 10 P 31
Nettlebed 20 R 29
Nettleham 44 S 24
Nettleton 45 T 23
Nevern 15 F 27
Nevis (Glen) 72 E 13
Nevis (Loch) 72 C 12
New Abbey 53 J 19
New Aberdour 81 N 11
New Alresford 10 Q 30
New Buckenham 31 X 26
New Byth 81 N 11
New Clipstone 36 Q 24
New Cumnock 60 H 17
New Deer 81 N 11
New Edlington 44 Q 23
New Forest National Park 9 P 31
New Galloway 53 H 18
New Holland 45 S 22
New Hythe 22 V 30
New Leeds 81 N 11
New Luce 52 F 19
New Marske 57 Q 20
New Mills 43 O 23
New Mills *Powys* 33 K 26
New Milton 9 P 31
New Pitsligo 81 N 11
New Quay / Ceinewydd 24 G 27
New Rackheat 39 Y 26
New Radnor 26 K 27
New Romney 12 W 31
New Rossington 44 Q 23
New Sauchie 67 I 15
New Scone 68 J 14
New Silksworth 57 P 19
New Tredegar 18 K 28
New Waltham 45 T 23
Newark-on-Trent 36 R 24
Newbiggin *Eden* 55 L 19
Newbiggin *Teesdale* 55 N 20
Newbiggin-by-the-Sea 56 P 18
Newbigging *Angus* 69 L 14
Newbigging
South Lanarkshire 61 J 16
Newbold Verdon 36 P 26
Newborough
East Staffordshire 35 O 25
Newborough
Isle of Anglesey 32 G 24
Newbridge *Caerffili /*
Caerphilly 18 K 29
Newbridge *Isle of Wight* 10 P 31
Newbridge-on-Wye 25 J 27
Newbrough 55 N 18
Newburgh *Aberdeenshire* 81 N 12
Newburgh *Fife* 68 K 14
Newburgh *Lancashire* 42 L 23
Newburn 56 O 19
Newbury 20 Q 29
Newby Bridge 48 L 21
Newby Hall 50 P 21
Newcastle *Monmouthshire /*
Sir Fynwy 18 L 28
Newcastle
South Shropshire 26 K 26
Newcastle Emlyn /
Castell Newydd Emlyn 15 G 27
Newcastle-under-Lyme 35 N 24
Newcastle-upon-Tyne 56 P 19
Newcastle-upon-Tyne
Airport 56 O 18
Newcastleton 55 L 18
Newchapel 15 G 27
Newchurch *Carmarthenshire /*
Sir Gaerfyrddin 15 G 28
Newchurch *Isle of Wight* 10 Q 32
Newchurch *Powys* 26 K 27
Newchurch *Shepway* 12 W 30
Newdigate 11 T 30
Newent 27 M 28
Newgale 14 E 28
Newhall 34 M 24
Newham *Isle of Wight* 63 O 17
Newham *London Borough* 21 U 29
Newhaven 11 U 31
Newick 11 U 31
Newington 22 V 29
Newland 18 M 28
Newlyn 2 D 33
Newmachar 75 N 12
Newmains 61 I 16
Newmarket *Isle of Lewis* 82 A 9
Newmarket *Suffolk* 30 V 27
Newmill *Moray* 80 L 11
Newmill *Scottish Borders* 62 L 17
Newmilns 60 G 17
Newnham *Daventry* 28 Q 27
Newnham *Glos.* 18 M 28
Newnham *Kent* 22 W 30
Newnham *Bridge* 26 M 27
Newport *Essex* 30 U 28
Newport *I.O.W.* 10 Q 31
Newport *Pembrokes* 15 F 27
Newport *Stroud* 19 M 28
Newport
Telford and Wrekin 35 M 25
Newport /
Casnewydd *Newport* 18 L 29
Newport-on-Tay 69 L 14
Newport Pagnell 28 R 27
Newquay 2 E 32
Newsham 49 O 20
Newstead 36 Q 24
Newstead Abbey 36 Q 24
Newton *Aberdeenshire* 81 O 11
Newton *Argyll and Bute* 65 E 15
Newton *Babergh* 30 W 27
Newton *Moray* 80 J 11
Newton *Ribble Valley* 49 M 22
Newton *Rushcliffe* 36 R 25
Newton Abbot 4 J 32
Newton Arlosh 54 K 19
Newton-Aycliffe 56 P 20
Newton Ferrers 4 H 33
Newton Flotman 39 X 26
Newton-le-Willows 42 M 23
Newton Longville 28 R 28
Newton Mearns 60 H 16
Newton-on-Rawcliffe 50 R 21
Newton-on-Trent 44 R 24
Newton Poppleford 5 K 31
Newton Reigny 55 L 19
Newton St. Cyres 7 J 31
Newton Stewart 52 G 19
Newton Tracey 7 H 30
Newton Wamphray 54 J 18
Newtongrange 61 K 16
Newtonhill 75 N 12
Newtonmore 73 H 12
Newtown *Cheshire* 43 N 23
Newtown *Heref.* 26 M 27
Newtown *Highland* 73 F 12
Newtown *Isle of Man* 46 G 21
Newtown /
Drenewydd *Powys* 26 K 26
Newtown Linford 36 Q 25
Newtown St. Boswells 62 L 17
Newtyle 68 K 14
Neyland 16 F 28
Nicholaston 15 H 29
Nigg 79 H 10
Nigg Bay 79 H 10
Nine Ladies 35 P 24
Ninebanks 55 M 19
Ninfield 12 V 31
Nisbet 62 M 17
Nith (River) 53 J 19
Niths 61 I 18
Niton 10 Q 32
Nocton 37 S 24
Nolton 14 E 28
Nordelph 38 U 26
Norfolk Broads 39 Y 25
Norham 63 N 16
Normanby 50 R 21
Normandy 21 S 30
Normanton 43 P 22
Normanton-on-the-Wolds 36 Q 25
North Baddesley 10 P 31
North Ballachulish 72 E 13
North Berwick 69 L 15
North Bovey 4 I 32
North Bradley 19 N 30
North Brentor 4 H 32
North Cadbury 8 M 30
North Cave 44 S 22
North-Cerney 19 O 28
North-Charlton 63 O 17
North Cliffe 44 R 22
North Cowton 50 P 20
North Crawley 29 S 27
North Creake 38 W 25
North Curry 8 L 30
North Dalton 51 S 22
North Deighton 50 P 22
North Erradale 77 C 10
North Esk (Riv.) 75 L 13
North Fearns 77 B 11
North Foreland 23 Y 29
North Frodingham 51 T 22
North Grimston 51 R 21
North Harris 82 Z 10
North Hill 3 G 32
North Hinksey 20 Q 28
North Holmwood 21 T 30
North Hykeham 37 S 24
North Kelsey 45 S 23
North Kessock 79 H 11
North Kyme 37 T 24
North Leigh 20 P 28
North-Molton 7 I 30
North Morar 72 C 13
North Newbald 44 S 22
North Nibley 19 M 29
North Otterington 50 P 21
North Petherton 8 K 30
North Petherwin 6 G 31
North Rigton 50 P 22
North Ronaldsay 87 M 5
North-Scarle 36 R 24
North-Shian 65 D 14
North Shields 56 P 18
North Shore 42 K 22
North Somercotes 45 U 23
North Sound (The) 87 L 6
North Stainley 50 P 21
North Stainmore 49 N 20
North Sunderland 63 P 17
North Tamerton 6 G 31
North-Tawton 7 I 31
North Thoresby 45 T 23
North Tidworth 19 P 30
North Uist 76 X 11
North Walsham 39 Y 25
North Warnborough 20 R 30
North Water Bridge 75 M 13
North Weald Bassett 22 U 28
North Wootton 38 V 25
North York Moors
National Park 50 R 20
Northallerton 50 P 20
Northam 6 H 30
Northampton 28 R 27
Northaw 21 T 28
Northchapel 11 S 30
Northchurch 21 S 28
Northfleet 22 V 29
Northiam 12 V 31
Northleach 19 O 28
Northleigh 5 K 31
Northlew 7 H 31
Northop 34 K 24
Northrepps 39 Y 25
Northstowe 29 U 27
Northton 76 Y 10
Northumberland
National Park 63 N 18
Northwich 42 M 24
Northwold 38 V 26
Northwood 34 L 25
Norton *Daventry* 28 Q 27
Norton *Doncaster* 44 Q 23
Norton *Ryedale* 50 R 21
Norton *Tewkesbury* 27 N 28
Norton Disney 36 R 24
Norton Fitzwarren 8 K 30
Norton in Hales 35 M 25
Norton St. Philip 19 N 30
Norwich 39 X 26
Norwick 87 R 1
Noss (Isle of) 87 Q 3
Noss Head 86 K 8
Nottingham 36 Q 25
Nuffield 20 Q 29
Nunburnholme 51 R 22
Nuneaton 28 P 26
Nuneham Courtenay 20 Q 28
Nunney 19 M 30
Nunthorpe 50 Q 20
Nunton 76 X 11
Nutley 11 U 30
Nympsfield 19 N 28

O

Oa (The) 58 B 17
Oadby 36 Q 26
Oakamoor 35 O 24
Oakdale 18 K 28
Oakengates 35 M 25
Oakford 7 J 31
Oakham 36 R 25
Oakhill 18 M 30
Oakington 29 U 27
Oakley *Aylesbury Vale* 20 Q 28
Oakley *Bedfordshire* 29 S 27
Oakley *Fife* 68 J 15
Oaksey 19 N 29
Oakworth 43 O 22
Oare *Kennet* 19 O 29
Oare *Swale* 22 W 30
Oare *West Somerset* 17 I 30
Oathlaw 74 L 13
Oban 65 D 14
Occold 31 X 27
Ochil Hills 68 I 15
Ochiltree 60 G 17
Ockbrook 36 P 25
Ockle 71 C 13
Ockley 11 S 30
Odiham 20 R 30
Odland 18 M 29
Odstock 9 O 30
Offa's Dyke Path 26 K 26
Offord Cluny 29 T 27
Ogbourne St. Andrew 19 O 29
Ogbourne St. George 19 O 29
Ogil 74 L 13
Ogle 56 O 18
Ogmore-by-Sea 17 J 29
Ogmore Vale 17 J 29
Oich (Loch) 73 F 12
Oidhche (Loch na h-) 78 D 11
Oigh-Sgeir 71 Z 13
Okeford Fitzpaine 9 N 31
Okehampton 4 H 31
Old Alresford 10 Q 30
Old Bolingbroke 37 U 24
Old Burghclere 20 Q 30
Old Castleton 55 L 18
Old Colwyn 41 I 23
Old Dailly 59 F 18
Old Deer 81 N 11
Old Fletton 37 T 26
Old Harry Rocks 9 O 32
Old Head 87 L 7
Old Hurst 29 T 26
Old Hutton 48 L 21
Old Kilpatrick 67 G 16
Old Knebworth 29 T 28
Old Leake 37 U 24
Old Man of Hoy 86 J 7
Old Man of Storr 77 B 11
Old Radnor 26 K 27
Old Rayne 81 M 11
Old' Sarum 9 O 30
Old Sodbury 19 M 29
Old Somerby 37 S 25
Old Warden 29 S 27
Old Windsor 21 S 29
Oldany Island 84 E 9
Oldbury 27 N 26
Oldbury on Severn 18 M 29
Oldcotes 44 Q 23
Oldham 43 N 23
Oldhamstocks 69 M 16
Oldmeldrum 81 N 11
Oldshoremore 84 E 8
Olgrinmore 85 J 8
Ollaberry 87 P 2
Ollach 77 B 11
Ollay (Loch) 76 X 12
Ollerton *Macclesfield* 42 M 24
Ollerton
Newark and Sherwood 36 Q 24
Olney 28 R 27
Olveston 18 M 29
Ombersley 27 N 27
Once Brewed 55 M 19
Onchan 46 G 21
Onecote 35 O 24
Onich 72 E 13
Onllwyn 17 I 28
Opinan 83 D 10
Orchy (Glen) 66 F 14
Ord 71 C 12
Ordie 74 L 12
Orford 31 Y 27
Orford Ness 31 Y 27
Orkney Islands 87
Orleton 26 L 27
Ormesby 50 Q 20
Ormesby St. Margaret 39 Z 25
Ormiston 62 L 16
Ormskirk 42 L 23
Oronsay 64 B 15
Orosay *near Fuday* 70 X 12
Orosay *near Lochboisdale* 70 X 12
Orphir 86 K 7
Orrin (Glen) 78 F 11
Orrin Reservoir 78 F 11
Orsay 58 A 16
Orsett 22 V 29
Orston 36 R 25
Orton 48 M 20
Orwell 29 T 27
Orwell (River) 31 X 28
Osborne House 10 Q 31
Osdale 77 A 11
Osgaig (Loch) 83 E 9
Osgodby 45 S 23
Oskaig 77 B 11
Osmington 9 M 32
Ossett 43 P 22
Ossington 36 R 24
Oswaldtwistle 42 M 22
Oswestry 34 K 25
Otford 22 U 30
Othery 8 L 30
Otley *Suffolk* 31 X 27
Otley *West Yorks* 49 O 22
Otterbourne 10 P 30
Otterburn 55 N 18
Otternish 76 Y 10
Otterswick 87 Q 2
Otterton 5 K 32
Ottery St. Mary 5 K 31
Ottringham 45 T 22
Oulton Broad 39 Z 26
Oulton Park Circuit 34 M 24
Oundle 29 S 26
Ouse (River)
English Channel 11 T 30
Ouse (River) *North Sea* 50 Q 21
Out-Rawcliffe 42 L 22
Out Skerries 87 R 2
Outer Hebrides 82 Y 9
Outhgill 49 M 20
Outwell 38 U 26
Over 29 U 27
Over Compton 8 M 31
Overseal 35 P 25
Overstrand 39 Y 25
Overton *Hants.* 20 Q 30
Overton *Lancs.* 48 L 21
Overton *Wrexham* 34 L 25
Overtown 61 I 16
Ower 10 P 31
Owermoigne 9 N 32
Owlswick 20 R 28
Owslebury 10 Q 30
Owston 36 R 26
Owston Ferry 44 R 23
Oxburgh Hall 38 V 26
Oxen Park 48 K 21
Oxenhope 43 O 22
Oxford 20 Q 28
Oxnam 62 M 17
Oxted 21 T 30
Oxton
Newark and Sherwood 36 Q 24
Oxton *Scottish Borders* 62 L 16
Oxwich 15 H 29
Oxwich Bay 15 H 29
Oykel (Glen) 84 F 9
Oykel Bridge 84 F 10
Oyne 81 M 12

P

Pabay 77 C 12
Pabbay *near Harris* 76 Y 10
Pabbay *near Mingulay* 70 X 13
Pabbay (Sound of) 76 Y 10
Packington 36 P 25
Padbury 28 R 28
Paddock Wood 22 V 30
Paddockhole 54 K 18
Padiham 42 N 22
Padstow 3 F 32
Pagham 10 R 31
Paignton 4 J 32
Pailton 28 Q 26
Painscastle 26 K 27
Painswick 19 N 28
Paisley 60 G 16
Pakefield 31 Z 26
Palnackie 53 I 19
Pamber End 20 Q 30
Pandy
Monmouthshire / Sir Fynwy 26 L 28
Pandy *Powys* 33 J 26
Pangbourne 20 Q 29
Pant 34 K 25
Pantymenyn 15 F 28
Papa Stour 87 O 3
Papa Westray 87 L 5
Papplewick 36 Q 24
Paps of Jura 65 B 16
Papworth Everard 29 T 27
Parbh (The) 84 F 8
Parbold 42 L 23
Parc Cefn Onn 18 K 29
Parham House 11 S 31
Park Gate 10 Q 31
Park of Pairc 82 A 9
Parkeston 31 X 28
Parkgate 53 J 18
Parkhurst 10 Q 31
Parnham House 8 L 31
Parracombe 17 I 30
Parrett (River) 8 K 30
Parson Drove 37 U 26
Partney 37 U 24
Parton *Copeland* 54 J 20
Parton
Dumfries and Galloway 53 H 18
Partridge Green 11 T 31
Parwich 35 O 24
Patchway 18 M 29
Pateley Bridge 49 O 21
Path of Condie 68 J 15
Pathhead 62 L 16

Patna 60 G 17
Patrick 46 F 21
Patrington 45 T 22
Patrixbourne 23 X 30
Patterdale 48 L 20
Pattingham 35 N 26
Pattishall 28 Q 27
Paulerspury 28 R 27
Paull 45 T 22
Paulton 18 M 30
Paxton 63 N 16
Peacehaven 11 T 31
Peak District
National Park 43 O 23
Pearsie 74 K 13
Peasedown St. John 19 M 30
Peasemore 20 P 29
Peasenhall 31 Y 27
Peaslake 21 S 30
Peasmarsh 12 W 31
Peat Inn 69 L 15
Peatknowe 81 M 11
Pebmarsh 30 W 28
Pebworth 27 O 27
Peebles 61 K 17
Peel 46 F 21
Peel Fell 62 M 18
Pegswood 56 P 18
Pegwell Bay 23 Y 30
Peinchorran 77 B 12
Peldon 22 W 28
Pelton 56 P 19
Pelynt 3 G 32
Pembrey 15 H 28
Pembridge 26 L 27
Pembroke / Penfro 16 F 28
Pembroke Dock /
Doc Penfro 16 F 28
Pembrokeshire Coast
National Park 15 F 29
Pembury 12 V 30
Pen-y-bont / Bridgend 17 J 29
Pen-y-groes 32 H 24
Penalun 15 F 29
Penarth 18 K 29
Pencader 15 H 27
Pencaitland 62 L 16
Pencarrow 3 F 32
Penclawdd 15 H 29
Pencombe 26 M 27
Penderyn 17 J 28
Pendine 15 G 28
Pendine Sands 15 G 28
Pendlebury 42 N 23
Pendoylan 17 J 29
Penelewey 2 E 33
Penfro / Pembroke 16 F 28
Pengethley 26 M 28
Penhow 18 L 29
Penicuik 61 K 16
Penifiler 77 B 11
Peninver 59 D 17
Penistone 43 P 23
Penketh 42 L 23
Penkridge 35 N 25
Penley 34 L 25
Penmaen 15 H 29
Penmaenmawr 41 I 23
Penmaenpool 33 I 25
Penmark 17 J 29
Penmon 40 H 23
Pennal 33 I 26
Pennant 33 J 26
Pennerley 34 L 26
Pennines (The) 49 N 20
Pennyghael 65 B 14
Penpont 53 I 18
Penrhiwpal 15 G 27
Penrhyn 40 H 23
Penrhyn Bay 41 I 23
Penrhyndeudraeth 33 H 25
Penrith 55 L 19
Penruddock 55 L 20
Penryn 2 E 33
Pensarn 41 J 23
Penshaw 56 P 19
Penshurst 22 U 30
Pensilva 3 G 32
Pentewan 3 F 33
Pentire Point 3 F 32
Pentland Firth 86 K 7
Pentland Hills 61 J 16
Pentland Skerries 87 L 7
Pentraeth 40 H 23
Pentre-Berw 40 H 23
Pentre-Celyn 34 K 24
Pentrebeirdd 34 K 25
Penwith 2 D 33
Penybont 26 K 27
Penysarn 40 H 22
Penzance 2 D 33
Pernrhyn-Coch 25 I 26
Perranaworthal 2 E 33
Perranporth 2 E 32
Perranzabuloe 2 E 33
Pershore 27 N 27
Pertenhall 29 S 27
Perth 68 J 14
Peterborough 37 T 26
Peterculter 75 N 12
Peterhead 81 O 11
Peterlee 57 P 19
Petersfield 10 R 30
Peterstone Wentlooge 18 K 29
Peterstow 26 M 28
Petham 23 X 30
Petrockstowe 7 H 31
Pett 12 V 31
Pettaugh 31 X 27
Petworth 11 S 31
Pevensey Bay 12 V 31
Pewsey 19 O 29
Pickering 50 R 21
Picklescott 34 L 26
Picton Castle 16 F 28
Piddlehinton 9 M 31
Piddletrenthide 9 M 31
Piercebridge 49 O 20
Pierowall 86 L 6
Pilgrims Hatch 22 U 29
Pillerton Hersey 28 P 27
Pillerton Priors 27 P 27
Pilley 43 P 23
Pilling 48 L 22
Pilning 18 M 29
Pilton 8 M 30
Pinchbeck 37 T 25
Pinchbeck-West 37 T 25
Pinhoe 4 J 31
Pinmore Mains 52 F 18
Pinner 21 S 29
Pinvin 27 N 27
Pinwherry 52 F 18
Pinxton 36 Q 24
Pirbright 21 S 30
Pirnmill 59 D 17
Pirton 29 T 28
Pishill 20 R 29
Pitcaple 81 M 12
Pitcombe 8 M 30
Pitcur 68 K 14
Pitlochry 74 I 13
Pitmedden 81 N 11
Pitminster 8 K 31
Pitscottie 69 L 15
Pitsford 28 R 27
Pittentrail 85 H 10
Pittenweem 69 L 15
Pladda 59 E 17
Plaistow 11 S 30
Plas Newydd *Anglesey* 33 H 24
Plas Newydd
Denbighshire 34 K 25
Plean 67 I 15
Pleasington 42 M 22
Pleasley 36 Q 24
Plenmeller 55 M 19
Plockton 78 D 11
Pluckley 22 W 30
Plumbland 54 K 19
Plumpton 11 T 31
Plymouth 4 H 32
Plympton 4 H 32
Plymstock 4 H 32
Plymtree 7 J 31
Plynlimon
(Pumlumon Fawr) 25 I 26
Pocklington 50 R 22
Point Lynas 40 H 22
Point of Ayr *Flintshire* 41 K 22
Point of Ayre *Isle of Man* 46 G 20
Polbain 83 D 9
Pole of Itlaw (The) 81 M 11
Polebrook 29 S 26
Polegate 12 U 31
Polesden Lacey 21 S 30
Polesworth 35 P 26
Polkerris 3 F 32
Polloch 72 D 13
Pollock House 60 H 16
Polmont 67 I 16
Polperro 3 G 33
Polruan 3 G 33
Polwarth 62 M 16
Pondersbridge 29 T 26
Pont-ar-Gothi 15 H 28
Pontardawe 17 I 28
Pontarddulais 15 H 28
Pontarfynach /
Devil's Bridge 25 I 26
Pontargothi 15 H 28
Pontarsais 15 H 28
Pontefract 44 Q 22
Ponteland 56 O 18
Ponterwyd 25 I 26
Pontesbury 34 L 26
Pontlottyn 18 K 28
Pontlyfni 32 G 24
Pontneddfechan 17 J 28
Pontrhydfendigaid 25 I 27
Pontrhydygroes 25 I 26
Pontrilas 26 L 28
Pontsticill 17 J 28
Pontyates 15 H 28
Pontyberem 15 H 28
Pontyclun 17 J 29
Pontycymer 17 J 29
Pontypool / Pontypwl 18 K 28
Pontypridd 17 J 29
Pontypwl / Pontypool 18 K 28
Poole 9 O 31
Poole Bay 9 O 31
Poolewe 78 D 10
Pooley Bridge 55 L 20
Pooltiel (Loch) 76 Z 11
Porlock 17 J 30
Port Appin 65 D 14
Port Askaig 58 B 16
Port Bannatyne 59 E 16
Port Carlisle 54 K 19
Port Charlotte 58 A 16
Port Driseach 65 E 16
Port Ellen 58 B 17
Port Erin 46 F 21
Port-Eynon 15 H 29
Port-Eynon Point 15 H 29
Port Gaverne 3 F 32
Port Glasgow 66 F 16
Port Henderson 77 C 10
Port Isaac 3 F 32
Port Lamont 59 E 16
Port Logan 52 F 19
Port Mór 71 B 13
Port of Menteith 67 H 15
Port of Ness 83 B 8
Port Ramsay 65 D 14
Port St. Mary 46 F 21
Port Talbot 17 I 29
Port William 52 G 19
Portavadie 59 E 16
Portchester 10 Q 31
Portencross 59 F 16
Portesham 5 M 31
Portgordon 80 K 11
Portgower 85 I 9
Porth 17 J 29
Porth Neigwl
or Hell's Mouth 32 G 25
Porth Tywyn /Burry Port 15 H 28
Porthaethwy /
Menai Bridge 40 H 23
Porthcawl 17 I 29
Porthcothan 2 E 32
Porthcurno 2 D 33
Porthgwarra 2 C 33
Porthkerry 17 K 29
Porthleven 2 E 33
Porthmadog 33 H 25
Porthtowan 2 E 33
Porthyrhyd 15 H 28
Portinnisherrich 65 E 15
Portishead 18 L 29
Portknockie 80 L 10
Portland (Isle of) 8 M 32
Portlethen 75 N 12
Portmahomack 79 I 10
Portmeirion 33 H 25
Portnacroish 72 D 14
Portnaguran 83 B 9
Portnahaven 58 A 16
Portnalong 77 A 12
Portobello 68 K 16
Portreath 2 E 33
Portree 77 B 11
Portscatho 3 F 33
Portskerra 85 I 8
Portskewett 18 L 29
Portslade 11 T 31
Portslogan 52 E 19
Portsmouth 10 Q 31
Portsoy 81 L 10
Portuairk 71 B 13
Postbridge 4 I 32
Potten End 21 S 28
Potter Heigham 39 Y 25
Potter Street 21 U 28
Potterhanworth 37 S 24
Potterne 19 N 30
Potters Bar 21 T 28
Potton 29 T 27
Poughill 6 G 31
Poulshot 19 N 29
Poulton 19 O 28
Poulton-le-Fylde 42 L 22
Poundstock 6 G 31
Powburn 63 O 17
Powerstock 8 L 31
Powick 27 N 27
Powis 34 K 26
Powmill 68 J 15
Poynings 11 T 31
Poynton 43 N 23
Praa Sands 2 D 33
Prawle Point 4 I 33
Praze-an-Beeble 2 E 33
Prees 34 M 25
Preesall 48 L 22
Prendwick 63 O 17
Prescot 42 L 23
Prestatyn 41 J 22
Prestbury *Cheltenham* 27 N 28
Prestbury *Macclesfield* 43 N 24
Presteigne 26 K 27
Preston
East Riding of Yorks. 45 T 22
Preston *Kent* 23 X 30
Preston *Lancs.* 42 L 22
Preston *Rutland* 36 R 26
Preston *West Sussex* 11 S 31
Preston Candover 10 Q 30
Preston Capes 28 Q 27
Prestonpans 69 L 16
Prestwich 42 N 23
Prestwick 60 G 17
Prestwood 20 R 28
Prickwillow 30 V 26
Priest Island 83 D 10
Priest Weston 34 K 26
Princes Risborough 20 R 28
Princethorpe 28 P 26
Princetown 4 I 32
Priors Marston 28 Q 27
Probus 3 F 33
Prosen (Glen) 74 K 13
Prudhoe 56 O 19
Puckeridge 29 U 28
Pucklechurch 19 M 29
Pucks Gutter 23 X 30
Puddletown 9 M 31
Pudsey 43 P 22
Pulborough 11 S 31
Pulford 34 L 24
Pulham 9 M 31
Pulham Market 31 X 26
Punchardon 7 H 30
Puncheston 24 F 28
Purbeck (Isle of) 9 N 32
Purbrook 10 Q 31
Puriton 8 L 30
Purleigh 22 V 28
Purley 20 Q 29
Purse Caundle Manor 9 M 31
Purston Jaglin 43 P 22
Purton 19 O 29
Putsborough 6 H 30
Pwllheli 32 G 25
Pyecombe 11 T 31
Pyle 17 I 29
Pylle 8 M 30

Q

Quainton 28 R 28
Quantock Hills 8 K 30
Quarff 87 Q 3
Quarr 10 Q 31
Quatt 27 M 26
Quedgeley 19 N 28
Queen Camel 8 M 30
Queen Elizabeth
Forest Park 67 G 15
Queenborough 22 W 29
Queensbury 43 O 22
Queensferry 34 K 24
Quendon 30 U 28
Quenington 19 O 28
Quinag 84 E 9
Quines's Hill 46 G 21
Quinish Point 71 B 14
Quiraing 77 B 11
Quoich (Loch) 72 E 12
Quorndon 36 Q 25
Quothquan 61 J 17

R

Raasay (Island of) 77 B 11
Raasay (Sound of) 77 B 11
Raasay Ho 77 B 11
Rachub 33 H 24
Rackenford 7 J 31
Rackwick 86 J 7
Radcliffe 42 N 23
Radcliffe-on-Trent 36 Q 25
Radlett 21 T 28
Radley 20 Q 28
Radnor Forest 26 K 27
Radstock 18 M 30
Radyr 18 K 29
Rafford 80 J 11
Raglan 18 L 28
Ragley Hall 27 O 27
Rainford 42 L 23
Rainham 22 V 29
Rainworth 36 Q 24
Rait 68 K 14
Ramasaig 76 Z 11
Rampisham 8 M 31
Rampside 47 K 21
Rampton 44 R 24
Ramsbottom 42 N 23
Ramsbury 19 P 29
Ramsey *Cambs.* 29 T 26
Ramsey *Isle of Man* 46 G 21
Ramsey Bay 46 G 21
Ramsey Island 14 D 28
Ramsey St. Mary's 29 T 26
Ramsgate 23 Y 29
Ramsgill-in-Nidderdale 49 O 21
Ranby 44 Q 24
Ranfurly 60 G 16
Rangeworthy 18 M 29
Ranish 82 A 9
Rankinston 60 G 17
Rannoch (Loch) 73 H 13
Rannoch Moor 73 F 14
Rannoch Sta 73 G 13
Ranskill 44 Q 23
Ranton 35 N 25
Ranworth 39 Y 25
Rapness 87 L 6
Rappach 84 F 10
Ratby 36 Q 26
Rathen 81 O 11
Rathmell 49 N 21
Ratho 68 J 16
Ratlinghope 34 L 26
Rattlesden 30 W 27
Rattray 68 K 14
Rattray Head 81 O 11
Raunds 29 S 26
Ravenglass 47 J 20
Ravenscar 51 S 20
Ravensthorpe 28 Q 27
Ravenstone 36 P 25
Ravenstonedale 49 M 20
Ravensworth 49 O 20
Rawcliffe 44 R 22
Rawmarsh 44 P 23
Rawtenstall 42 N 22
Rayleigh 22 V 29
Rayne 30 V 28
Read 42 M 22
Reading 20 R 29
Rearsby 36 Q 25
Reay 85 I 8
Reay Forest 84 F 9
Reculver 23 X 29
Red Wharf Bay 40 H 23
Redbourn 21 S 28
Redbourne 44 S 23
Redbridge
London Borough 21 U 29
Redcar 57 Q 20
Redcliff Bay 18 L 29
Reddding 67 I 16
Redditch 27 O 27
Redesmouth 55 N 18
Redford 69 L 14
Redhill *North Somerset* 18 L 29
Redhill
Reigate and Banstead 21 T 30
Redisham 31 Y 26
Redmarley d'Abitot 27 M 28
Redmarshall 57 P 20
Redmire 49 O 21
Redpoint 77 C 11
Redruth 2 E 33
Redwick 18 L 29
Reedham 39 Y 26
Reekie Linn 74 K 13
Reepham 45 S 24
Reeth 49 O 20
Regarby 46 G 20
Reiff 83 D 9
Reigate 21 T 30
Reighton 51 T 21
Reiss 86 K 8
Relubbus 2 D 33
Rempstone 36 Q 25
Rendcomb 19 O 28
Rendham 31 Y 27
Renfrew 60 G 16
Renish Point 76 Z 10
Renishaw 44 P 24
Rennington 63 O 17
Renton 66 G 16
Renwick 55 M 19
Repton 36 P 25
Rescobie 75 L 14
Resipole 72 C 13
Resolven 17 I 28
Resort (Loch) 82 Z 9
Restalrig 68 K 16
Reston 63 N 16
Restormel Castle 3 G 32
Retford 44 R 24
Rettendon 22 V 29
Reynoldston 15 H 29
Rhaeadr / Rhayader 25 J 27
Rhaeadr Ddu 33 I 25
Rhandirmwyn 25 I 27
Rhayader / Rhaeadr 25 J 27
Rheidol (Vale of) 25 I 26
Rhenigidale 82 Z 10
Rhian 84 G 9
Rhiconich 84 F 8
Rhigos 17 J 28
Rhilochan 85 H 9
Rhinns of Galloway (The) 52 E 19
Rhinns of Kells 53 G 18
Rhondda 17 J 29
Rhoose 17 J 29
Rhos 17 I 28
Rhoscolyn 40 G 23
Rhoscrowther 14 E 28
Rhosllanerchrugog 34 K 24
Rhosmaen 25 I 28
Rhosneigr 40 G 23
Rhossili 15 H 29
Rhostyllen 34 K 24
Rhosybol 40 G 22
Rhu 66 F 15
Rhuddlan 41 J 23
Rhum 71 A 13
Rhuthun / Ruthin 34 K 24
Rhyd-Ddu 33 H 24
Rhydaman /
Ammanford 15 I 28
Rhydcymerau 15 H 27
Rhydd 27 N 27
Rhyddhywel 25 J 26
Rhydowen 15 H 27
Rhyl 41 J 23
Rhymmi / Rhymney 18 K 28
Rhymney / Rhymmi 18 K 28
Rhynie 80 L 12
Ribble (River) 49 N 22
Ribblesdale 49 N 21
Ribchester 42 M 22
Riber Castle 36 P 24
Riccall 44 Q 22
Riccarton 60 G 17
Richards Castle 26 L 27
Richborough 23 X 30
Richmond 49 O 20
Richmond-upon-Thames
London Borough 21 T 29
Rickarton 75 N 13
Rickmansworth 21 S 29
Ridgeway Cross 27 M 27
Ridgeway Path (The) 20 P 29
Ridsdale 55 N 18
Rievaulx Abbey 50 Q 21
Rigg 77 B 11
Rigside 61 I 17
Rillington 51 R 21
Rimington 49 N 22
Rimsdale (Loch) 85 H 9
Ringford 53 H 19
Ringmer 11 U 31
Ringshall 30 W 27
Ringstead
East Northamptonshire 29 S 26

Ringstead *King's Lynn and West Norfolk* 38 V 25
Ringwood 9 O 31
Ringwould 23 Y 30
Rinnes (Glen) 80 K 11
Rinns of Islay 58 A 16
Rinns Point 58 A 16
Ripe 12 U 31
Ripley *Derbs.* 36 P 24
Ripley *North Yorks.* 50 P 21
Ripley *Surrey* 21 S 30
Riplingham 44 S 22
Ripon 50 P 21
Rippingale 37 S 25
Ripponden 43 O 22
Risabus 58 B 17
Risby 30 V 27
Risca 18 K 29
Risegate 37 T 25
Riseley 29 S 27
Rishton 42 M 22
Risplith 50 P 21
Ristol (Isle) 83 D 9
Roadside of Kinneff 75 N 13
Roag 77 A 11
Roag (Loch) 82 Z 9
Roan of Graigoch 60 F 18
Roberton *Dumfries and Galloway* 61 I 17
Roberton *Scottish Borders* 62 L 17
Robertsbridge 12 V 31
Robin Hood's Bay 51 S 20
Roby 42 L 23
Rocester 35 O 25
Rochdale 43 N 23
Roche 3 F 32
Rochester 22 V 29
Rochester *Northumberland* 63 N 18
Rochford 22 W 29
Rock 3 F 32
Rockcliffe *Cumbria* 54 K 19
Rockcliffe *Dumfries and Galloway* 53 I 19
Rockfield 18 L 28
Rockingham 28 R 26
Rode 19 N 30
Rode Heath 35 N 24
Rodel 76 Z 10
Rodmel 11 U 31
Rodney Stoke 18 L 30
Rogart 85 H 9
Rogerstone 18 K 29
Rogiet 18 L 29
Rokeby Hall 49 O 20
Rolleston *Notts.* 36 R 24
Rolleston-on-Dove *Staffs.* 35 P 25
Rolvenden 12 V 30
Romannobridge 61 J 16
Romiley 43 N 23
Romney Marsh 12 W 30
Romsey 10 P 31
Romsley 27 N 26
Rona (Island of) 77 C 11
Ronaldsway 46 G 21
Ronas Voe 87 P 2
Ronay 76 Y 11
Rookhope 55 N 19
Roos 45 T 22
Rootpark 61 I 16
Ropley 10 Q 30
Ropsley 37 S 25
Rora 81 O 11
Rora Head 86 J 7
Rosedale Abbey 50 R 20
Rosehearty 81 N 10
Rosemarket 16 F 28
Rosemarkie 79 H 11
Rosewell 61 K 16
Rosgill 48 L 20
Roshven 71 C 13
Rosley 54 K 19
Roslin 61 K 16
Rosliston 35 P 25
Rosneath 66 F 15
Ross *Berwick-upon-Tweed* 63 O 17
Ross *Dumfries and Galloway* 53 H 19
Ross of Mull 64 B 15
Ross-on-Wye 26 M 28
Rossall Point 48 K 22
Rossett 34 L 24
Rosudgeon 2 D 33
Rosyth 68 J 15
Rothbury 63 O 18
Rothbury Forest 63 O 18
Rotherfield 12 U 30
Rotherham 43 P 23
Rothersthorpe 28 R 27
Rothes 80 K 11
Rothesay 59 E 16
Rothienorman 81 M 11
Rothiesholm 87 M 6
Rothwell *Leeds.* 43 P 22
Rothwell *Northamp.* 28 R 26
Rotterspury 28 R 27
Rottingdean 11 T 31
Roughburn 73 F 13
Roughsike 55 L 18
Roughton 39 X 25
Rounton 50 P 20
Rousay 86 K 6
Rousdon 5 L 31
Routh 45 S 22
Rowardennan Lodge 66 G 15
Rowington 27 O 27
Rowland's Castle 10 R 31
Rowland's Gill 56 O 19
Rownhams 10 P 31
Rowsley 35 P 24
Roxburgh 62 M 17
Roxwell 22 V 28
Roy (Glen) 72 F 13
Royal Leamington Spa 28 P 27
Royal Military Academy 20 R 29
Royal Tunbridge Wells 12 U 30
Roybridge 72 F 13
Roydon *Essex* 21 U 28
Roydon *Norfolk* 31 X 26
Royston *Herts.* 29 T 27
Royston *South Yorks.* 43 P 23
Royton 43 N 23
Ruabon 34 K 25
Ruan High Lanes 3 F 33
Ruan Minor 2 E 34
Ruardean 18 M 28
Rubbha na Faing 58 A 16
Rubha a' Mhail 64 B 16
Rubha Còigeach 83 D 9
Rubha Dubh 70 Z 14
Rubha Hunish 77 A 10
Rubha na h-Easgainne 71 B 12
Rubha Réidh 77 C 10
Rubha Suisnish 71 B 12
Rubh'an Dùnain 71 A 12
Rudbaxton 24 F 28
Ruddington 36 Q 25
Rudgeway 18 M 29
Rudgwick 11 S 30
Rudha Ban 70 Y 12
Rudston 51 T 21
Rudyard 35 N 24
Rufford Old Hall 42 L 23
Rufforth 50 Q 22
Rugby 28 Q 26
Rugeley 35 O 25
Rumburgh 31 Y 26
Rumney 18 K 29
Runcorn 42 L 23
Runswick Bay 50 R 20
Runtaleave 74 K 13
Runwell 22 V 29
Rushall 19 O 30
Rushden 29 S 27
Ruskington 37 S 24
Rusland 48 K 21
Rusper 11 T 30
Ruspidge 18 M 28
Rustington 11 S 31
Ruswarp 51 S 20
Rutherglen 60 H 16
Ruthin / Rhuthun 34 K 24
Ruthven *Aberdeenshire* 80 L 11
Ruthven *Angus* 74 K 14
Ruthven *Highland* 79 I 11
Ruthven (Loch) 79 H 12
Ruthven Barracks 73 H 12
Ruthwell 54 J 19
Rutland Water 37 S 26
Ruyton of the Eleven Towns 34 L 25
Ryal 56 O 18
Ryan (Loch) 52 E 19
Rycote 20 Q 28
Rydal 48 L 20
Ryde 10 Q 31
Rye 12 W 31
Ryhall 37 S 25
Ryhill 43 P 23
Ryhope 57 P 19
Ryton 56 O 19

S

Sabden 42 M 22
Sacriston 56 P 19
Sadberge 50 P 20
Saddell 59 D 17
Saddell Bay 59 D 17
Sadgill 48 L 20
Saffron Walden 30 U 27
Saham Toney 38 W 26
St. Abbs 63 N 16
St. Abb's Head 63 N 16
St. Agnes 2 E 33
St. Albans 21 T 28
St. Aldhelm's Head 9 N 32
St. Andrews 69 L 14
St. Ann's 54 J 18
St. Ann's Head 14 E 28
St. Arvans 18 L 29
St. Asaph 41 J 23
St. Athan 17 J 29
St. Austell 3 F 32
St. Bees 47 J 20
St. Bees Head 47 J 20
St. Blazey 3 F 32
St. Boswells 62 M 17
St. Breock 3 F 32
St. Breward 3 F 32
St. Briavels 18 M 28
St. Brides 14 E 28
St. Bride's Bay 14 E 28
St. Brides Major 17 J 29
St. Brides-Super-Ely 17 K 29
St. Bridge-Wentlooge 18 K 29
St. Buryan 2 D 33
St. Catherine's Point 10 Q 32
St. Clears / Sanclêr 15 G 28
St. Cleer 3 G 32
St. Columb Major 3 F 32
St. Combs 81 O 11
St. Cyrus 75 M 13
St. David's / Tyddewi 14 E 28
St. David's Head 14 D 28
St. Day 2 E 33
St. Dennis 3 F 32
St. Dogmaels 15 F 27
St. Dominick 3 H 32
St. Donats 17 J 29
St. Endellion 3 F 32
St. Erth 2 D 33
St. Ewe 3 F 33
St. Fagans 18 K 29
St. Fergus 81 O 11
St. Fillans 67 H 14
St. Florence 15 F 28
St. Gennys 6 G 31
St. Germans 3 H 32
St. Giles 7 H 31
St. Giles-on-the-Heath 6 H 31
St. Govan's Head 16 F 29
St. Harmon 25 J 26
St. Helen Auckland 56 O 20
St. Helens *I.O.W.* 10 Q 31
St. Helens *Merseyside* 42 L 23
St. Helier *Jersey* 5
St. Ishmael's 14 E 28
St. Issey 3 F 32
St. Ive 3 G 32
St. Ives *Cambs.* 29 T 27
St. Ives *Cornwall* 2 D 33
St. John's 46 G 21
St. John's Chapel 55 N 19
St. John's Loch 86 J 8
St. Jude 46 G 20
St. Just 2 C 33
St. Just in Roseland 2 F 33
St. Keverne 2 E 33
St. Kew 3 F 32
St. Leonards *Dorset* 9 O 31
St. Leonards *East Sussex* 12 V 31
St. Mabyn 3 F 32
St. Magnus Bay 87 P 2
St. Margaret's at Cliffe 23 Y 30
St. Margaret's Bay 23 Y 30
St. Margaret's Hope 87 L 7
St. Mark's 46 G 21
St. Martin's 34 K 25
St. Mary in the Marsh 12 W 30
St. Mary's *Orkney Islands* 86 L 7
St. Mary's *Perth and Kinross* 73 I 14
St. Mary's-Bay 13 W 30
St. Mary's-Hoo 22 V 29
St. Mary's Loch 61 K 17
St. Mawes 2 E 33
St. Mawgan 3 F 32
St. Mellion 3 H 32
St. Mellons 18 K 29
St. Merryn 3 F 32
St. Michael Penkevil 2 E 33
St. Michael's Mount 2 D 33
St. Michaels-on-Wyre 42 L 22
St. Minver 3 F 32
St. Monans 69 L 15
St. Neot 3 G 32
St. Neots 29 T 27
St. Nicholas *Pembrokes* 14 E 28
St. Nicholas *Vale of Glamorgan* 17 K 29
St. Nicholas-at-Wade 23 X 29
St. Ninian's Isle 87 P 4
St. Osyth 23 X 28
St. Patrick's Isle 46 F 21
St. Paul's Walden 29 T 28
St. Peter Port *Guernsey* 5
St. Peter's 23 Y 29
St. Pool 4 I 33
St. Stephen 3 F 32
St. Teath 3 F 32
St. Tudwal's Islands 32 G 25
St. Tudy 3 F 32
St. Vigeans 69 M 14
St. Wenn 3 F 32
St. Weonards 26 L 28
Salcombe 4 I 33
Salcombe Regis 5 K 31
Sale 42 N 23
Salehurst 12 V 31
Salen *Argyll and Bute* 65 C 14
Salen *Highland* 71 C 13
Salford 42 N 23
Salfords 21 T 30
Salhouse 39 Y 25
Saline 68 J 15
Salisbury 9 O 30
Salisbury Plain 19 O 30
Sallachy *Ben More Assybt* 84 G 9
Sallachy *near Kyle of Lochalsh* 78 D 12
Saltash 3 H 32
Saltburn 79 H 10
Saltburn-by-the-Sea 57 R 20
Saltcoats 59 F 17
Salter 48 M 21
Saltfleet 45 U 23
Saltford 18 M 29
Salthouse 38 X 25
Saltney 34 L 24
Salton 50 R 21
Samala 76 X 11
Samlesbury Old Hall 42 M 22
Sampford Courtenay 7 I 31
Sampford Peverell 7 J 31
Sanaigmore 58 A 16
Sanclêr / St. Clears 15 G 28
Sancreed 2 D 33
Sancton 44 S 22
Sand Side 47 K 21
Sanda Island 59 D 18
Sanday *Highland* 71 A 12
Sanday *Orkney Islands* 87 M 6
Sandbach 35 M 24
Sandbank 66 F 16
Sandbanks 9 O 31
Sandend 80 L 10
Sandford *Eden* 49 M 20
Sandford *Mid Devon* 7 J 31
Sandford *North Somerset* 18 L 30
Sandford *South Lanarkshire* 60 H 17
Sandford Orcas 8 M 31
Sandgate 13 X 30
Sandgreen 53 H 19
Sandhaven 81 N 10
Sandhead 52 F 19
Sandhurst *Berks.* 20 R 29
Sandhurst *Kent* 12 V 30
Sandleigh 20 Q 28
Sandlins 31 Y 27
Sandness 87 P 3
Sandon *North Hertfordshire* 29 T 28
Sandon *Stafford* 35 N 25
Sandown 10 Q 32
Sandray 70 X 13
Sandridge 21 T 28
Sandringham House 38 V 25
Sandsend 51 R 20
Sandwell 27 O 26
Sandwich 23 Y 30
Sandwick *Eden* 48 L 20
Sandwick *Eilean Siar* 76 Y 11
Sandwick *Shetland Islands* 87 Q 4
Sandwood Loch 84 E 8
Sandy 29 T 27
Sandygate 46 G 20
Sandyhills 53 I 19
Sanna 71 B 13
Sanquhar 61 I 17
Santon Downham 30 W 26
Santon Head 46 G 21
Sapperton 19 N 28
Saracan's Head 37 T 25
Sarclet 86 K 8
Sarisbury 10 Q 31
Sark *Channel I.* 5
Sarn Meyllteyrn 32 G 25
Sarre 23 X 29
Satley 56 O 19
Satterthwaite 48 K 21
Sauchen 75 M 12
Saughall 42 L 24
Saughtree 62 L 18
Saundersfoot 15 F 28
Saunderton 20 R 28
Sawbridgeworth 21 U 28
Sawrey 48 L 20
Sawston 29 U 27
Sawtry 29 T 26
Saxby 36 R 25
Saxilby 44 S 24
Saxlingham Nethergate 39 X 26
Saxmundham 31 Y 27
Saxtead Green 31 X 27
Scadavay (Loch) 76 Y 11
Scaddle (Glen) 72 D 13
Scafell Pikes 47 K 20
Scagglethorpe 50 R 21
Scalasaig 64 B 15
Scalby 51 S 21
Scaleby 55 L 19
Scalford 36 R 25
Scalloway 87 Q 3
Scalpay *Highland* 77 C 12
Scalpay *Western Isles* 77 A 10
Scamblesby 45 T 24
Scampton 44 S 24
Scaniport 79 H 11
Scapa Flow 86 K 7
Scarba 65 C 15
Scarborough 51 S 21
Scarcliffe 44 Q 24
Scardroy 78 F 11
Scarfskerry 86 K 8
Scarisbrick 42 L 23
Scarista 76 Y 10
Scarp 82 Y 9
Scavaig (Loch) 71 B 12
Scawby 44 S 23
Schiehallion 73 H 13
Scilly (Isles of) 2 B 34
Scone Palace 68 J 14
Scopwick 37 S 24
Scoraig 83 D 10
Scorton 50 P 20
Scotby 55 L 19
Scotch-Corner 49 P 20
Scothern 45 S 24
Scotlandwell 68 K 15
Scotney 12 V 30
Scotstown 72 D 13
Scotter 44 S 23
Scotton *Harrogate* 50 P 21
Scotton *Richmondshire* 49 O 20
Scottow 39 Y 25
Scourie 84 E 8
Scousburgh 87 Q 4
Scrabster 85 J 8
Scraptoft 36 Q 26
Scredington 37 S 25
Scridain (Loch) 64 B 14
Scruton 50 P 21
Sculthorpe 38 W 25
Scunthorpe 44 S 23
Sea Palling 39 Y 25
Seaford 12 U 31
Seaforth (Loch) 82 Z 10
Seaforth Head 82 A 9
Seagrave 36 Q 25
Seaham 57 P 19
Seale 21 R 30
Sealga (Loch na) 78 D 10
Seamer *Hambleton* 50 Q 20
Seamer *Scarborough* 51 S 21
Seamill 59 F 16
Seasalter 23 X 29
Seascale 47 J 20
Seaton *Allerdale* 53 J 20
Seaton *East Devon* 5 K 31
Seaton Carew 57 Q 20
Seaton Delaval 56 P 18
Seaton Delaval Hall 56 P 18
Seaton Ross 44 R 22
Seaton Sluice 56 P 18
Seave Green 50 Q 20
Seaview 10 Q 31
Sebergham 54 L 19
Sedbergh 49 M 21
Sedgebrook 36 R 25
Sedgley 27 N 26
Sedlescombe 12 V 31
Seend 19 N 29
Seething 39 Y 26
Seighford 35 N 25
Seil (Isle of) 65 D 15
Seilich (Loch an t-) 73 H 13
Selattyn 34 K 25
Selborne 10 R 30
Selby 44 Q 22
Selker Bay 47 J 21
Selkirk 62 L 17
Sellindge 13 W 30
Selmeston 12 U 31
Selsey 10 R 31
Selston 36 Q 24
Selworthy 17 J 30
Semley 9 N 30
Senghenydd 18 K 29
Sennen 2 C 33
Sennybridge 25 J 28
Sessay 50 Q 21
Settle 49 N 21
Seven Sisters *East Sussex* 12 U 31
Seven Sisters *Neath and Port Talbot* 17 I 28
Sevenhampton 27 O 28
Sevenoaks 22 U 30
Severn (River) 27 M 28
Severn Bridge 18 M 29
Severn Stoke 27 N 27
Sgibacleit (Loch) 82 A 9
Sgiwen 17 I 29
Sgurr Mór 78 E 10
Shader 82 A 8
Shaftesbury 9 N 30
Shalbourne 20 P 29
Shaldon 4 J 32
Shalfleet 10 P 31
Shalford 21 S 30
Shandon 66 F 15
Shanklin 10 Q 32
Shap 48 L 20
Shapinsay 87 L 6
Shapwick 8 L 30
Shardlow 36 P 25
Sharlston 43 P 23
Sharnbrook 29 S 27
Sharnford 28 Q 26
Sharperton 63 N 18
Sharpness 18 M 28
Shavington 34 M 24
Shaw *Gtr. Mches.* 43 N 23
Shaw *West Berkshire* 20 Q 29
Shaw *Wilts.* 19 N 29
Shawbost 82 Z 9
Shawbury 34 M 25
Shawford 10 Q 30
Shawhead 53 I 18
Shebbear 6 H 31
Shebster 85 I 8
Sheepwash 6 H 31
Sheepy Magna 36 P 26
Sheering 22 U 28
Sheerness 22 W 29
Sheffield 43 P 23
Sheffield Park 11 T 31
Shefford 29 S 27
Sheldon 19 N 29
Sheldon Manor 19 N 29
Sheldwich 22 W 30
Shell or Sealg (Loch) 82 A 9
Shelley 43 O 23
Shellingford 20 P 29
Shelsley Beauchamp 27 M 27
Shelton *Rushcliffe* 36 R 25
Shelton *South Norfolk* 31 X 26
Shelton Lock 36 P 25
Shelve 34 L 26
Shenley Church End 28 R 27
Shenstone 27 O 26
Shenval 80 K 11
Shepley 43 O 23
Sheppey (Isle of) 22 W 29
Shepreth 29 U 27
Shepshed 36 Q 25
Shepton Mallet 18 M 30

Sherborne *Cotswold* 19 O 28
Sherborne *West Dorset* 8 M 31
Sherborne St. John 20 Q 30
Sherburn *Durham* 56 P 19
Sherburn *Ryedale* 51 S 21
Sherburn-in-Elmet 44 Q 22
Shere 21 S 30
Sherfield English 9 P 31
Sheriff Hutton 50 Q 21
Sheriffhales 35 M 25
Sheringham 39 X 25
Sherington 28 R 27
Shernborne 38 V 25
Sherston 19 N 29
Sherwood Forest 36 Q 24
Shetland Islands 87
Shevington 42 L 23
Shiant (Sound of) 82 A 10
Shiant Island 82 A 10
Shiel (Glen) 72 D 12
Shiel (Loch) 72 D 13
Shieldaig *Loch Gairloch* 78 C 10
Shieldaig *Loch Torridon* 78 D 11
Shieldaig (Loch) 78 C 11
Shieldhill 67 I 16
Shifnal 35 M 25
Shilbottle 63 O 17
Shildon 56 P 20
Shillay 76 W 11
Shillingford 7 J 30
Shillingstone 9 N 31
Shillington 29 S 28
Shilton *Rugby* 28 P 26
Shilton *West Oxfordshire* 19 P 28
Shimpling 31 X 26
Shin (Loch) 84 G 9
Shiney Row 56 P 19
Shinfield 20 R 29
Shipdham 38 W 26
Shiplake 20 R 29
Shipley *Salop* 35 N 26
Shipley *West Yorks.* 43 O 22
Shipston-on-Stour 27 P 27
Shipton *Bridgnorth* 26 M 26
Shipton *Cotswold* 27 O 28
Shipton *Hambleton* 50 Q 21
Shipton Moyne 19 N 29
Shipton-under-Wychwood 19 P 28
Shiptonthorpe 44 R 22
Shira (Lochan) 66 F 14
Shirebrook 36 Q 24
Shiremoor 56 P 18
Shirenewton 18 L 29
Shirley *Derbyshire* 35 O 25
Shirley *Solihull* 27 O 26
Shoadoxhurst 12 W 30
Shobdon 26 L 27
Shoeburyness 22 W 29
Shoreham 11 T 31
Shorne 22 V 29
Shotesham 39 X 26
Shotley Bridge 56 O 19
Shotley Gate 31 X 28
Shottenden 22 W 30
Shottermill 10 R 30
Shotton Colliery 57 P 19
Shotts 61 I 16
Shouldham 38 V 26
Shrewsbury 34 L 25
Shrewton 19 O 30
Shrivenham 19 P 29
Shuna Sound 65 D 15
Shurdington 27 N 28
Shurrery 85 J 8
Sibbertoft 28 Q 26
Sibford Ferris 28 P 27
Sible Hedingham 30 V 28
Sibsey 37 U 24
Sidbury 5 K 31
Siddington 19 O 28
Siddlington 43 N 24
Sidford 5 K 31
Sidinish 76 Y 11
Sidlaw Hills 68 K 14
Sidlesham 10 R 31
Sidmouth 5 K 31
Sighthill 68 K 16
Sileby 36 Q 25
Silecroft 47 K 21
Silkstone 43 P 23
Silloth 54 J 19
Silsden 49 O 22
Silver End 30 V 28
Silverdale *Lancaster* 48 L 21
Silverdale
Newcastle-under-Lyme 35 N 24
Silverstone 28 Q 27
Silverstone Circuit 28 Q 27
Silverton 7 J 31
Simonburn 55 N 18
Simonsbath 7 I 30
Sinclair's Bay 86 K 8
Sinclairston 60 G 17
Singleton *Chichester* 10 R 31
Singleton *Fylde* 42 L 22
Sionascaig (Loch) 84 E 9
Sissinghurst 12 V 30
Sithney 2 E 33
Sittingbourne 22 W 29
Sixpenny Handley 9 N 31
Skara Brae 86 J 6
Skares 60 H 17
Skeabost 77 B 11
Skegness 38 V 24
Skellingthorpe 44 S 24
Skelmanthorpe 43 P 23
Skelmersdale 42 L 23
Skelmorlie 59 F 16
Skelpick 85 H 8
Skelton *Cleveland* 50 R 20
Skelton *Cumbria* 55 L 19
Skelwith Bridge 48 K 20
Skene 75 M 12
Skene (Loch of) 75 M 12
Skenfrith 26 L 28
Skeroblingarry 59 D 17
Skerray 85 H 8
Skervuile Lighthouse 65 C 16
Skidby 44 S 22
Skiddaw 54 K 20
Skigersta 83 B 8
Skilgate 7 J 30
Skillington 37 S 25
Skinburness 54 J 19
Skipness 59 D 16
Skipport (Loch) 76 Y 12
Skipsea 51 T 22
Skipton 49 N 22
Skipton-on-Swale 50 P 21
Skipwith 44 R 22
Skirlaugh 45 T 22
Skirling 61 J 17
Skirwith 55 M 19
Skirza 86 K 8
Skokholm Island 14 E 28
Skomer Island 14 E 28
Skye (Isle of) 77 B 12
Slaggyford 55 M 19
Slaidburn 49 M 22
Slaithwaite 43 O 23
Slamannan 67 I 16
Slapin (Loch) 71 B 12
Slapton 4 J 33
Sleaford 37 S 25
Sleagill 48 M 20
Sleat (Sound of) 71 C 12
Sledmere 51 S 21
Sleekburn 56 P 18
Sleights 51 S 20
Slickly 86 K 8
Sligachan 77 B 12
Sligachan (Loch) 77 B 12
Slimbridge 19 M 28
Slindon 11 S 31
Slingsby 50 R 21
Slochd 79 I 12
Slockavullin 65 D 15
Slough 21 S 29
Sloy (Loch) 66 F 15
Slumbay 78 D 11
Slyne 48 L 21
Smailholm 62 M 17
Smailholm Tower 62 M 17
Small Dole 11 T 31
Small Hythe 12 W 30
Smallfield 11 T 30
Smarden 12 W 30
Smart'Hill 12 U 30
Smedmore 9 N 32
Smithfield 55 L 19
Snaefell 46 G 21
Snainton 51 S 21
Snaith 44 Q 22
Snape 31 Y 27
Snetterton Circuit 30 W 26
Snettisham 38 V 25
Snitterfield 27 O 27
Snizort (Loch) 77 A 11
Snodland 22 V 30
Snowdon / Yr Wyddfa 33 H 24
Snowdonia National Park 33 I 24
Snowshill 27 O 27
Soa 70 Z 14
Soa Island 64 A 15
Soar (River) 36 Q 25
Soay 71 B 12
Soay Sound 71 B 12
Soham 30 V 26
Solent (The) 10 Q 31
Solihull 27 O 26
Sollas 76 X 11
Solva 14 E 28
Solway Firth 53 J 19
Somerby 36 R 25
Somercotes 36 P 24
Somerford Keynes 19 O 29
Somersham
Huntingdonshire 29 U 26
Somersham *Mid Suffolk* 31 X 27
Somerton *Norfolk* 39 Y 25
Somerton *Oxon.* 28 Q 28
Somerton *Somerset* 8 L 30
Sompting 11 S 31
Sonning Common 20 R 29
Sopley 9 O 31
Sorbie 52 G 19
Sorisdale 71 A 13
Sorn 60 H 17
Sortat 86 K 8
Soulby 49 M 20
Sound (The) 4 H 32
Sourhope 63 N 17
South-Alloa 67 I 15
South Balloch 60 G 18
South Brent 4 I 32
South Cairn 52 E 19
South Carrine 59 C 18
South Cave 44 S 22
South Cerney 19 O 28
South Charlton 63 O 17
South Croxton 36 R 25
South Downs 11 R 31
South Elmsall 44 Q 23
South Esk (River) 75 L 13
South Ferriby 44 S 22
South Foreland 23 Y 30
South Glendale 70 Y 12
South Hanningfield 22 V 29
South Harris 76 Z 10
South Harris Forest 82 Z 10
South Hayling 10 R 31
South-Heighton 11 U 31
South Hetton 56 P 19
South Kelsey 45 S 23
South Killingholme 45 T 23
South Kirkby 44 Q 23
South Kyme 37 T 24
South Lancing 11 T 31
South Leverton 44 R 24
South Lopham 30 X 26
South-Marston 19 O 29
South Mary Bourne 20 P 30
South Mimms 21 T 28
South Molton 7 I 30
South Morar 72 C 13
South Moreton 20 Q 29
South Newington 28 P 28
South-Newton 9 O 30
South Normanton 36 P 24
South Ockendon 22 U 29
South Otterington 50 P 21
South Oxhey 21 S 29
South Petherton 8 L 31
South Petherwin 3 G 32
South Queensferry 68 J 16
South Rauceby 37 S 25
South Raynham 38 W 25
South Ronaldsay 87 L 7
South Shields 56 P 19
South Shore 42 K 22
South Stack 40 F 23
South Stainley 50 P 21
South Tawton 4 I 31
South Thoresby 45 U 24
South Uist 70 X 12
South Walls 86 K 7
South Warnborough 20 R 30
South Witham 37 S 25
South Woodham Ferrers 22 V 29
South Wootton 38 V 25
South Wraxall 19 N 29
South Zeal 4 I 31
Southam
Stratford-on-Avon 28 P 27
Southam *Tewkesbury* 27 N 28
Southampton 10 P 31
Southborough 12 U 30
Southbourne *Dorset* 9 O 31
Southbourne *West Sussex* 10 R 31
Southend 59 D 18
Southend-on-Sea 22 W 29
Southerness 53 J 19
Southery 38 V 26
Southill 29 T 27
Southminster 22 W 29
Southport 42 K 23
Southrop 19 O 28
Southsea 10 Q 31
Southwaite 55 L 19
Southwater 11 S 30
Southwell 36 R 24
Southwick
East Northamptonshire 29 S 26
Southwick *Sunderland* 56 P 19
Southwick *West Sussex* 11 T 31
Southwick *Wilts.* 19 N 30
Southwick Widley 10 Q 31
Southwold 31 Z 27
Sowerby Bridge 43 O 22
Spalding 37 T 25
Spaldwick 29 S 26
Spanish Head 46 F 21
Sparkford 8 M 30
Spaxton 8 K 30
Spean (Glen) 73 F 13
Spean Bridge 72 F 13
Speeton 51 T 21
Speldhurst 12 U 30
Spelsbury 28 P 28
Spelve (Loch) 65 C 14
Spennymoor 56 P 19
Spey (River) 73 G 12
Spey Bay 80 K 10
Speymouth Forest 80 K 11
Spilsby 37 U 24
Spinningdale 79 H 10
Spithead 10 Q 31
Spittal *Dumfries*
and Galloway 52 G 19
Spittal *Highland* 85 J 8
Spittal *Northumb.* 63 O 16
Spittal *Pembrokeshire /*
Sir Benfro 24 F 28
Spittal of Glenshee 74 J 13
Spixworth 39 X 25
Spofforth 50 P 22
Spondon 36 P 25
Spooner Row 39 X 26
Spott 69 M 16
Spreyton 7 I 31
Spridlington 44 S 23
Springfield 68 K 15
Springholm 53 I 18
Sproatley 45 T 22
Sprotbrough 44 Q 23
Sproughton 31 X 27
Sprouston 62 M 17
Sprowston 39 X 26
Spurn Head 45 U 23
Sronlairig Lodge 73 G 12
Sronphadruig Lodge 73 H 13
Stack (Loch) 84 F 8
Stack Island 70 Y 12
Stack Rocks 16 E 29
Staffa 64 A 14
Staffin Bay 77 B 11
Stafford 35 N 25
Stagsden 29 S 27
Staincross 43 P 23
Staindrop 56 O 20
Staines-upon-Thames 21 S 29
Stainforth *North Yorks.* 49 N 21
Stainforth *South Yorks.* 44 Q 23
Stainton 55 L 20
Stainton-le-Vale 45 T 23
Staintondale 51 S 20
Stair *Allerdale* 54 K 20
Stair *South Ayrshire* 60 G 17
Staithes 50 R 20
Stakeford 56 P 18
Stalbridge 9 M 31
Stalham 39 Y 25
Stalisfield 22 W 30
Stalling Busk 49 N 21
Stallingborough 45 T 23
Stalmine 48 L 22
Stalybridge 43 N 23
Stamford 37 S 26
Stamford Bridge 50 R 22
Stamfordham 56 O 18
Stanbridge 29 S 28
Standford-in-the-Vale 20 P 29
Standing Stones 82 Z 9
Standish 42 M 23
Standlake 20 P 28
Standon 29 U 28
Stane 61 I 16
Stanford 13 X 30
Stanford-le-Hope 22 V 29
Stanford-on-Avon 28 Q 26
Stanghow 50 R 20
Stanhoe 38 W 25
Stanhope 55 N 19
Stanion 29 S 26
Stanley *Durham* 56 O 19
Stanley
Perthshire and Kinross 68 J 14
Stanley *Wakefield.* 43 P 22
Stanmer Park 11 T 31
Stannington 43 P 23
Stanstead Abbotts 21 U 28
Stansted Mountfitchet 30 U 28
Stanton 30 W 27
Stanton Harcourt 20 P 28
Stanton Long 26 M 26
Stanton-upon-Hine-Heath 34 M 25
Stanway 27 O 28
Stanwell 21 S 29
Stanwick 29 S 27
Staple Fitzpaine 8 K 31
Stapleford *Melton* 36 R 25
Stapleford *Notts.* 36 Q 25
Stapleford *Wilts.* 9 O 30
Staplehurst 22 V 30
Starcross 4 J 32
Start Point 4 J 33
Startforth 49 O 20
Stathern 36 R 25
Staughton Highway 29 S 27
Staunton *Forest of Dean* 27 N 28
Staunton *Monmouthshire /*
Sir Fynwy 18 M 28
Staveley *Cumbria* 48 L 20
Staveley *Derbs.* 43 P 24
Staxigoe 86 K 8
Staxton 51 S 21
Staylittle 25 J 26
Steart 18 K 30
Stebbing 30 V 28
Stedham 10 R 31
Steep 10 R 30
Steeple 22 W 28
Steeple Ashton 19 N 30
Steeple Aston 28 Q 28
Steeple Barton 28 P 28
Steeple Bumpstead 30 V 27
Steeple Claydon 28 R 28
Steeple Langford 9 O 30
Steeple Morden 29 T 27
Steeton 49 O 22
Stelling Minnis 23 X 30
Stenhousemuir 67 I 15
Stenness *Orkney Islands* 86 K 7
Stenness *Shetland Islands* 87 P 2
Stenton 69 M 16
Steppingley 29 S 27
Stevenage 29 T 28
Stevenston 60 F 17
Steventon 20 Q 29
Stewartby 29 S 27
Stewarton 60 G 16
Stewkley 28 R 28
Steyning 11 T 31
Steynton 16 E 28
Stichill 62 M 17
Sticker 3 F 33
Sticklepath 4 I 31
Stickney 37 U 24
Stiffkey 38 W 25
Stilligarry 76 X 12
Stillingfleet 44 Q 22
Stillington *Hambleton* 50 Q 21
Stillington
Stockton-on-Tees 56 P 20
Stilton 29 T 26
Stirling 67 I 15
Stithians 2 E 33
Stob Choire Claurigh 72 F 13
Stobo 61 K 17
Stobs Castle 62 L 17
Stock 22 V 29
Stockbridge 10 P 30
Stocke Talmage 20 Q 28
Stockland 8 K 31
Stockland Bristol 18 K 30
Stockport 43 N 23
Stocksbridge 43 P 23
Stocksfield 56 O 19
Stockton Heath 42 M 23
Stockton-on-Tees 50 P 20
Stockton-on-Teme 27 M 27
Stockton on the Forest 50 R 22
Stoer 83 D 9
Stogumber 7 K 30
Stogursey 18 K 30
Stoke 22 V 29
Stoke Albany 28 R 26
Stoke Ash 31 X 27
Stoke-by-Nayland 30 W 28
Stoke Climsland 3 H 32
Stoke Fleming 4 J 33
Stoke Gabriel 4 J 32
Stoke Goldington 28 R 27
Stoke Hammond 28 R 28
Stoke Lacy 26 M 27
Stoke Lyne 28 Q 28
Stoke Mandeville 20 R 28
Stoke-on-Trent 35 N 24
Stoke Orchard 27 N 28
Stoke Poges 21 S 29
Stoke-St. Mary 8 K 31
Stoke-St. Michael 18 M 30
Stoke St. Milborough 26 M 26
Stoke sub Hamdon 8 L 31
Stokeham 44 R 24
Stokenchurch 20 R 29
Stokenham 4 I 33
Stokesay 26 L 26
Stokesley 50 Q 20
Stone *Bucks.* 20 R 28
Stone *Staffs.* 35 N 25
Stone Edge 36 P 24
Stonehaugh 55 N 18
Stonehaven 75 N 13
Stonehenge 9 O 30
Stonehouse *Glos.* 19 N 28
Stonehouse
South Lanarkshire 61 I 16
Stoneleigh 28 P 26
Stonesfield 20 P 28
Stoney Cross 9 P 31
Stoney Stanton 36 Q 26
Stoneybridge 76 X 12
Stoneykirk 52 F 19
Stoneywood 75 N 12
Stony Stratford 28 R 27
Stornoway 82 A 9
Storr (The) 77 B 11
Storrington 11 S 31
Stort (River) 29 U 28
Stotfold 29 T 27
Stottesdon 26 M 26
Stoughton 10 R 31
Stoul 72 C 13
Stoulton 27 N 27
Stour (River)
English Channel 9 N 31
Stour (River) *North Sea* 30 V 27
Stour (River) *R. Severn* 27 N 26
Stourbridge 27 N 26
Stourhead House 9 N 30
Stourport-on Severn 27 N 26
Stourton Caundle 9 M 31
Stow 62 L 16
Stow-on-the-Wold 27 O 28
Stowbridge 38 V 26
Stowe-by-Chartley 35 O 25
Stowe School 28 Q 27
Stowmarket 30 W 27
Stowupland 30 X 27
Straad 59 E 16
Strachan 75 M 12
Strachur 66 E 15
Stradbroke 31 X 27
Stradishall 30 V 27
Stradsett 38 V 26
Straiton 60 G 18
Straloch 74 J 13
Stranraer 52 E 19
Strata Florida Abbey 25 I 27
Stratfield Saye 20 Q 29
Stratford St. Mary 30 W 28
Stratford-upon-Avon 27 O 27
Strath Brora 85 H 9
Strath Dearn 79 I 11
Strath Halladale 85 I 8
Strath Isla 80 K 11
Strath More 78 E 10
Strath Mulzie 78 F 10
Strath of Kildonan 85 I 9
Strath Oykel 84 F 10
Strath Skinsdale 85 H 9
Strath Tay 68 J 14
Strathallan 67 I 15
Strathan 72 E 13
Strathardle 74 J 13
Strathaven 60 H 16
Strathbeg (Loch of) 81 O 11
Strathblane 67 H 16
Strathbogie 80 L 11
Strathbraan 67 I 14
Strathcarnaird 84 E 10

Strathcarron 78 D 11
Strathcoil 65 C 14
Strathconon 78 F 11
Strathconon Forest 78 F 11
Strathearn 67 I 14
Stratherrick 73 G 12
Strathkinness 69 L 14
Strathmashie 73 H 13
Strathmiglo 68 K 15
Strathmore 75 M 13
Strathnairn 79 H 11
Strathnaver 85 H 8
Strathpeffer 79 G 11
Strathrannoch 79 F 10
Strathspey 80 J 11
Strathvaich Lodge 78 F 10
Strathy 85 I 8
Strathy Point 85 H 8
Strathyre 67 H 15
Stratton *Cornwall* 6 G 31
Stratton *Glos.* 19 O 28
Stratton *West Dorset* 5 M 31
Stratton Audley 28 Q 28
Stratton-on-the-Fosse 18 M 30
Stratton-St. Margaret 19 O 29
Streatley 20 Q 29
Street 8 L 30
Strensall 50 Q 21
Stretford 42 N 23
Stretham 30 U 26
Stretton *Cheshire* 42 M 23
Stretton *Staffs.* 35 N 25
Stretton-on-Dunsmore 28 P 26
Strichen 81 N 11
Striven (Loch) 66 E 16
Stroma (Island of) 86 K 7
Stromeferry 78 D 11
Stromemore 78 D 11
Stromness 86 K 7
Stronachlachar 66 G 15
Stronchreggan 72 E 13
Stronchrubie 84 F 9
Strone 66 F 16
Stronmilchan 66 F 14
Stronsay 87 M 6
Stronsay Firth 87 L 6
Strontian 72 D 13
Stroud 19 N 28
Strumble Head 14 E 27
Stuart Castel 79 H 11
Stuartfield 81 N 11
Stubbington 10 Q 31
Studland 9 O 32
Studley *Warw.* 27 O 27
Studley *Wilts.* 19 N 29
Studley Royal Gardens 50 P 21
Stuley 76 Y 12
Sturminster Marshall 9 N 31
Sturminster Newton 9 N 31
Sturry 23 X 30
Sturton-le-Steeple 44 R 23
Suainaval (Loch) 82 Z 9
Sudbourne 31 Y 27
Sudbury *Derbs.* 35 O 25
Sudbury *Suffolk* 30 W 27
Sudbury Hall 35 O 25
Sudeley Castle 27 O 28
Sùil Ghorm 71 A 13
Sulby 46 G 21
Sulgrave 28 Q 27
Sulhamstead 20 Q 29
Sullom 87 P 2
Sullom Voe 87 P 2
Sully 18 K 29
Sumburgh 87 Q 4
Sumburgh Roost 87 P 4
Summer Island 83 D 9
Summerbridge 49 O 21
Summercourt 3 F 32
Sunart 72 D 13
Sunart (Loch) 71 C 13
Sunbury-on-Thames 21 S 29
Sunderland 57 P 19
Sunderland Bridge 56 P 19
Sunk Island 45 T 23
Sunningdale 21 S 29
Sunninghill 21 S 29
Surfleet 37 T 25
Surlingham 39 Y 26
Sutterton 37 T 25
Sutton *Bassetlaw* 44 R 23
Sutton *Cambs.* 29 U 26
Sutton *Guildford* 21 S 30
Sutton *London Borough* 21 T 29
Sutton *Shrops.* 34 M 25
Sutton Bank 50 Q 21
Sutton Benger 19 N 29
Sutton Bonington 36 Q 25
Sutton Bridge 37 U 25
Sutton Cheney 36 P 26
Sutton Coldfield 35 O 26
Sutton Courtenay 20 Q 29
Sutton-in-Ashfield 36 Q 24
Sutton-on-Hull 45 T 22
Sutton-on-Sea 45 U 24
Sutton-on-the-Forest 50 Q 21
Sutton-on-the-Hill 35 P 25
Sutton-on-Trent 36 R 24
Sutton Scotney 10 P 30
Sutton St. Edmund 37 U 25
Sutton St. James 37 U 25
Sutton-St. Nicholas 26 L 27
Sutton
under Whitestonecliffe 50 Q 21
Sutton Valence 22 V 30
Sutton Veny 9 N 30
Swadlincote 36 P 25
Swaffham 38 W 26
Swaffham Bulbeck 30 U 27
Swainby 50 Q 20
Swainswick 19 M 29
Swale (River) 50 P 21
Swale (The) 22 W 29
Swale Dale 49 O 20
Swallow 45 T 23
Swallow Falls 33 I 24
Swallowcliffe 9 N 30
Swallowfield 20 R 29
Swanage 9 O 32
Swanbridge 18 K 29
Swanland 44 S 22
Swanley 22 U 29
Swannery 5 M 32
Swanscombe 22 U 29
Swansea / Abertawe 17 I 29
Swanton Abbot 39 Y 25
Swanton Morley 38 W 25
Swanwick 36 P 24
Swarbacks Minn 87 P 2
Swavesey 29 T 27
Sway 9 P 31
Swaythling 10 P 31
Swimbridge 7 I 30
Swinbrook 19 P 28
Swinderby 36 R 24
Swindon *Cheltenham* 27 N 28
Swindon *Swindon* 19 O 29
Swinefleet 44 R 22
Swineshead 37 T 25
Swinford 28 Q 26
Swingfield 23 X 30
Swinton *Rotherham.* 44 Q 23
Swinton *Scottish Borders* 63 N 16
Swynnerton 35 N 25
Swyre 5 M 31
Sydenham 20 R 28
Syderstone 38 W 25
Sydling St. Nicholas 8 M 31
Sykehouse 44 Q 23
Symbister 87 Q 2
Symington *South Ayrshire* 60 G 17
Symington
South Lanarkshire 61 J 17
Symonds Yat 18 M 28
Symonds Yat Rock 18 M 28
Symondsbury 5 L 31
Syresham 28 Q 27
Syston 36 Q 25
Sywell 28 R 27

T

Tackley 28 Q 28
Tadcaster 44 Q 22
Taddington 43 O 24
Tadley 20 Q 29
Tadmarton 28 P 27
Tadworth 21 T 30
Taff (River) 18 K 29
Taibach 17 I 29
Tain 79 H 10
Takeley 30 U 28
Tal-y-bont *Dyfed* 25 I 26
Tal-y-Bont *Gwynedd* 33 H 25
Tal-y-Cafn 41 I 23
Tal-y-Llyn Lake 33 I 25
Talacre 41 K 22
Talaton 7 K 31
Talgarreg 15 H 27
Talgarth 26 K 28
Talke 35 N 24
Tall-y-llyn 33 I 26
Talladale 78 D 10
Tallaminnock 60 G 18
Talley 25 I 28
Talsarnau 33 H 25
Talwrn 40 H 23
Talybont-on-Usk *Powys* 26 K 28
Talywern 33 I 26
Tamanavay (Loch) 82 Y 9
Tamar (River) 6 G 31
Tamerton Foliot 4 H 32
Tamworth 35 O 26
Tan Hill 49 N 20
Tan-y-pistill 33 J 25
Tanera Beg 83 D 9
Tanera Mór 83 D 9
Tangley 20 P 30
Tangmere 11 R 31
Tannach 86 K 8
Tannadice 74 L 13
Tantallon Castle 69 M 15
Taransay 82 Y 10
Taransay (Sound of) 82 Z 10
Tarbat Ness 79 I 10
Tarbert *Argyll and Bute* 59 D 16
Tarbert *Gigha Island* 65 C 16
Tarbert *Western Isles* 82 Z 10
Tarbert (Loch) 65 C 16
Tarbet *Argyll and Bute* 66 F 15
Tarbet *Highland* 72 D 13
Tarbolton 60 G 17
Tardy Gate 42 L 22
Tarfside 74 L 13
Tarland 74 L 12
Tarleton 42 L 22
Tarn (The) 48 L 20
Tarporley 34 M 24
Tarrant Gunville 9 N 31
Tarrant Hinton 9 N 31
Tarrant Keyneston 9 N 31
Tarrington 26 M 27
Tarskavaig 71 C 12
Tarskavaig Point 71 B 12
Tarves 81 N 11
Tarvin 34 L 24
Tathwell 45 T 24
Tattersett 38 W 25
Tattershall 37 T 24
Tatton Hall 42 M 24
Taunton 8 K 30
Taunton Deane 7 K 30
Taverham 39 X 25
Tavernspite 15 G 28
Tavistock 4 H 32
Taw (River) 7 I 31
Tay (Firth of) 68 K 14
Tay (Loch) 67 H 14
Tay Road Bridge 69 L 14
Taynton 27 M 28
Taynuilt 65 E 14
Tayport 69 L 14
Tayvallich 65 D 15
Teacuis (Loch) 71 C 14
Tealby 45 T 23
Teangue 71 C 12
Tebay 48 M 20
Tedburn St. Mary 4 I 31
Teddington 27 N 28
Tees (River) 50 P 20
Teesdale 55 N 20
Teifi (River) 15 G 27
Teignmouth 4 J 32
Telford 34 M 25
Teme (River) 27 M 27
Templand 54 J 18
Temple 61 K 16
Temple Ewell 23 X 30
Temple Grafton 27 O 27
Temple Sowerby 55 M 20
Templeton 15 F 28
Tempsford 29 T 27
Tenbury Wells 26 M 27
Tenby / Dinbych-y-pysgod 15 F 28
Tendring 31 X 28
Tenterden 12 W 30
Terling 22 V 28
Tern Hill 34 M 25
Terrington St. Clement 38 U 25
Test (River) 20 P 30
Tetbury 19 N 29
Tetford 45 T 24
Tetney 45 T 23
Tetsworth 20 Q 28
Tettenhall 35 N 26
Tewin 21 T 28
Tewkesbury 27 N 28
Texa 58 B 17
Teynham 22 W 30
Thakeham 11 S 31
Thame 20 R 28
Thame (River) 20 R 28
Thames (River) 20 Q 29
Thanet (Isle of) 23 Y 29
Thankerton 61 J 17
Thatcham 20 Q 29
Thaxted 30 V 28
Theale *Berks.* 20 Q 29
Theale *Somerset* 18 L 30
Theddlethorpe St. Helen 45 U 23
Thetford 30 W 26
Theviothead 62 L 17
Theydon Bois 21 U 28
Thirlestane 62 L 16
Thirlspot 48 K 20
Thirsk 50 P 21
Thistleton 37 S 25
Thixendale 51 R 21
Thompson 38 W 26
Thomshill 80 K 11
Thoralby 49 N 21
Thoresway 45 T 23
Thorganby 44 R 22
Thornaby-on-Tees 50 Q 20
Thornborough 28 R 28
Thornbury *Heref.* 26 M 27
Thornbury *South Glos.* 18 M 29
Thornbury *Torridge* 6 H 31
Thornby 28 Q 26
Thorncombe 8 L 31
Thorne 44 R 23
Thorner 43 P 22
Thorney 37 T 26
Thornford 8 M 31
Thornham 38 V 25
Thornhill
Dumfries and Galloway 61 I 18
Thornhill *Stirling* 67 H 15
Thornton *Fife* 68 K 15
Thornton *Lancs.* 42 K 22
Thornton Curtis 45 S 23
Thornton-in-Craven 49 N 22
Thornton-le-Dale 51 R 21
Thorntonloch 69 M 16
Thornyhive Bay 75 N 13
Thorpe *Derbs.* 35 O 24
Thorpe *Essex* 22 W 29
Thorpe-le-Soken 31 X 28
Thorpe-on-the-Hill 37 S 24
Thorpe Thewles 57 P 20
Thorpeness 31 Y 27
Thorrington 31 X 28
Thorverton 7 J 31
Thrapston 29 S 26
Threapwood 34 L 24
Three Cocks 26 K 27
Three Crosses 15 H 29
Threekingham 37 S 25
Threlkeld 54 K 20
Thringstone 36 P 25
Throckley 56 O 19
Thropton 63 O 18
Throwleigh 4 I 31
Thrumster 86 K 8
Thruxton Circuit 20 P 30
Thrybergh 44 Q 23
Thundersley 22 V 29
Thurcroft 44 Q 23
Thurgarton 36 R 24
Thurgoland 43 P 23
Thurlby 37 S 25
Thurlestone 4 I 33
Thurlow 30 V 27
Thurlton 39 Y 26
Thurmaston 36 Q 25
Thurne 39 Y 25
Thurnham 22 V 30
Thurnscoe 44 Q 23
Thursby 54 K 19
Thurso 85 J 8
Thurstaston 42 K 23
Thurstonfield 54 K 19
Thurton 39 Y 26
Thwaite 49 N 20
Tibbermore 68 J 14
Tibberton *Glos.* 27 M 28
Tibberton *Salop* 34 M 25
Tibberton *Wychavon* 27 N 27
Tibshelf 36 P 24
Ticehurst 12 V 30
Tickhill 44 Q 23
Ticknall 36 P 25
Tiddington 20 Q 28
Tidenham 18 M 29
Tideswell 43 O 24
Tigerton 75 L 13
Tigharry 76 X 11
Tighnabruaich 65 E 16
Tilbury 22 V 29
Tillathrowie 80 L 11
Tillicoultry 67 I 15
Tillington 11 S 31
Tilney St. Lawrence 38 U 25
Tilshead 19 O 30
Tilstock 34 L 25
Tilt (Glen) 73 I 13
Tilton-on-the-Hill 36 R 26
Timberscombe 7 J 30
Timsbury 18 M 30
Timsgarry 82 Y 9
Tingewick 28 Q 28
Tingwall (Loch) 87 P 3
Tintagel 6 F 32
Tintern Abbey 18 L 28
Tintinhull 8 L 31
Tintwistle 43 O 23
Tinwald 53 J 18
Tipton 27 N 26
Tipton-St. john 5 K 31
Tiptree 22 W 28
Tirabad 25 J 27
Tiree 64 Z 14
Tirga Mór 82 Z 10
Tirley 27 N 28
Tiroran 65 B 14
Tisbury 9 N 30
Titchfield 10 Q 31
Titchmarsh 29 S 26
Tiumpan Head 83 B 9
Tiverton *Chester* 34 L 24
Tiverton *Mid Devon* 7 J 31
Tobermory 71 B 14
Toberonochy 65 D 15
Tobson 82 Z 9
Tockwith 50 Q 22
Todber 9 N 31
Toddington 29 S 28
Todenham 27 P 27
Todmorden 43 N 22
Toe Head 76 Y 10
Togston 63 P 18
Tokavaig 71 C 12
Toll of Birness 81 O 11
Toller Porcorum 8 M 31
Tollerton 50 Q 21
Tollesbury 22 W 28
Tolleshunt d'Arcy 22 W 28
Tolpuddle 9 N 31
Tolquhon Castle 81 N 11
Tolsta 83 B 8
Tolsta Chaolais 82 Z 9
Tolsta Head 83 B 8
Tomatin 79 I 11
Tombreck 79 H 11
Tomcrasky 72 F 12
Tomdoun 72 E 12
Tomich 78 F 12
Tomintoul 74 J 12
Tomnavoulin 80 K 12
Tomsléibhe 65 C 14
Tonbridge 22 U 30
Tondu 17 J 29
Tong 82 A 9
Tongham 20 R 30
Tongland 53 H 19
Tongue 84 G 8
Tongwynlais 18 K 29
Tonna 17 I 28
Tonypandy 17 J 29
Tonyrefail 17 J 29
Topcliffe 50 P 21
Topsham 4 J 31
Tor Ness 86 K 7
Torbay 4 J 32
Torcross 4 J 33
Torksey 44 R 24
Torlundy 72 E 13
Tormarton 19 N 29
Tornapress 78 D 11
Tornaveen 75 M 12
Torness 79 G 12
Torphichen 67 J 16
Torphins 75 M 12
Torpoint 3 H 32
Torquay 4 J 32
Torquhan 62 L 16
Torridon (Loch) 77 C 11
Torrin 71 B 12
Torrisdale Bay 85 H 8
Torthorwald 53 J 18
Tortworth 19 M 29
Torver 48 K 20
Toscaig 77 C 11
Totaig *Loch Alsh* 78 D 12
Totaig *Loch Dunvegan* 77 A 11
Totland 10 P 31
Totley 43 P 24
Totnes 4 I 32
Toton 36 Q 25
Totscore 77 A 11
Totternhoe 29 S 28
Totton 10 P 31
Tournaig 78 D 10
Tow Law 56 O 19
Towcester 28 R 27
Tower Hamlets
London Borough 21 T 29
Towie 74 L 12
Town Yetholm 62 N 17
Towneley Hall 43 N 22
Townhead 53 H 19
Townhead of Greenlaw 53 I 19
Tradespark 79 I 11
Trallwng / Welshpool 34 K 26
Tranent 69 L 16
Trapp 25 I 28
Traquair House 61 K 17
Trawden 43 N 22
Trawsfynydd 33 I 25
Trealaval (Loch) 82 A 9
Trearddur Bay 40 G 23
Trecastle 25 J 28
Trecwn 24 F 28
Tredington 27 P 27
Treen 2 D 33
Trefaldwyn / Montgomery 34 K 26
Trefeglwys 25 J 26
Treffynnon / Holywell 41 K 23
Trefil 18 K 28
Trefnant 41 J 23
Trefonen 34 K 25
Trefor 40 G 23
Trefyclawdd / Knighton 26 K 26
Trefynwy / Monmouth 18 L 28
Tregaron 25 I 27
Tregony 3 F 33
Tregurrian 2 E 32
Tregynon 33 J 26
Treharris 18 K 29
Treherbert 17 J 28
Treig (Loch) 73 F 13
Trelawnyd 41 J 23
Trelech 15 G 28
Trelech a'r Betws 15 G 28
Trelissick Gardens 2 E 33
Trellech 18 L 28
Tremadog 33 H 25
Tremadog Bay 32 H 25
Trenance 2 E 32
Trengwainton Garden 2 D 33
Trent 8 M 31
Trent (River) 36 R 24
Trentham 35 N 25
Treorchy 17 J 29
Trerice 2 E 32
Treshnish Isles 64 A 14
Treshnish Point 71 A 14
Tressait 73 I 13
Tretower 26 K 28
Treuddyn 34 K 24
Trevine 14 E 28
Trevone 3 F 32
Trevor 32 G 25
Trevose Head 2 E 32
Trewithen 3 F 33
Trimdon 56 P 19
Trimley Heath 31 X 28
Trimsaran 15 H 28
Tring 21 R 28
Trispen 2 E 33
Trochry 67 J 14
Troedyrhiw 17 J 28
Trollamarig (Loch) 82 Z 10
Tromie (Glen) 73 H 12
Troon 60 G 17
Trossachs (The) 67 G 15
Trotternish 77 B 11
Troutbeck *Eden* 54 L 20
Troutbeck *South Lakeland* 48 L 20
Trowbridge 19 N 30
Trudoxhill 19 M 30
Truim (Glen) 73 H 13
Trull 8 K 31
Trumpington 29 U 27
Trunch 39 Y 25
Truro 2 E 33
Trusthorpe 45 U 24
Trwyn Cilan 32 G 25
Tuath (Loch) 64 B 14
Tuddenham *Forest Heath* 30 V 27
Tuddenham
Suffolk Coastal 31 X 27
Tudhoe 56 P 19

Tudweiliog 32 G 25
Tugford 26 M 26
Tulla (Loch) 66 F 14
Tullibardine 67 I 15
Tullibody 67 I 15
Tullymurdoch 74 K 14
Tumble 15 H 28
Tummel (Loch) 73 I 13
Tunstall
East Riding of Yorkshire 45 T 22
Tunstall *Staffs.* 35 N 24
Tunstall *Suffolk* 31 Y 27
Tur Langton 36 R 26
Turnberry 59 F 18
Turnditch 35 P 24
Turret
(Loch and Reservoir) 67 I 14
Turriff 81 M 11
Turvey 29 S 27
Tusker Rock 17 I 29
Tutbury 35 O 25
Tuxford 44 R 24
Twatt 86 K 6
Tweed (River) 61 J 17
Tweeddale 61 J 17
Tweedmouth 63 N 16
Tweedsmuir Hills 61 J 17
Twemlow Green 35 N 24
Twickenham 21 S 29
Two Dales 35 P 24
Twyford *Berks.* 20 R 29
Twyford *Hants.* 10 Q 30
Twyford *Leics.* 36 R 25
Twynholm 53 H 19
Twynllanan 25 I 28
Tydd-St. Giles 37 U 25
Tydd St. Mary 37 U 25
Tyddewi / St. David's 14 E 28
Tyldesley 42 M 23
Tylorstown 17 J 29
Tyne (River) 56 P 19
Tynehead 62 L 16
Tynemouth 56 P 18
Tynewydd 17 J 28
Tynron 53 I 18
Tythegston 17 J 29
Tytherington 18 M 29
Tywardreath 3 F 32
Tywi (River) 25 I 27
Tywyn 33 H 26

U

Ubley 18 L 30
Uckfield 11 U 31
Uddingston 60 H 16
Udimore 12 V 31
Uffculme 7 K 31
Uffington 37 S 26
Ufford 31 Y 27
Ugadale Bay 59 D 17
Ugborough 4 I 32
Ugbrooke House 4 J 32
Ugthorpe 50 R 20
Uig *Highland* 77 A 11
Uig *Western Isles* 82 Y 9
Uisg (Loch) 65 C 14
Uiskevagh (Loch) 76 Y 11
Ulbster 86 K 8
Ulceby *East Lindsey* 45 U 24
Ulceby *North Lincolnshire* 45 T 23
Ulcombe 22 V 30
Uldale 54 K 19
Uley 19 N 28
Ulgham 56 P 18
Ullapool 78 E 10
Ulleskelf 44 Q 22
Ullesthorpe 28 Q 26
Ullinish 77 A 11
Ullock 54 J 20
Ullswater 48 L 20
Ulpha 47 K 21
Ulsta 87 Q 2
Ulva 64 B 14
Ulverston 48 K 21
Unapool 84 E 9
Union Mills 46 G 21
Unst 87 R 1
Upavon 19 O 30
Upchurch 22 V 29
Uphall 68 J 16
Uphill 18 L 30
Upleadon 27 M 28
Uplyme 5 L 31
Upottery 8 K 31
Upper Arley 27 M 26
Upper Badcall 84 E 9
Upper Beeding 11 T 31
Upper Bighouse 85 I 8
Upper Broughton 36 R 25
Upper Chapel 25 J 27
Upper Chute 20 P 30
Upper Dicker 12 U 31
Upper Hale 20 R 30
Upper Heyford 28 Q 28
Upper Hindhope 62 M 17
Upper Knockando 80 J 11
Upper Loch Torridon 78 D 11
Upper Poppleton 50 Q 22
Upper Sandaig 72 D 12
Upper Tean 35 O 25
Uppertown 86 K 7
Uppingham 36 R 26
Upton *Dorset* 9 N 31
Upton *Notts.* 36 R 24
Upton *Vale of White Horse* 20 Q 29
Upton *Wakefield* 44 Q 23
Upton *West Somerset* 7 J 30
Upton Grey 20 Q 30
Upton House 28 P 27
Upton Magna 34 M 25
Upton Noble 9 M 30
Upton Scudamore 19 N 30
Upton-upon-Severn 27 N 27
Upwell 38 U 26
Upwood 29 T 26
Urchfont 19 O 30
Ure (River) 50 Q 21
Urigill (Loch) 84 F 9
Urmston 42 M 23
Urquhart 80 K 11
Urquhart (Glen) 79 G 11
Urquhart Castle 79 G 12
Urrahag (Loch) 82 A 8
Ushaw Moor 56 P 19
Usk / Brynbuga 18 L 28
Usk (River) 18 K 28
Uttoxeter 35 O 25
Uyea 87 R 2
Uyeasound 87 R 1

V

Vallay Strand 76 X 11
Valle Crucis 34 K 25
Valley 40 G 23
Valtos 82 Z 9
Vatersay 70 X 13
Vatten 77 A 11
Ve Skerries 87 O 2
Venachar (Loch) 67 H 15
Ventnor 10 Q 32
Verham Dean 20 P 30
Verulamium 21 S 28
Verwood 9 O 31
Veryan 3 F 33
Veyatie (Loch) 84 E 9
Vindolanda 55 M 19
Voe 87 Q 2
Voil (Loch) 67 G 14
Vowchurch 26 L 27
Vyrnwy (Lake) 33 J 25

W

Waddesdon 20 R 28
Waddingham 44 S 23
Waddington *Lancs.* 42 M 22
Waddington *Lincs.* 37 S 24
Wadebridge 3 F 32
Wadhurst 12 U 30
Wag 85 I 9
Wainfleet All Saints 38 U 24
Wainstalls 43 O 22
Wakefield 43 P 22
Wakerley 37 S 26
Wakes Colne 30 W 28
Walberswick 31 Y 27
Walcott 37 T 24
Walden Head 49 N 21
Walderslade 22 V 29
Waldringfield 31 X 27
Waldron 12 U 31
Walesby 44 R 24
Walford 34 L 25
Walgherton 34 M 24
Walgrave 28 R 26
Walkden 42 M 23
Walkeringham 44 R 23
Walkern 29 T 28
Wall 35 O 26
Wallace Monument 67 I 15
Wallasey 42 K 23
Wallend 22 W 29
Wallingford 20 Q 29
Wallington House 56 O 18
Walls 87 P 3
Wallsend 56 P 18
Wallyford 69 K 16
Walney (Isle of) 47 K 21
Walpole 31 Y 27
Walpole St. Andrew 38 U 25
Walpole St. Peter 38 U 25
Walsall 35 O 26
Walsden 43 N 22
Walsham le Willows 30 W 27
Walshford 50 P 22
Walston 61 J 16
Waltham *Kent* 23 X 30
Waltham *North East Lincs.* 45 T 23
Waltham Abbey 21 U 28
Waltham Forest
London Borough 21 T 29
Waltham-on-the-Wolds 36 R 25
Walton *Carlisle* 55 L 19
Walton *Leeds* 50 Q 22
Walton *Powys* 26 K 27
Walton-East 24 F 28
Walton-in-Gordano 18 L 29
Walton-le-Dale 42 M 22
Walton-on-Thames 21 S 29
Walton-on-the-Naze 31 X 28
Walton-Upon-Trent 35 O 25
Walworth 49 P 20
Wanborough 19 O 29
Wandsworth
London Borough 21 T 29
Wangford 31 Y 26
Wanlockhead 61 I 17
Wansford
East Riding of Yorkshire 51 S 22
Wansford *Peterborough* 37 S 26
Wanstrow 9 M 30
Wantage 20 P 29
Wappenham 28 Q 27
Warboys 29 T 26
Warbstow 6 G 31
Warcop 49 M 20
Wardington 28 Q 27
Wardour Castle 9 N 30
Ware 21 T 28
Wareham 9 N 31
Wargrave 20 R 29
Wark *near Coldstream* 63 N 17
Wark *near Hexham* 55 N 18
Wark Forest 55 M 18
Warkworth 63 P 17
Warley 27 O 26
Warlingham 21 T 30
Warmington
East Northamptonshire 29 S 26
Warmington
Stratford-on-Avon 28 P 27
Warminster 19 N 30
Warmsworth 44 Q 23
Warmwell 9 M 31
Warnborough 20 R 30
Warnford 10 Q 30
Warnham 11 S 30
Warren 43 N 24
Warren (The) 13 X 30
Warrington 42 M 23
Warsash 10 Q 31
Warslow 35 O 24
Warsop 36 Q 24
Warter 51 R 22
Warton *Alnwick* 63 O 18
Warton *near Morecambe* 48 L 21
Warton *near Preston* 42 L 22
Warwick 27 P 27
Warwick Bridge 55 L 19
Wasbister 86 K 6
Wasdale Head 47 K 20
Wash (The) 38 U 25
Washington
Tyne and Wear 56 P 19
Washington *West Sussex* 11 S 31
Wast Water 47 K 20
Watchet 17 K 30
Watchfield 19 P 29
Watchgate 48 L 20
Water Orton 27 O 26
Waterbeach 30 U 27
Waterbeck 54 K 18
Watergate Bay 2 E 32
Waterhead 74 L 13
Waterhouses 35 O 24
Wateringbury 22 V 30
Waterlooville 10 Q 31
Waternish Point 77 A 11
Waters Upton 34 M 25
Waterside 60 G 17
Waterstein 76 Z 11
Watford *Daventry* 28 Q 27
Watford *Watford* 21 S 29
Wath 50 P 21
Wath-upon-Dearne 44 P 23
Watlington 20 Q 29
Watten 85 K 8
Watton *Breckland* 38 W 26
Watton
East Riding of Yorkshire 51 S 22
Watton at Stone 29 T 28
Waunfawr 33 H 24
Waveney (River) 31 Y 26
Waverton *Allerdale* 54 K 19
Waverton *Chester* 34 L 24
Wawne 45 S 22
Wear (River) 56 O 20
Weardale 55 N 19
Weasenhan St. Peter 38 W 25
Weaver (River) 34 M 24
Weaverthorpe 51 S 21
Wedmore 18 L 30
Wednesbury 35 N 26
Wednesfield 35 N 26
Weedon-Bec 28 Q 27
Week St. Mary 6 G 31
Weeley 31 X 28
Weem 73 I 14
Weeting 30 V 26
Weeton 42 L 22
Welburn 50 R 21
Welby 37 S 25
Welcombe 6 G 31
Welford *Daventry* 28 Q 26
Welford *Stratford-on-Avon* 27 O 27
Welford *West Berkshire* 20 P 29
Welham Green 21 T 28
Well 50 P 21
Welland 27 N 27
Welland (River) 37 T 25
Wellesbourne 27 P 27
Wellingborough 29 R 27
Wellington
Herefordshire 26 L 27
Wellington *Salop* 34 M 25
Wellington *Somerset* 8 K 31
Wellow
Bath and North East 19 M 30
Wellow
Newark and Sherwood 36 R 24
Wells 18 M 30
Wells-next-the-Sea 38 W 25
Wells of Ythan 81 M 11
Welney 38 U 26
Welsh Newton 26 L 28
Welshampton 34 L 25
Welshpool / Trallwng 34 K 26
Welton *Allerdale* 54 K 19
Welton *Daventry* 28 Q 27
Welton *West Lindsey* 44 S 24
Welton-le-Wold 45 T 23
Welwyn 21 T 28
Welwyn Garden City 21 T 28
Wem 34 L 25
Wembdon 8 K 30
Wembley 21 T 29
Wembury 4 H 33
Wembworthy 7 I 31
Wemyss Bay 59 F 16
Wendens Ambo 30 U 27
Wendlebury 28 Q 28
Wendover 20 R 28
Wendron 2 E 33
Wenlock Edge 26 L 26
Wennington 48 M 21
Wensley 49 O 21
Wensleydale 49 O 21
Wentbridge 44 Q 23
Wentnor 26 L 26
Wentworth 43 P 23
Wenvoe 18 K 29
Weobley
Hereford and Worcester 26 L 27
Wereham 38 V 26
Werrington 6 G 32
West Alvington 4 I 33
West Auckland 56 O 20
West-Barns 69 M 16
West Bay 8 M 32
West Bergholt 30 W 28
West-Bradenham 38 W 26
West Bridgford 36 Q 25
West Bromwich 27 O 26
West-Buckland
North Devon 7 I 30
West-Buckland
Taunton Deane 8 K 31
West Butterwick 44 R 23
West Calder 61 J 16
West Camel 8 M 30
West Charleton 4 I 33
West Chevington 63 P 18
West Chiltington 11 S 31
West-Chinnock 8 L 31
West Coker 8 L 31
West Dean 9 P 30
West-Dereham 38 V 26
West Down 7 H 30
West End 10 Q 31
West Farleigh 22 V 30
West-Felton 34 L 25
West-Firle 11 U 31
West Geirinish 76 X 11
West-Grinstead 11 T 31
West Hanningfield 22 V 28
West Harptree 18 M 30
West Heath 20 R 30
West Heslerton 51 S 21
West-Hill 5 K 31
West Hoathly 11 T 30
West-Huntspill 18 L 30
West Kilbride 59 F 16
West Kingsdown 22 U 29
West Kirby 41 K 22
West Langwell 85 H 9
West Lavington 19 O 30
West Linton 61 J 16
West Loch Roag 82 Z 9
West Loch Tarbert
Argyll and Bute 59 D 16
West Loch Tarbert
Western Isles 82 Z 10
West Looe 3 G 32
West Lulworth 9 N 32
West Lutton 51 S 21
West Malling 22 V 30
West Malvern 27 M 27
West Meon 10 Q 30
West Mersea 22 W 28
West Moors 9 O 31
West-Overton 19 O 29
West Putford 6 G 31
West-Quantoxhead 8 K 30
West Rainton 56 P 19
West Runton 39 X 25
West-Stafford 9 M 31
West Strathan 84 G 8
West Tanfield 50 P 21
West-Tarbert 59 D 16
West Thorney 10 R 31
West Town 18 L 29
West-Tytherley 9 P 30
West Walton 37 U 25
West Wellow 9 P 31
West Wickam 21 T 29
West Winch 38 V 25
West Wittering 10 R 31
West Witton 49 O 21
West Woodburn 55 N 18
West Wycombe 20 R 29
Westbourne 10 R 31
Westbury *Cheshire* 34 L 25
Westbury *Wilts.* 19 N 30
Westbury-on-Severn 19 M 28
Westcliff 22 W 29
Westcott 21 S 30
Westenhanger 13 X 30
Wester Ross 78 D 11
Westerdale *Highland* 85 J 8
Westerdale *Scarborough* 50 R 20
Westerham 21 U 30
Westerleigh 19 M 29
Western Cleddau 24 E 28
Westfield *Highland* 85 J 8
Westfield *Rother* 12 V 31
Westfield *West Lothian* 67 I 16
Westgate-on-Sea 23 Y 29
Westham 12 U 31
Westhoughton 42 M 23
Westleton 31 Y 27
Westmeston 11 T 31
Westmill 29 T 28
Westnewton 54 J 19
Weston *Devon* 8 K 31
Weston
North Hertfordshire 29 T 28
Weston *South Holland* 37 T 25
Weston
South Northamptonshire 28 Q 27
Weston *Staffs.* 35 N 25
Weston-by-Welland 28 R 26
Weston Favell 28 R 27
Weston-on-the-Green 28 Q 28
Weston-on-Trent 36 P 25
Weston Rhyn 34 K 25
Weston-super-Mare 18 L 29
Weston Turville 20 R 28
Weston-under-Lizard 35 N 25
Weston-under-Penyard 26 M 28
Westonbirt 19 N 29
Westonzoyland 8 L 30
Westray 86 K 6
Westruther 62 M 16
Westward 54 K 19
Westward Ho 6 H 30
Westwood 19 N 30
Wetheral 55 L 19
Wetherby 50 P 22
Wetheringsett 31 X 27
Wethersfield 30 V 28
Wetwang 51 S 21
Wey (River) 10 R 30
Weybourne 39 X 25
Weybridge 21 S 29
Weyhill 20 P 30
Weymouth 8 M 32
Whaddon 28 R 28
Whaley Bridge 43 O 24
Whalley 42 M 22
Whalsay 87 R 2
Whalton 56 O 18
Whaplode 37 T 25
Whaplode Drove 37 T 25
Wharfe (River) 44 Q 22
Wharfedale 49 O 22
Whatlington 12 V 31
Whatsandwell 36 P 24
Whauphill 52 G 19
Whaw 49 N 20
Wheathampstead 21 T 28
Wheatley *Notts.* 44 R 23
Wheatley *Oxon.* 20 Q 28
Wheatley Hill 56 P 19
Wheaton Aston 35 N 25
Wheldrake 50 R 22
Whepstead 30 W 27
Whernside 49 M 21
Wherwell 10 P 30
Whickham 56 O 19
Whimple 7 J 31
Whipsnade 21 S 28
Whissendine 36 R 25
Whissonsett 38 W 25
Whitburn *South Tyneside* 57 P 19
Whitburn *West Lothian* 61 I 16
Whitby 51 S 20
Whitchurch
Basingstoke and Deane 20 P 30
Whitchurch
Bath and N.E. Somerset 18 M 29
Whitchurch *Bucks.* 28 R 28
Whitchurch
Caerdydd / Cardiff 18 K 29
Whitchurch *Devon* 4 H 32
Whitchurch
Heref. and Worc. 18 M 28
Whitchurch *Oxon.* 20 Q 29
Whitchurch *Salop* 34 L 25
White Coomb 61 K 17
White Horse Hill 20 P 29
White Scarcaves 49 M 21
White Waltham 20 R 29
Whitebridge 73 G 12
Whitecairns 75 N 12
Whitechurch Canonicorum 5 L 31
Whitefield 42 N 23
Whitehall 87 M 6
Whitehaven 47 J 20
Whitehill 10 R 30
Whitehills 81 M 10
Whitehouse
Aberdeenshire 75 M 12
Whitehouse
Argyll and Bute 59 D 16
Whitekirk 69 M 15
Whiten Head 84 G 8
Whiteness Sands 79 I 10
Whiteparish 9 P 30
Whiterashes 81 N 12
Whitermire 79 I 11
Whitesand Bay *Cornwall* 2 C 33
Whitesand Bay
Pembrokes 14 E 28
Whiteshill 19 N 28
Whiteside 55 M 18
Whitewell 49 M 22
Whitewreath 80 K 11
Whitfield *Dover* 23 X 30
Whitfield
South Northamptonshire 28 Q 27
Whitfield *Tynedale* 55 M 19
Whitgift 44 R 22
Whithorn 52 G 19

Name	Page	Grid
Whiting Bay	59	E 17
Whitland	15	G 28
Whitley	20	R 29
Whitley Bay	56	P 18
Whitley Bridge	44	Q 22
Whitley Chapel	55	N 19
Whitminster	19	N 28
Whitmore	35	N 25
Whitnash	28	P 27
Whitsand Bay	3	H 32
Whitstable	23	X 29
Whitstone	6	G 31
Whittingham	63	O 17
Whittington *Derbs.*	43	P 24
Whittington *King's Lynn and West Norfolk*	38	V 26
Whittington *Lancaster*	48	M 21
Whittington *Shrops.*	34	L 25
Whittle le Woods	42	M 22
Whittlebury	28	R 27
Whittlesey	37	T 26
Whittlesford	29	U 27
Whitton *North Lincolnshire*	44	S 22
Whitton *Powys*	26	K 27
Whitton *Suffolk*	31	X 27
Whittonstall	56	O 19
Whitwell *Derbs.*	44	Q 24
Whitwell *I.O.W.*	10	Q 32
Whitwell-on-the-Hill	50	R 21
Whitwick	36	P 25
Whitworth	43	N 23
Whixall	34	L 25
Whygate	55	M 18
Wiay *Highland*	77	A 11
Wiay *Western Isles*	76	Y 11
Wibtoft	28	Q 26
Wick *Bro Morgannwg / The Vale of Glamorgan*	17	J 29
Wick *Highland*	86	K 8
Wick *South Glos.*	19	M 29
Wicken *Cambs.*	28	R 27
Wicken *Northants.*	30	U 27
Wickenby	45	S 24
Wickersley	44	Q 23
Wickford	22	V 29
Wickham	10	Q 31
Wickham Market	31	Y 27
Wickhambrook	30	V 27
Wickwar	19	M 29
Widdrington	63	P 18
Wide Open	56	P 18
Widecombe-in-the-Moor	4	I 32
Wideford Hill Cairn	86	K 7
Widemouth Bay	6	G 31
Widford	21	U 28
Widnes	42	L 23
Wigan	42	M 23
Wiggenhall St. Mary Magdalen	38	V 25
Wigglesworth	49	N 21
Wight (Isle of)	10	P 32
Wighton	38	W 25
Wigmore *Herefordshire*	26	L 27
Wigmore *Medway*	22	V 29
Wigston	36	Q 26
Wigton	54	K 19
Wigtown	52	G 19
Wigtown Bay	53	H 19
Wilberfoss	50	R 22
Wilcot	19	O 29
Wild Animal Kingdom	29	S 28
Wilkhaven	79	I 10
Wilkieston	61	J 16
Willand	7	J 31
Willenhall *Coventry*	28	P 26
Willenhall *Walsall*	35	N 26
Willerby	45	S 22
Willersey	27	O 27
Willingdon	12	U 31
Willingham	29	U 27
Willingham Forest	45	T 23
Willington *Beds.*	29	S 27
Willington *Derbs.*	35	P 25
Willington *Durham*	56	O 19
Williton	7	K 30
Willoughby	28	Q 27
Wilmcote	27	O 27
Wilmington *East Essex*	12	U 31
Wilmington *Kent*	22	U 29
Wilmslow	43	N 24
Wiloughby	45	U 24
Wilpshire	42	M 22
Wilsford	37	S 25
Wilstead	29	S 27
Wilton	9	O 30
Wimbledon	21	T 29
Wimblington	29	U 26
Wimborne Minster	9	O 31
Wimborne St. Giles	9	O 31
Wincanton	9	M 30
Wincham	42	M 24
Winchburgh	68	J 16
Winchcombe	27	O 28
Winchelsea	12	W 31
Winchester	10	Q 30
Winchfield	20	R 30
Wincle	35	N 24
Windermere	48	L 20
Windhill	79	G 11
Windlesham	21	S 29
Windrush	19	O 28
Windrush (River)	19	O 28
Windsor	21	S 29
Windsor Great Park	21	S 29
Windygates	68	K 15
Winestead	45	T 22
Winfarthing	31	X 26
Winford	18	M 29
Winforton	26	K 27
Winfrith Newburgh	9	N 32
Wing	28	R 28
Wingate	57	P 19
Wingerworth	36	P 24
Wingfield *near Alfreton*	36	P 24
Wingfield *near Chesterfield*	36	P 24
Wingham	23	X 30
Wingrave	28	R 28
Winkfield	21	R 29
Winkleigh	7	I 31
Winksley	50	P 21
Winmarleigh	48	L 22
Winnersh	20	R 29
Winscombe	18	L 30
Winsford *Cheshire*	34	M 24
Winsford *Somerset*	7	J 30
Winsham	8	L 31
Winshill	35	P 25
Winslow	28	R 28
Winster *Derbyshire Dales*	35	P 24
Winster *South Lakeland*	48	L 20
Winston	49	O 20
Winstone	19	N 28
Winterborne Kingston	9	N 31
Winterborne Stickland	9	N 31
Winterborne Whitchurch	9	N 31
Winterbourne	18	M 29
Winterbourne Abbas	5	M 31
Winterbourne Dauntsey	9	O 30
Winterbourne Monkton	19	O 29
Winterbourne Stoke	9	O 30
Winteringham	44	S 22
Winterton	44	S 23
Winterton-on-Sea	39	Z 25
Winton	49	N 20
Wintringham	51	S 21
Winwick	29	S 26
Wirksworth	35	P 24
Wirral	42	K 24
Wisbech	37	U 25
Wisbech-St. Mary	37	U 26
Wisborough Green	11	S 30
Wishaw	61	I 16
Wisley	21	S 30
Wissey (River)	38	V 26
Wistanstow	26	L 26
Wistanswick	34	M 25
Wistaston	34	M 24
Wiston *Dumfries and Galloway*	61	J 17
Wiston *Pembrokeshire / Sir Benfro*	16	F 28
Wistow	44	Q 22
Witchampton	9	N 31
Witcham	30	U 26
Witham	22	V 28
Witham (River)	37	T 24
Witham Friary	9	M 30
Witheridge	7	I 31
Withern	45	U 24
Withernsea	45	U 22
Withernwick	45	T 22
Withington *Cotswold*	19	O 28
Withington *Herefordshire*	26	M 27
Withnell	42	M 22
Withycombe	4	J 32
Withypool	7	J 30
Witley	11	S 30
Witney	20	P 28
Witsome	63	N 16
Wittering	37	S 26
Wittersham	12	W 30
Witton le Wear	56	O 19
Wiveliscombe	7	K 30
Wivelsfield	11	T 31
Wivenhoe	30	W 28
Woburn	29	S 28
Woburn Abbey	29	S 28
Woburn Sands	29	S 27
Woking	21	S 30
Wokingham	20	R 29
Woldingham	21	T 30
Wold Newton	45	T 23
Wollaston	29	S 27
Wollaton Hall	36	Q 25
Wolsingham	56	O 19
Wolston	28	P 26
Wolvercote	20	Q 28
Wolverhampton	35	N 26
Wolverton	28	R 27
Wolvey	28	P 26
Wolviston	57	O 20
Wombleton	50	R 21
Wombourne	27	N 26
Wombwell	43	P 23
Womersley	44	Q 22
Wonersh	21	S 30
Wood Dalling	39	X 25
Woodborough	36	Q 24
Woodbridge	31	X 27
Woodbury	4	J 31
Woodchurch	12	W 30
Woodcote	20	Q 29
Woodford Halse	28	Q 27
Woodhall Spa	37	T 24
Woodham Ferrers	22	V 29
Woodhouse	43	P 23
Woodhouse Eaves	36	Q 25
Woodingdean	11	T 31
Woodland	56	O 20
Woodlands	9	O 31
Woodley	20	R 29
Woodnesborough	23	X 30
Woodseaves	35	N 25
Woodsetts	44	Q 23
Woodsford	9	M 31
Woodstock	20	P 28
Woodton	39	Y 26
Woody Bay	17	I 30
Wookey	18	L 30
Wookey Hole	18	L 30
Wool	9	N 31
Woolacombe	16	H 30
Wooler	63	N 17
Woolfardisworthy	6	G 31
Woolhampton	20	Q 29
Woolpit	30	W 27
Woolsthorpe	36	R 25
Wooperton	63	O 17
Woore	35	M 25
Wootton *Bedford*	29	S 27
Wootton *Northampton*	28	R 27
Wootton Bassett	19	O 29
Wootton Brige	10	Q 31
Wootton Courtenay	17	J 30
Wootton Rivers	19	O 29
Wootton-Wawen	27	O 27
Worcester	27	N 27
Workington	53	J 20
Worksop	44	Q 24
Worle	18	L 29
Wormbridge	26	L 28
Wormingford	30	W 28
Worminghall	20	Q 28
Wormit	69	L 14
Wormsley	26	L 27
Worms Head	15	H 29
Worplesdon	21	S 30
Worsbrough	43	P 23
Worsley	42	M 23
Worsthorne	43	N 22
Worth Matravers	9	N 32
Worthen	34	L 26
Worthenbury	34	L 24
Worthing	11	S 31
Wortley	43	P 23
Worton	19	N 30
Wortwell	31	Y 26
Wotton-under-Edge	19	M 29
Wrafton	6	H 30
Wragby *East Lindsey*	45	T 24
Wragby *Wakefield*	43	P 23
Wrangle	37	U 24
Wrawby	44	S 23
Wray	48	M 21
Wrea Green	42	L 22
Wreay	55	L 19
Wrecsam / Wrexham	34	L 24
Wrekenton	56	P 19
Wremtham	31	Z 26
Wrenbury	34	M 24
Wrestlingworth	29	T 27
Wrexham / Wrecsam	34	L 24
Wrington	18	L 29
Writtle	22	V 28
Wroot	44	R 23
Wrotham	22	U 30
Wroughton	19	O 29
Wroxall	10	Q 32
Wroxham	39	Y 25
Wroxton	28	P 27
Wyberton	37	T 25
Wyche	27	M 27
Wye	22	W 30
Wye (River)	26	M 28
Wykeham	51	S 21
Wylam	56	O 19
Wylye	9	O 30
Wymeswold	36	Q 25
Wymondham *Leics.*	36	R 25
Wymondham *Norfolk*	39	X 26
Wyre	87	L 6
Wysall	36	Q 25
Wyvis Lodge	79	G 10
Yafforth	50	P 20
Yalding	22	V 30
Yapton	11	S 31
Yardley Gobion	28	R 27
Yardley Hastings	28	R 27
Yare (River)	38	W 26
Yarm	50	P 20
Yarmouth	10	P 31
Yarnton	20	Q 28
Yarrow	62	K 17
Yate	19	M 29
Yateley	20	R 29
Yatton	18	L 29
Yatton Keynell	19	N 29
Yaxham	38	W 26
Yaxley	29	T 26
Yeadon	43	O 22
Yealand Conyers	48	L 21
Yealmpton	4	I 32
Yedingham	51	S 21
Yelden	29	S 27
Yell	87	Q 1
Yelvertoft	28	Q 26
Yelverton	4	H 32
Yeolmbridge	6	G 32
Yeovil	8	M 31
Yeovilton	8	M 30
Yesnaby	86	J 6
Yetminster	8	M 31
Yetts o' Muckhart	68	J 15
Yielden	29	S 27
Ynys / Lochtyn	15	G 27
Ynysddu	18	K 29
Ynyslas	25	H 26
Ynysybwl	17	J 29
Yockenthwaite	49	N 21
Yockleton	34	L 25
York	50	Q 22
Yorkletts	23	X 30
Yorkley	18	M 28
Yorkshire Dales National Park	49	N 21
Yorkshire Wolds	51	S 21
Youlgreave	35	O 24
Yoxall	35	O 25
Yoxford	31	Y 27
Yr Wyddfa / Snowdon	33	H 24
Yr Wyddgrug / Mold	34	K 24
Ysbyty Ifan	33	I 24
Ystalyfera	17	I 28
Ystrad-Aeron	25	H 27
Ystrad Mynach	18	K 29
Ystradfellte	17	J 28
Ystradgynlais	17	I 28
Ystradowen	17	J 29
Ystwyth (River)	25	H 26
Zennor	2	D 33

A

Aasleagh 105 D 7
Abbert 106 F 7
Abbey 100 G 8
Abbeydorney 93 C 10
Abbeyfeale 93 E 10
Abbeylara 107 J 6
Abbeyleix / Mainistir Laoise 101 J 9
Abbeyshrule 107 J 7
Abington 94 G 10
Achill 104 C 6
Achill Head 110 B 6
Achill Island 104 B 6
Achill Sound 104 C 6
Achillbeg Island 104 C 6
Achonry 112 G 5
Aclare 112 F 5
Acoose (Lough) 89 C 11
Adamstown 96 L 10
Adare 94 F 10
Adrigole 89 C 12
Aghaboe 101 J 9
Aghabullogue 90 F 12
Aghada 90 H 12
Aghadiffin 106 F 6
Aghadoe 89 D 11
Aghadoon 110 B 5
Aghadowey 118 M 2
Aghagallon 114 N 4
Aghagower 105 D 6
Aghalane 113 J 5
Aghalee 114 N 4
Aghamore *Leitrim* 107 I 6
Aghamore *Mayo* 105 F 6
Aghamuck 106 H 6
Aghavannagh 103 M 9
Aghavas 107 I 6
Aghaville 89 D 13
Aghinlig 114 M 4
Aghla Mountain 116 H 3
Aghleam 110 B 5
Aghnablaney 113 I 4
Aghnacliff 107 J 6
Aghnamullen 108 L 5
Aghowle 96 M 9
Agivey 118 M 2
Aglish *Tipperary* 100 H 8
Aglish *Waterford* 91 I 11
Agnew's Hill 115 O 3
Ahakista 89 D 13
Ahalia (Loughs) 105 D 7
Ahascragh 106 G 7
Ahenny 95 J 10
Aherla 90 F 12
Aherlow 94 H 10
Aherlow (Glen of) 95 H 10
Ahoghill 118 M 3
Aillwee Cave 99 E 8
Ailt an Chorráin / Burtonport 116 G 3
Aird Mhór / Ardmore 91 I 12
Akeragh Lough 93 C 10
Aldergrove 115 N 4
Allaghaun 93 E 10
Allen 102 L 8
Allen (Bog of) 102 K 8
Allen (Lough) 112 H 5
Allenwood 102 L 8
Allihies 88 B 13
Allistragh 114 L 4
Alloon Lower 106 G 7
Allow 94 F 11
Allua (Lough) 89 E 12
Altagowlan 112 H 5
Altan Lough 117 H 2
Altnamackan 114 M 5
Altnapaste 117 I 3
An Blascaod Mór / Blasket Islands 92 A 11
An Bun Beag / Bunbeg 116 H 2
An Caisleán Nua / Newcastle West 93 E 10
An Caisleán Riabhach / Castlerea 106 G 6
An Chathair / Caher 95 I 10
An Cheathrú Rua / Carraroe 98 D 8
An Chloich Mhóir / Cloghmore 104 C 6
An Clochán / Clifden 104 B 7
An Clochán / Cloghan *Donegal* 117 I 3
An Clochán Liath / Dungloe 116 G 3
An Cloigeann / Cleegan 104 B 7
An Cóbh / Cobh 90 H 12
An Coimín / Commeen 117 I 3
An Coireán / Waterville 88 B 12
An Corrán / Currane 104 C 6
An Creagán / Mount Bellew 106 G 7
An Daingean / Dingle 92 B 11
An Dúchoraidh / Doocharry 116 H 3
An Fál Carrach / Falcarragh 117 H 2
An Fhairche / Clonbur 105 D 7
An Geata Mór 110 B 5
An Gleann Garbh / Glengarriff 89 D 12
An Gort / Gort 99 F 8
An Gort Mór / Gortmore 105 D 7
An Leacht / Lahinch 98 D 9
An Longfort / Longford 107 I 6
An Mám / Maam Cross 105 D 7
An Mhala Raithní / Mulrany 104 C 6
An Móta / Moate 101 I 7
An Muileann gCearr / Mullingar 107 J 7
An Nás / Naas 102 M 8
An Ráth / Charleville 94 F 10
An Ros / Rush 109 N 7
An Sciobairín / Skibbereen 89 E 13
An Seanchaisleán / Oldcastle 108 K 6
An Spidéal / Spiddal 99 E 8
An tAonach / Nenagh 100 H 9
An Teampall Mór / Templemore 101 I 9
An Tearmann / Termon 117 I 2
An tInbhear Mór / Arklow 97 N 9
An Tulach / Tullow 102 L 9
An Uaimh / Navan 108 L 7
Anascaul 92 B 11
Anayalla 114 L 5
Anglesborough 94 H 10
Anglesey Bridge 95 H 9
Annacarriga 99 G 9
Annacarty 95 H 10
Annaclone 115 N 5
Annacloy 115 O 4
Annacotty 94 G 9
Annadorn 115 O 5
Annagary 116 H 2
Annagassan 109 M 6
Annageeragh (River) 98 D 9
Annagh Head 110 B 5
Annagh Island 110 C 6
Annaghdown 105 E 7
Annaghmore Lough 106 H 6
Annahilt 115 N 4
Annalee 107 J 5
Annalong 109 O 5
Annamoe 103 N 8
Annes Grove Gardens 94 G 11
Annestown 91 K 11
Annfield 95 I 9
Annie Brady Bridge 111 C 5
Annsborough 115 O 5
Antrim 115 N 3
Antrim (Glens of) 119 N 2
Antrim Coast 119 O 2
Antrim Mountains 119 N 2
Anure (Lough) 116 H 3
Araglin 95 H 11
Árainn Mhór / Aran or Aranmore Island 116 G 2
Aran Islands / Oileáin Árainn 98 C 8
Archdale (Castle) 113 I 4
Archerstown 108 K 7
Ard 104 C 8
Ardagh *Donegal* 117 J 3
Ardagh *Limerick* 93 E 10
Ardan 101 J 8
Ardanairy 103 N 9
Ardanew 108 L 7
Ardara 116 G 3
Ardattin 96 L 9
Ardboe 114 M 4
Ardcath 109 M 7
Ardcloon 105 F 7
Ardcrony 100 H 9
Ardea 89 C 12
Arderin 101 J 8
Ardfert 93 C 11
Ardfield 89 F 13
Ardfinnan 95 I 11
Ardgehane 90 F 13
Ardglass 115 P 5
Ardglass 90 H 11
Ardgroom 88 C 12
Ardgroom Harbour 88 C 12
Ardkeen 115 P 4
Ardlea 101 J 9
Ardlougher 107 J 5
Ardmillan 115 O 4
Ardmoney 113 J 5
Ardmore *Derry* 117 K 3
Ardmore *Galway* 104 C 8
Ardmore Point *Antrim* 114 N 4
Ardmore Point *Craigavon* 114 M 4
Ardmore Point *Dunganstown East* 103 N 9
Ardmorney 101 J 7
Ardmoy 106 G 6
Ardnagreevagh 104 B 7
Ardnasodan 105 F 7
Ardpatrick 94 G 10
Ardrahan 99 F 8
Ardreagh 118 M 2
Ardress House 114 M 4
Ards Forest Park 117 I 2
Ards Peninsula 115 P 4
Ardscull 102 L 8
Ardshankill 113 I 4
Ardstraw 113 J 3
Argideen 89 F 13
Argory (The) 114 M 4
Arigna 112 H 5
Arinagh 112 F 5
Arless 102 K 9
Armagh 114 M 4
Armaghbrague 114 M 5
Armoy 118 N 2
Arney 113 I 5
Arra Mountains 100 G 9
Arrow (Lough) 106 H 5
Arryheernabin 117 J 2
Artane 103 N 7
Arthurstown 96 L 11
Articlave 118 L 2
Artigarvan 117 J 3
Arvagh 107 J 6
Asdee 93 D 10
Ashbourne 109 M 7
Ashford *Glenealy* 103 N 8
Ashford *Limerick* 93 E 10
Ashford Castle 105 E 7
Ashleam Bay 104 B 6
Ashton 90 F 12
Askamore 97 M 9
Askanagap 103 M 9
Askeaton 94 F 10
Askill 112 H 4
Atedaun (Lough) 99 E 9
Áth Cinn / Headford 105 E 7
Athassel Abbey 95 I 10
Athboy 108 L 7
Athea 93 E 10
Athgarvan 102 L 8
Athlacca 94 G 10
Athleague 106 H 7
Athnid 95 I 9
Athy / Baile Átha Í 102 L 9
Atlantic Drive (The) 104 C 6
Atorick (Lough) 99 G 8
Attanagh 101 J 9
Attavally 111 C 5
Attical 109 N 5
Attymass 111 E 5
Attymon 99 G 8
Aucloggen 105 F 7
Audley's Castle 115 P 4
Aughacasla 92 C 11
Aughagault 117 I 3
Aughamullan 114 M 4
Augher 114 K 4
Aughils 92 C 11
Aughinish 99 E 8
Aughinish Island 93 E 10
Aughkeely 117 I 3
Aughnacleagh 118 M 3
Aughnacloy 114 L 4
Aughnanure Castle 105 E 7
Aughnasheelan 107 I 5
Aughrim *Galway* 100 H 8
Aughrim *Wicklow* 103 N 9
Aughris 112 F 5
Aughris Head 112 F 5
Aughrus More 104 B 7
Avoca 103 N 9
Avoca (River) 103 N 9
Avoca (Valle of) 103 N 9
Avonbeg 103 M 9
Avondale Forest Park 103 N 9
Avonmore (River) 103 N 9
Awbeg 94 G 11

B

Baginbun Head 96 L 11
Baile an Fheirtéaraigh / Ballyferriter 92 A 11
Baile an Mhóta / Ballymote 112 G 5
Baile an Róba / Ballinrobe 105 E 7
Baile an Sceilg / Ballinskelligs 88 B 12
Baile Átha an Rí / Athenry 99 F 8
Baile Átha Cliath / Dublin 103 N 8
Baile Átha Fhirdhia / Ardee 108 M 6
Baile Átha Luain / Athlone 107 I 7
Baile Átha Troim / Trim 108 L 7
Baile Brigín / Balbriggan 109 N 7
Baile Chláir / Claregalway 99 F 7
Baile Locha Riach / Loughrea 99 G 8
Baile Mhic Andáin / Thomastown 96 K 10
Baile Mhistéala / Mitchelstown 94 H 11
Baile na Finne / Fintown 117 H 3
Baile na Lorgan / Castleblayney 108 L 5
Baile Uí Fhiacháin / Newport 105 D 6
Baile Uí Mhatháin / Ballymahon 107 I 7
Baileysmill 115 O 4
Baldoyle 103 N 7
Balla 105 E 6
Ballaba 99 F 8
Ballagan Point 109 N 5
Ballagh *Fermanagh* 113 J 5
Ballagh *Galway* 106 F 7
Ballagh *Limerick* 93 E 10
Ballagh *near Curraghroe* 107 H 6
Ballagh *near Nahara* 106 H 7
Ballagh *Tipperary* 95 I 10
Ballagh (Neck of the) 112 G 3
Ballaghaderreen / Bealach an Doirín 106 G 6
Ballaghbeama Gap 89 C 12
Ballaghbehy 93 E 10
Ballaghisheen Pass 88 C 12
Ballaghkeen 97 M 10
Ballaghmore 101 I 9
Ballaghnatrillick 112 G 4
Ballard 97 M 9
Ballardiggan 99 F 8
Balleen 101 J 9
Ballickmoyler 102 K 9
Balliggan 115 P 4
Ballina 99 G 9
Ballina / Béal an Átha 111 E 5
Ballinaboy 104 B 7
Ballinabrackey 102 K 7
Ballinabranagh 102 L 9
Ballinaclash 103 N 9
Ballinacor 103 N 9
Ballinadee 90 G 12
Ballinafad *Aghanagh* 106 G 5
Ballinafad *Galway* 104 C 7
Ballinagar 101 J 8
Ballinagleragh 113 H 5
Ballinakill 101 K 9
Ballinalack 107 J 7
Ballinalea 103 N 8
Ballinalee 107 J 6
Ballinamallard 113 J 4
Ballinamara 95 J 9
Ballinameen 106 H 6
Ballinamore Bridge 106 G 7
Ballinamuck 107 I 6
Ballinascarty 90 F 12
Ballinaspick 91 I 11
Ballinclashet 90 G 12
Ballinclea 103 M 9
Ballincloher 93 C 10
Ballincollig 90 G 12
Ballincrea 96 K 11
Ballincurrig 90 H 12
Ballindaggan 96 L 10
Ballindarragh 113 J 5
Ballinderreen 99 F 8
Ballinderry *Cookstown* 114 M 4
Ballinderry *Terryglass* 100 H 8
Ballinderry *Wicklow* 103 N 9
Ballinderry Bridge 114 M 4
Ballindine 105 F 6
Ballindrait 117 J 3
Ballineanig 92 A 11
Ballineen 89 F 12
Ballingarrane 94 F 10
Ballingarry *Galway* 100 H 8
Ballingarry *Limerick* 94 F 10
Ballingarry *Tipperary* 95 J 10
Ballingeary / Béal Átha an Ghaorthaidh 89 E 12
Ballingurteen 89 E 12
Ballinhassig 90 G 12
Ballinkillin 96 L 10
Ballinlea 118 M 2
Ballinleeny 94 F 10
Ballinloghig 92 B 11
Ballinlough *Meath* 108 K 6
Ballinlough *Roscommon* 106 G 6
Ballinluska 90 H 12
Ballinruan 99 F 9
Ballinskelligs Bay 88 B 12
Ballinspittle 90 G 12
Ballintober 106 G 6
Ballintogher 112 G 5
Ballintotty 100 H 9
Ballintoy 118 M 2
Ballintra *Donegal* 112 H 4
Ballintra *near Leabgarrow* 116 G 3
Ballintubber 105 E 6
Ballinunty 95 I 10
Ballinure 95 I 10
Ballinure (River) 100 H 8
Ballinvarry 96 L 10
Ballitore 102 L 8
Ballivor 108 L 7
Ballon 96 L 9
Balloo Cross Roads 115 O 4
Balloor 112 G 4
Balloughter 97 M 10
Ballure 112 H 4
Ballvengland 94 F 10
Ballyagran 94 F 10
Ballyallinan 94 F 10
Ballyalton 115 P 5
Ballyard 113 J 4
Ballybannon 102 L 9
Ballybay *near Carrickmacross* 108 L 5
Ballybay *near Castleblayney* 108 L 5
Ballybeg 95 I 11
Ballyboghil 109 N 7
Ballybogy 118 M 2
Ballyboley Forest 115 O 3
Ballyboy 101 I 8
Ballybrack *Dublin* 103 N 8
Ballybrack *Kerry* 88 B 12
Ballybrittas 101 K 8
Ballybrommel 96 L 9
Ballybrood 94 G 10
Ballybrophy 101 J 9
Ballybryan 101 K 7
Ballybunnion 93 D 10
Ballycahill 95 I 9
Ballycallan 95 J 10
Ballycanew 97 N 10
Ballycarney 97 M 10
Ballycarry 115 O 3
Ballycastle *Mayo* 111 D 5
Ballycastle *Moyle* 119 N 2
Ballycastle Bay 119 N 2
Ballyclare *Newtonabbey* 115 N 3
Ballyclare *Roscommon* 107 I 6
Ballyclerahan 95 I 10
Ballyclery 99 F 8
Ballyclogh 94 F 11
Ballycolla 101 J 9
Ballycommon 100 H 9
Ballyconneely 104 B 7
Ballyconneely Bay 104 B 7
Ballyconnell *Cavan* 113 J 5
Ballyconnell *Sligo* 112 G 4
Ballycorick 99 E 9
Ballycotton 91 H 12
Ballycotton Bay 91 H 12
Ballycrossaun 100 H 8
Ballycrovane Harbour 88 C 12
Ballycroy 110 C 5
Ballycuirke Lough 99 E 8
Ballycullane 96 L 11
Ballycullen 103 N 8
Ballycumber 101 I 8
Ballydangan 100 H 7
Ballydavid *Galway* 100 G 8
Ballydavid *Kilmalkedar* 92 A 11
Ballydavid Head 92 A 11
Ballydavis 101 K 8
Ballydehob 89 D 13
Ballydesmond 93 E 11
Ballydonegan 88 B 13
Ballydonegan Bay 88 B 13
Ballyduff *Dingle* 92 B 11
Ballyduff *Kerry* 93 D 10
Ballyduff *Waterford* 91 H 11
Ballyduff *Wexford* 97 M 10
Ballyeaston 115 O 3
Ballyeighter Loughs 99 F 9
Ballyfad 97 N 9
Ballyfair 102 L 8
Ballyfarnagh 105 F 6
Ballyfarnan 106 H 5
Ballyfasy 96 K 10
Ballyfeard 90 G 12
Ballyferis Point 115 P 4
Ballyfin 101 J 8
Ballyfinboy 100 H 8
Ballyforan 106 H 7
Ballyfore 102 K 8
Ballyfoyle 96 K 9
Ballygalley 119 O 3
Ballygalley Head 119 O 3
Ballygar 106 H 7
Ballygarrett 97 N 10
Ballygarries 105 E 6
Ballygarvan 90 G 12
Ballygawley *Dungannon* 114 K 4
Ballygawley *Sligo* 112 G 5
Ballyglass *near Cornanagh* 105 E 6
Ballyglass *near Kilmovee* 106 G 6
Ballygorman 117 K 1
Ballygowan *Ards* 115 O 4
Ballygowan *Newry-Mourne* 109 N 5
Ballygriffin 95 I 10
Ballyhack 96 L 11
Ballyhacket 102 L 9
Ballyhaght 94 G 10
Ballyhahill 93 E 10
Ballyhaise 107 K 5
Ballyhalbert 115 P 4
Ballyhale *Galway* 105 E 7
Ballyhale *Kilkenny* 96 K 10
Ballyhar 93 D 11
Ballyhaunis / Béal Átha hAmhnais 106 F 6
Ballyhean 105 E 6
Ballyhear 105 E 7
Ballyheelan 107 J 6
Ballyheerin 117 I 2
Ballyheige 93 C 10
Ballyheige Bay 93 C 10
Ballyhillin 117 J 1
Ballyhoe Bridge 118 N 2
Ballyhoe Lough 108 L 6
Ballyhoge 96 M 10
Ballyhooly 94 G 11
Ballyhornan 115 P 5
Ballyhoura Mountains 94 G 11
Ballyhuppahane 101 J 8
Ballyjamesduff 107 K 6
Ballykean 101 K 8
Ballykeefe 95 J 10
Ballykeel 115 N 4
Ballykeeran 107 I 7
Ballykelly 118 K 2
Ballykilleen 102 K 8
Ballykinler 115 O 5
Ballyknockan 103 M 8
Ballylacy 97 N 9
Ballylaghnan 99 G 9
Ballylanders 94 G 10
Ballylaneen 91 J 11
Ballylesson 115 O 4
Ballylickey 89 D 12
Ballyliffin 117 J 2
Ballyline 95 J 10
Ballylintagh 118 L 2
Ballylongford 93 D 10
Ballylongford Bay 93 D 10
Ballylooby 95 I 11
Ballyloughbeg 118 M 2
Ballylynan 102 K 9
Ballymacarbry 95 I 11
Ballymacaw 96 K 11
Ballymachugh 107 K 6
Ballymack 96 K 10
Ballymackey 100 H 9
Ballymackilroy 114 K 4
Ballymacoda 91 I 12
Ballymacrevan 115 N 4
Ballymacurly 106 H 6
Ballymacward 106 G 7
Ballymadog 91 I 12
Ballymagan 117 J 2
Ballymagaraghy 118 K 2
Ballymagorry 117 J 3
Ballymakeagh 91 I 12

Ballymakeery / Baile Mhic Íre 89 E 12
Ballymakenny 109 M 6
Ballymartin 109 O 5
Ballymartle 90 G 12
Ballymena 119 N 3
Ballymoe 106 G 6
Ballymoney *Ballymoney* 118 M 2
Ballymoney *Limavady* 118 K 3
Ballymore *Donegal* 117 I 2
Ballymore *Westmeath* 107 I 7
Ballymore Eustace 103 M 8
Ballymore Lough 111 E 5
Ballymurphy 96 L 10
Ballymurragh 93 E 10
Ballymurray 106 H 7
Ballynabola 96 L 10
Ballynacallagh 88 B 13
Ballynacally 99 E 9
Ballynacarrick 116 H 3
Ballynacarriga 89 E 12
Ballynacarrigy 107 J 7
Ballynacarrow 112 G 5
Ballynaclogh 100 H 9
Ballynacorra 90 H 12
Ballynacourty 91 J 11
Ballynadrumny 102 L 7
Ballynafid 107 J 7
Ballynagaul 91 J 11
Ballynagoraher 105 D 6
Ballynagore 101 J 7
Ballynagree 90 F 12
Ballynaguilkee 95 I 11
Ballynahinch 115 O 4
Ballynahinch Lake 104 C 7
Ballynahow 88 A 12
Ballynahown *Kilcummin* 98 D 8
Ballynahown *Westmeath* 101 I 7
Ballynakill *Carlow* 96 L 9
Ballynakill *Offaly* 101 K 8
Ballynakill *Westmeath* 107 I 7
Ballynakill Harbour 104 B 7
Ballynakilla 88 C 13
Ballynakilly Upper 88 C 11
Ballynamallaght 117 K 3
Ballynamona 90 G 11
Ballynamult 95 I 11
Ballynana 92 A 11
Ballynare 103 M 7
Ballynashannagh 117 J 2
Ballynaskeagh 114 N 5
Ballynaskreena 93 C 10
Ballynastangford 105 E 6
Ballynastraw 97 M 10
Ballynchatty 113 K 4
Ballyneaner 118 K 3
Ballyneety 94 G 10
Ballyneill 95 J 10
Ballynoe *Cork* 90 H 11
Ballynoe *Down* 115 O 5
Ballynure 115 O 3
Ballyorgan 94 G 11
Ballypatrick 95 J 10
Ballypatrick Forest 119 N 2
Ballyporeen 95 H 11
Ballyquin 92 B 11
Ballyquintin Point 115 P 5
Ballyragget 101 J 9
Ballyrashane 118 M 2
Ballyreagh *Dungannon* 114 L 4
Ballyreagh *Fermanagh* 113 J 4
Ballyroan 101 K 9
Ballyroddy 106 H 6
Ballyroebuck 97 M 10
Ballyronan 114 M 3
Ballyroney 115 N 5
Ballyroon 88 C 13
Ballysadare 112 G 5
Ballysadare Bay 112 G 5
Ballyshannon *Donegal* 112 H 4
Ballyshannon *Kildare* 102 L 8
Ballysloe 95 J 10
Ballysteen 94 F 10
Ballyteige Bay 96 L 11
Ballytoohy 104 C 6
Ballyvaughan 99 E 8
Ballyvaughan Bay 99 E 8
Ballyvester 115 P 4
Ballyvoge / Baile Uí Bhuaigh 89 E 12
Ballyvoneen 106 G 7
Ballyvourney / Baile Bhuirne 89 E 12
Ballyvoy 119 N 2
Ballyvoyle Head 91 J 11
Ballywalter 115 P 4
Ballyward 115 N 5
Ballywilliam 96 L 10
Balnamore 118 M 2
Balrath 108 M 7
Balrothery 109 N 7
Balscaddan 109 N 7
Baltimore 89 D 13
Baltray 109 N 6
Banada 106 F 5
Banagher 101 I 8
Banagher Forest 118 L 3
Banbridge 114 N 4
Bandon River 89 F 12
Bangor *Mayo* 111 C 5
Bangor *North-Down* 115 O 4
Bangor Trail 111 C 5
Bann (River) *Lough Neagh* 115 N 5
Bann (River) *River Slaney* 97 M 10
Banna 93 C 10
Banna Strand 93 C 11
Bannow 96 L 11
Bannow Bay 96 L 11
Bansha 95 H 10
Banteer 94 F 11
Bantry / Beanntrai 89 D 12
Bantry Bay 89 C 13
Barefield 99 F 9
Barley Cove 88 C 13
Barna *Limerick* 94 H 10
Barna *Offaly* 101 I 9
Barnacahoge 105 F 6
Barnaderg 106 F 7
Barnesmore 113 H 3
Barnesmore Gap 113 I 3
Barnmeen 115 N 5
Barnycarroll 105 F 6
Baronscourt Forest 113 J 3
Barr na Trá / Barnatra 110 C 5
Barra (Lough) 117 H 3
Barrack Village 101 K 9
Barraduff 89 D 11
Barrigone 93 E 10
Barringtonsbridge 94 G 10
Barrow (River) 102 K 8
Barrow Harbour 93 C 11
Barry 107 I 7
Barry's Point 90 F 13
Batterstown 108 M 7
Baunskeha 96 K 10
Bauntlieve 99 E 9
Baurtregaum 93 C 11
Bawn Cross Roads 94 F 11
Bawnboy 113 I 5
Beagh *Galway* 105 F 7
Beagh *Roscommon* 112 H 5
Beagh (Lough) 117 I 2
Beagh (Slieve) 113 K 4
Beal 93 D 10
Béal an Átha / Ballina 111 E 5
Béal an Átha Mhóir / Ballinamore 107 I 5
Béal an Mhuirthead / Belmullet 110 C 5
Béal Átha an Ghaorthaidh / Ballingeary 89 E 12
Béal Átha na Muice / Swinford 105 F 6
Béal Átha na Sluaighe / Ballinasloe 100 H 8
Béal Átha Seanaidh / Ballyshannon 112 H 4
Béal Deirg / Belderrig 111 D 5
Beal Point 93 D 10
Béal Tairbirt / Belturbet 107 J 5
Bealach Conglais / Baltinglass 102 L 9
Bealach Féich / Ballybofey 117 I 3
Bealaclugga / New Quay 99 E 8
Bealad Cross Roads 89 F 13
Bealadangan 105 D 8
Bealaha 98 D 9
Bealalaw Bridge 88 C 12
Bealanabrack 104 C 7
Bealin 107 I 7
Bealnablath 90 F 12
Beara 89 C 12
Bearna / Barna 99 E 8
Beaufort 89 D 11
Bective 108 L 7
Beehive Huts 92 A 11
Beenmore 88 B 11
Beennaskehy 90 G 11
Beenoskee 92 B 11
Beg (Lough) *Antrim* 114 N 4
Beg (Lough) *River Bann* 114 M 3
Beginish Island 88 B 12
Behy 88 C 11
Bekan 105 F 6
Belcarra 105 E 6
Belclare 105 F 7
Belcoo 113 I 5
Belderg Harbour 111 D 5
Belfarsad 104 C 6
Belfast 115 O 4
Belfast Lough 115 O 3
Belgooly 90 G 12
Belhavel Lough 112 H 5
Bellacorick 111 D 5
Belladrihid 112 G 5
Bellagarvaun 110 C 6
Bellaghy 114 M 3
Bellahy 106 F 6
Bellameeny 106 H 7
Bellamont Forest 108 K 5
Bellanaboy Bridge 111 C 5
Bellanacargy 107 K 5
Bellanagare 106 G 6
Bellanagraugh Bridge 112 F 5
Bellanaleck 113 J 5
Bellanamore 117 H 3
Bellanamullia 107 H 7
Bellananagh 107 J 6
Bellanode 114 K 5
Bellarena 118 L 2
Bellavary 105 E 6
Belleek 114 M 5
Belleek 113 H 4
Bellewstown 109 M 7
Belmont 101 I 8
Belmore Mountain 113 I 5
Beltra *Croaghmoyle* 105 D 6
Beltra *Sligo* 112 G 5
Beltra Lough 105 D 6
Belvelly 90 H 12
Belview Port 96 K 11
Belville 111 D 5
Ben Gorm 104 C 7
Benbane Head 118 M 2
Benbaun 104 C 7
Benbo 112 H 5
Benbrack 113 I 5
Benbreen 104 C 7
Benbulben 112 G 4
Benburb 114 L 4
Bencroy or Gubnaveagh 113 I 5
Bendooragh 118 M 2
Benettsbridge 96 K 10
Benmore 111 D 5
Benmore or Fair Head 119 N 2
Bennacunneen 105 D 7
Benwee Head 111 C 4
Beragh 114 K 4
Bere Haven 88 C 13
Bere Island 88 C 13
Bernish Rock 114 M 5
Berrings 90 F 12
Bertraghboy Bay 104 C 7
Bessbrook 114 M 5
Bettystown 109 N 6
Big Dog Forest 113 I 4
Big Island 100 H 8
Big Trosk 119 N 2
Bilboa 102 K 9
Bilboa (River) 95 H 10
Billis Bridge 108 K 6
Billis Rocks 104 B 6
Binevenagh 118 L 2
Binn Éadair / Howth 103 N 7
Biorra / Birr 101 I 8
Birdhill 99 G 9
Birreencorragh 105 D 6
Bishops Court 115 P 5
Black *Galway* 105 E 7
Black (River) *Longford* 107 I 6
Black Ball Head 88 B 13
Black Bull 103 M 7
Black Gap (The) 113 I 4
Black Head *Clare* 99 E 8
Black Head *Larne* 115 O 3
Black Lion 101 J 8
Black Rock 110 B 5
Blacklion 113 I 5
Blackpool 94 G 10
Blackrock *Cork* 90 G 12
Blackrock *Louth* 109 M 6
Blackrock *Rathdown* 103 N 8
Blackskull 114 N 4
Blacksod Bay 110 B 5
Blacksod Point 110 B 5
Blackstairs Mountains 96 L 10
Blackwater 97 M 10
Blackwater (River) *Cork* 89 F 11
Blackwater (River) *Lough Neagh* 114 L 4
Blackwater (River) *River Boyne* 108 L 6
Blackwater Bridge *Innfield* 102 L 7
Blackwater Bridge *Tahilla* 88 C 12
Blackwater Harbour 97 N 10
Blackwatertown 114 L 4
Blanchardstown 103 M 7
Blane Bridge 93 E 10
Blaney 113 I 4
Blarney 90 G 12
Blasket Sound 92 A 11
Bleach 99 G 8
Bleach Lake 94 F 10
Blennerville 93 C 11
Blessington 103 M 8
Bloody Foreland 116 H 2
Blue Ball 101 J 8
Blue Stack Mountains 113 H 3
Blueford 93 E 11
Boa Island 113 I 4
Boardmills 115 O 4
Boderg (Lough) 107 I 6
Bodyke 99 G 9
Bofeenaun 105 E 6
Bofin 104 B 7
Bofin (Lough) *Galway* 105 D 7
Bofin (Lough) *Roscommon* 107 I 6
Bogay 117 J 3
Boggan *Meath* 108 L 6
Boggan *Tipperary* 95 J 9
Boggaun 101 I 9
Boggeragh Mountains 89 F 11
Bohateh 99 G 9
Bohaun 105 D 6
Boheeshil 88 C 12
Boher 94 G 10
Boheraphuca 101 I 8
Boherbue 93 E 11
Bohereen 94 G 10
Boherlahan 95 I 10
Bohermeen 108 L 7
Boherquill 107 J 6
Boho 113 I 4
Bohola 105 E 6
Bola (Lough) 104 C 7
Bolea 118 L 2
Boleran 118 L 2
Boley 102 L 8
Bolinglanna 104 C 6
Boliska Lough 99 E 8
Bolton's Cross Roads 93 D 10
Bolus Head 88 A 12
Bonet 112 H 5
Boola 91 I 11
Boolakennedy 95 H 10
Boolattin 95 J 11
Boolteens 93 C 11
Boolyduff 99 E 9
Boolyglass 96 K 10
Borris 96 L 10
Borris in Ossory 101 J 9
Borrisoleigh 100 I 9
Boston 99 F 8
Bottlehill 90 G 11
Bouladuff 95 I 9
Boviel 118 L 3
Bow 99 G 9
Boyerstown 108 L 7
Boyle (River) 106 H 6
Boyne (River) 102 K 7
Brackagh 101 K 8
Brackley Lough 113 I 5
Bracklin 108 K 7
Brackloon *Mayo* 106 F 6
Brackloon *Roscommon* 106 G 6
Bracknagh *Offaly* 102 K 8
Bracknagh *Roscommon* 107 H 7
Brackwanshagh 111 E 5
Brandon Bay 92 B 11
Brandon Head 92 B 11
Brandon Hill 96 L 10
Brannock Islands 98 C 8
Brannockstown 102 L 8
Bray Head *Kerry* 88 A 12
Bray Head *Wicklow* 103 N 8
Bré / Bray 103 N 8
Breaghva 98 C 10
Breaghwy 105 E 6
Bree 96 M 10
Breenagh 117 I 3
Brickeens 105 F 6
Bricklieve Mountains 106 G 5
Bride *Cork* 89 F 12
Bride *River Blackwater* 91 I 11
Bridebridge 90 H 11
Brideswell *Ballyellis* 97 M 9
Brideswell *Ballynamona* 106 H 7
Bridge End 117 J 2
Bridgeland 103 M 9
Bridget Lough 99 G 9
Bridgetown *Cannock Chase* 96 M 11
Bridgetown *Clare* 99 G 9
Bridgetown *Donegal* 112 H 4
Briensbridge 99 G 9
Brittas *Limerick* 94 G 10
Brittas *Saggart* 103 M 8
Brittas Bay 103 N 9
Britway 90 H 11
Broad Haven 110 C 5
Broad Meadow 109 N 7
Broadford *Clare* 99 G 9
Broadford *Limerick* 94 F 10
Broadway 97 M 11
Brookeborough 113 J 5
Broomfield 108 L 5
Brosna 93 E 11
Brosna (River) 101 I 8
Broughal 101 I 8
Broughane Cross Roads 93 D 11
Brougher Mount 113 J 4
Broughshane 119 N 3
Brow Head 88 C 13
Brown Flesk 93 D 11
Brownstown 96 K 11
Brownstown Head 96 K 11
Bruckless 112 G 4
Bruff 94 G 10
Bruree 94 G 10
Bryansford 115 O 5
Buckna 119 N 3
Buckode 112 H 4
Buiriós Uí Chéin / Borrisokane 100 H 9
Bulgaden 94 G 10
Bull (The) 88 B 13
Bull Point 119 N 2
Bullaba 117 I 3
Bullaun 99 G 8
Bull's Head 92 B 11
Bun Cranncha / Buncrana 117 J 2
Bun Dobhráin / Bundoran 112 H 4
Bun na hAbhna / Bunnahowen 110 C 5
Bun na Leaca / Brinlack 116 H 2
Bunaclugga Bay 93 D 10
Bunacurry 110 C 6
Bunatrahir Bay 111 D 5
Bunaveela Lough 111 D 5
Bunaw 88 C 12
Bunbrosna 107 J 7
Bunclody 96 M 10
Bunlahy 107 J 6
Bunmahon 91 J 11
Bunnafollistran 105 E 7
Bunnaglass 99 F 8
Bunnahown 104 C 7
Bunnanaddan 112 G 5
Bunny (Lough) 99 F 8
Bunnyconnellan 111 E 5
Bunowen 105 C 6
Bunratty 99 F 9
Burnchurch 96 K 10
Burncourt 95 H 11
Burnfoot *Birdstown* 117 J 2
Burnfoot *Limavady* 118 L 3
Burnfort 90 G 11
Burr Point 115 P 4
Burren *Clare* 99 E 8
Burren *Cork* 90 F 12
Burren *Mayo* 105 E 6
Burren (The) 99 E 8
Burren Centre Kilfenora 99 E 9
Burrenfadda 99 E 9
Burrishoole Abbey 105 D 6
Burrow 97 M 11
Burtown 102 L 9
Bush 118 M 2
Bush (The) *Dungannon* 114 L 4
Bush (The) *Rathcor* 109 N 6
Bushfield 100 G 9
Bushmills 118 M 2
Butler's Bridge 107 J 5
Butlerstown 90 F 13
Buttevant 94 F 11
Butts (The) 101 K 9
Bweeng 90 F 11

C

Cabragh 114 L 4
Cadamstown *Kildare* 102 L 7
Cadamstown *Offaly* 101 J 8
Caddy 114 N 3
Caggan 105 D 7
Caha Mountains 89 C 12
Caha pass 89 D 12
Caher *Clare* 99 G 9
Caher *Mayo* 105 E 7
Caher Island 104 B 6
Caher Roe's Den 96 L 10
Caheradrine 99 F 8
Caheragh 89 E 13
Caherbarnagh *Corcaigh / Cork* 89 E 11
Caherbarnagh *Kerry* 88 B 12
Caherconlish 94 G 10
Caherconnel 99 E 8
Caherconree 92 C 11
Caherdaniel 88 B 12
Caherea 99 E 9
Caherlistrane 105 E 7
Cahermore *Cork* 88 B 13
Cahermore *Galway* 99 F 8
Cahermurphy 98 D 9
Cahernahallia 95 H 10
Cahore Point 97 N 10
Caiseal / Cashel 95 I 10
Caisleán an Bharraigh / Castlebar 105 E 6
Caisleán an Chomair / Castlecomer 101 K 9
Calafort Ros Láir / Rosslare Harbour 97 M 11
Caledon 114 L 4
Calf Islands 89 D 13
Callaghansmills 99 F 9
Callainn / Callan 95 J 10
Callow *Galway* 104 B 7
Callow *Mayo* 105 E 6
Callow *Roscommon* 106 G 6
Caltra 106 G 7
Caltraghlea 100 H 7
Calverstown 102 L 8
Cam Forest 118 L 2
Camlin (River) 107 I 6
Camlough 114 M 5
Camoge 94 G 10
Camolin 97 M 10
Camowen 113 K 4
Camp 92 C 11
Campile 96 L 11
Campsey 118 K 2
Camross 101 J 8
Camus Bay 105 D 8
Canglass Point 88 B 12
Canningstown 108 K 6
Canon Island 99 E 9
Cappagh *Dungannon* 114 L 4
Cappagh *Limerick* 94 F 10
Cappagh *River* 100 G 8
Cappagh White 95 H 10
Cappaghmore 99 F 8
Cappalinnan 101 J 9
Cappamore 94 G 10
Cappanacreha 105 D 7
Cappanrush 101 J 7
Cappataggle 100 G 8
Cappeen 89 F 12
Car (Slieve) 111 D 5
Caragh (Lough) 88 C 11
Caragh (River) 89 C 12
Caragh Bridge 92 C 11
Caragh Lake 92 C 11
Carbery's Hundred Isles 89 D 13
Carbury 102 L 7
Cardy 115 P 4
Cargan 119 N 3
Carhan House 88 B 12
Cark 117 I 3
Cark Mountain 117 I 3
Carland 114 L 4
Carlanstown 108 L 6
Carlingford 109 N 5
Carlingford Lough 109 N 5
Carn 113 I 4
Carna 104 C 8
Carnageer 119 O 3
Carnaghan 117 J 2
Carnalbanagh Sheddings 119 N 3
Carnanelly 114 L 3
Carnanreagh 118 K 3
Carnaross 108 L 6
Carnaween 112 H 3
Carncastle 119 O 3

Carndonagh /
Carn Domhnach 118 K 2
Carnduff 119 N 2
Carne 97 M 11
Carneatly 119 N 2
Carnew 97 M 9
Carney *Sligo* 112 G 4
Carney *Tipperary* 100 H 9
Carnlough 119 O 3
Carnlough Bay 119 O 3
Carnmore 99 F 8
Carnoneen 105 F 7
Carnowen 117 J 3
Carnsore Point 97 M 11
Carnteel 114 L 4
Carntogher 118 L 3
Carra (Lough) 105 E 6
Carracastle 106 F 6
Carragh 102 L 8
Carraholly 105 D 6
Carraig Airt / Carrigart 117 I 2
Carraig Mhachaire Rois /
Carrickmacross 108 L 6
Carraig na Siúire /
Carrick-on-Suir 95 J 10
Carran 99 E 8
Carrantuohill 89 C 11
Carrick *Wexford* 96 L 11
Carrick / An Charraig
Donegal 112 G 4
Carrick-a-Rede
Rope Bridge 118 M 2
Carrick-on-Shannon /
Cora Droma Rúisc 107 H 6
Carrickaboy 107 K 6
Carrickashedoge 108 L 6
Carrickboy 107 I 7
Carrickfergus 115 O 3
Carrickhugh 118 K 2
Carrickmore 114 K 4
Carrickroe 114 K 4
Carrig 94 G 11
Carrig Island 93 D 10
Carrigadrohid 90 F 12
Carrigafoyle Castle 93 D 10
Carrigagulla 90 F 11
Carrigaholt 93 C 10
Carrigaholt Bay 93 C 10
Carrigahorig 100 H 8
Carrigaline 90 G 12
Carrigallen 107 J 6
Carrigan 107 J 6
Carrigan Head 112 F 4
Carriganimmy 89 E 12
Carrigans 117 J 3
Carrigatogher 100 H 9
Carrigfadda 89 E 13
Carrigglass Manor 107 I 6
Carriggower 103 N 8
Carrigkerry 93 E 10
Carrignavar 90 G 12
Carrigrohane 90 G 12
Carrigtohill 90 H 12
Carrowbehy 106 G 6
Carrowdore 115 P 4
Carrowkeel *Donegal* 117 J 2
Carrowkeel *Galway* 99 G 8
Carrowkennedy 105 D 6
Carrowmore *Galway* 99 F 8
Carrowmore *Kilmacowen* 112 G 5
Carrowmore
near Cloonacool 112 F 5
Carrowmore
near Crossboyne 105 E 6
Carrowmore
near Killasser 105 F 6
Carrowmore
near Killogeary 111 E 5
Carrowmore Lake 110 C 5
Carrowmore Point 98 D 9
Carrowmoreknock 105 E 7
Carrownacon 105 E 6
Carrowneden 112 F 5
Carrownisky 104 C 6
Carrowntanlis 105 F 7
Carrowreagh
Roscommon 100 H 7
Carrowreagh *Sligo* 112 F 5
Carrowrory 107 I 7
Carry Bridge 113 J 5
Carrybeg 95 J 10
Carryduff 115 O 4
Casheen bay 98 C 8
Cashel *Donegal* 117 I 2
Cashel *Mayo* 104 C 6
Cashel
near Glennamaddy 106 G 7
Cashel / An Caiseal
Galway 104 C 7
Cashel (Rock of) 95 I 10
Cashelgarran 112 G 4
Cashelmore 117 I 2
Cashen River 93 D 10
Cashla 99 F 8
Cashla Bay 98 D 8
Cashleen 104 B 7
Casla / Costelloe 98 D 8
Casltepollard 107 K 6
Cassagh 96 L 10
Castle Carry 118 K 2
Castle Coole 113 J 4
Castle Gardens 90 F 13
Castle Haven 89 E 13
Castle Island 89 D 13
Castle Point 98 C 10
Castlebaldwin 112 G 5
Castlebar (River) 105 E 6
Castlebellingham 109 M 6
Castleblakeney 106 G 7
Castlebridge 97 M 10
Castlecaulfield 114 L 4
Castleconnell 99 G 9
Castleconor 111 E 5
Castlecor 94 F 11
Castlecove 88 B 12
Castlecuffe 101 J 8
Castledawson 114 M 3
Castlederg 113 J 3
Castledermot 102 L 9
Castlefinn 117 J 3
Castlefreke 89 F 13
Castlegal 112 G 4
Castlegar 99 E 8
Castlegregory 92 B 11
Castlehill *Ballycroy South* 110 C 6
Castlehill
near Rake Street 111 D 5
Castlejordan 102 K 7
Castleknock 103 M 7
Castlellis 97 M 10
Castlelyons 90 H 11
Castlemaine 93 C 11
Castlemaine Harbour 92 C 11
Castlemartyr 90 H 12
Castleplunket 106 G 6
Castlequin 88 B 12
Castlerahan 108 K 6
Castlerock 118 L 2
Castleroe 118 M 2
Castleshane 114 L 5
Castletown *Clare* 99 E 8
Castletown *Cork* 89 F 12
Castletown *Laois* 101 J 9
Castletown *Limerick* 94 F 10
Castletown *Meath* 108 L 6
Castletown *near Finnea* 107 K 6
Castletown *Westmeath* 107 J 7
Castletown *Wexford* 97 N 9
Castletown House 103 M 7
Castletownbere 88 C 13
Castletownroche 94 G 11
Castletownshend 89 E 13
Castleville 105 E 7
Castleward House 115 P 4
Castlewarren 96 K 9
Castlewellan 115 O 5
Castlewellan Forest Park 115 O 5
Cathair na Mart /
Westport 105 D 6
Cathair Saidhbhín /
Cahersiveen 88 B 12
Cathedral Rocks 104 B 6
Causeway 93 C 10
Causeway Head 118 M 2
Cavan / An Cabhán 107 J 6
Cavanagarvan 114 L 5
Cavangarden 112 H 4
Cé Bhréanainn / Brandon 92 B 11
Ceanannas / Ceanannus Mór
(Kells) 108 L 6
Ceann Toirc / Kanturk 94 F 11
Ceapach Choinn /
Cappoquin 91 I 11
Ceatharlach / Carlow 102 L 9
Ceathrú Thaidhg /
Carrowteige 111 C 5
Cecilstown 94 F 11
Celbridge 103 M 7
Chanonrock 108 M 6
Chapeltown *Down* 115 P 5
Chapeltown
near Portmagee 88 A 12
Chapeltown *near Tralee* 93 C 11
Charlemont 114 L 4
Charlestown *Craigavon* 114 M 4
Charlestown *Mayo* 106 F 6
Cheekpoint 96 K 11
Cherryville 102 L 8
Chesney's Corner 114 M 3
Church Ballee 115 P 5
Church Cross 89 D 13
Church Hill *Donegal* 117 I 3
Church Hill *Fermanagh* 113 I 4
Church Quarter 119 N 2
Church Town 117 J 3
Church Village 105 E 6
Churchstreet 106 G 6
Churchtown *Cookstown* 114 L 3
Churchtown *Cork* 90 H 12
Churchtown *Down* 115 P 4
Churchtown *Wexford* 96 L 11
Churchtown Point 114 M 3
Cill Airne / Killarney 89 D 11
Cill Chainnigh / Kilkenny 96 K 10
Cill Chaoi / Kilkee 98 D 9
Cill Dalua / Killaloe 99 G 9
Cill Dara / Kildare 102 L 8
Cill Mhantáin / Wicklow 103 N 9
Cill Mocheallóg /
Kilmallock 94 G 10
Cill Orglan / Killorglin 93 C 11
Cill Rois / Kilrush 93 D 10
Cill Rónáin / Kilronan 98 C 8
Cionn tSáile / Kinsale 90 G 12
City Walls 96 K 11
Clabby 113 J 4
Cladagh 113 I 5
Claddagh 106 F 7
Claddaghduff 104 B 7
Clady *Antrim* 115 N 4
Clady *Magherafelt* 118 M 3
Clady *Strabane* 117 J 3
Clady (River) 116 H 2
Clady Milltown 114 M 5
Claggan *Donegal* 117 J 2
Claggan *Mayo* 104 C 6
Clamper Cross 93 E 11
Clanabogan 113 J 4
Clane 102 L 8
Clár Chlainne Mhuiris /
Claremorris 105 F 6
Clara 103 N 9
Clara (Valle of) 103 N 9
Clarahill 101 J 8
Clare *Armagh* 114 M 5
Clare *Craigavon* 114 N 4
Clare (River) 105 F 7
Clare Island 104 B 6
Clarecastle 99 F 9
Clareen 101 I 8
Clarina 94 F 10
Clarinbridge 99 F 8
Clark's Cross Roads 107 J 7
Clash 100 H 9
Clash North 93 E 10
Clashmore 91 I 11
Claudy 118 K 3
Clear (Cape) 89 D 13
Cleggan / An Cloigeann 104 B 7
Cleggan Bay 104 B 7
Cléire (Oileán) /
Clear Island 89 D 13
Cleristown 96 M 11
Clew Bay 104 C 6
Clifden Bay 104 B 7
Cliff 112 H 4
Cliffena 108 K 6
Cliffony 112 G 4
Clogga *Kilkenny* 96 K 11
Clogga *Wicklow* 97 N 9
Clough *Ballymena* 119 N 3
Clogh *Kilkenny* 101 K 9
Clogh *Laois* 101 J 9
Clogh *Wexford* 97 M 10
Cloghan *Offaly* 101 I 8
Cloghan *Westmeath* 107 K 7
Cloghane 92 B 11
Cloghaneely 117 H 2
Clogharinka 102 K 7
Cloghaun 105 F 7
Cloghboley 112 G 4
Cloghbrack *Cloonbur* 105 D 7
Cloghbrack *Meath* 108 K 7
Clogheen 95 I 11
Clogher *Dungannon* 113 K 4
Clogher *Kerry* 93 D 11
Clogher
near Carrownacon 105 E 6
Clogher *near Westport* 105 D 6
Clogher *Roscommon* 107 H 6
Clogher Head *Kerry* 92 A 11
Clogher Head *Louth / Lú* 109 N 6
Cloghera 99 G 9
Clogherhead 109 N 6
Cloghjordan 100 H 9
Cloghmacoo 108 L 6
Cloghoge 109 M 5
Cloghroe *Cork* 90 G 12
Cloghroe *Donegal* 117 I 3
Cloghy 115 P 4
Cloghy Bay 115 P 4
Clohamon 96 M 10
Clohernagh 96 K 11
Cloich na Coillte /
Clonakilty 89 F 13
Clóirtheach / Clara 101 J 7
Clomantagh 95 J 9
Clonakenny 101 I 9
Clonakilty Bay 90 F 13
Clonalis House 106 G 6
Clonalvy 109 M 7
Clonard 108 K 7
Clonaslee 101 J 8
Clonavoe 101 J 8
Clonbern 106 G 7
Clonbulloge 102 K 8
Cloncagh 94 F 10
Clonco Bridge 100 G 8
Cloncrave 108 K 7
Cloncullen 107 I 7
Cloncurry 102 L 7
Clondalkin 103 M 8
Clondaw 97 M 10
Clonderalaw Bay 93 E 10
Clondulane 90 H 11
Clonea 95 J 11
Clonea Bay 91 J 11
Clonee 103 M 7
Cloneen 95 J 10
Clonegall 96 M 9
Clonelly 113 I 4
Clonevin 97 N 10
Clonfert 100 H 8
Clonfert Cross Roads 100 H 8
Clonkeevy 112 G 5
Clonleigh 117 J 3
Clonlost 107 K 7
Clonmacnoise 101 I 8
Clonmany 117 J 2
Clonmellon 108 K 7
Clonmore *Carlow* 103 M 9
Clonmore *Tipperary* 101 I 9
Clonmult 90 H 12
Clonony 101 I 8
Clonoulty 95 I 10
Clonroche 96 L 10
Clonsilla 103 M 7
Clontarf 103 N 7
Clontibret 114 L 5
Clontubbrid 101 J 9
Clonycavan 108 L 7
Clonygowan 101 K 8
Cloon Lake 88 C 12
Cloonacleigha Lake 112 G 5
Cloonacool 112 F 5
Cloonagh Lough 106 F 6
Cloonaghlin Lough 88 C 12
Cloonaghmore 111 D 5
Cloonboo 105 E 7
Cloondaff 105 D 6
Cloondara 107 I 6
Cloone 107 I 6
Cloone Grange 107 I 6
Cloonee Loughs 89 C 12
Clooneen 107 J 6
Clooney 116 G 3
Cloonfad *Kiltullagh* 106 F 6
Cloonfad *near Old Town* 100 H 8
Cloonfallagh 105 F 6
Cloonfinish 105 F 6
Cloonfower 106 G 6
Cloonfree Lough 106 H 6
Cloonkeen *Kerry* 89 E 12
Cloonkeen *Mayo* 105 D 6
Cloonkeen *Roscommon* 106 G 6
Cloonlara 99 G 9
Cloonlough 106 G 6
Cloonlusk 94 H 10
Cloonmore 106 F 6
Cloonoon 100 H 8
Cloonteen 94 H 10
Cloontia 106 G 6
Cloonusker 99 G 9
Cloonymorris 100 G 8
Cloonyquin 106 H 6
Cloran 108 L 7
Clough 115 O 5
Cloughmills 118 N 3
Cloverhill *Cavan* 107 J 5
Cloverhill *Galway* 105 E 7
Cloyfin 118 M 2
Cloyne 90 H 12
Cluain Eois / Clones 113 K 5
Cluain Meala / Clonmel 95 I 10
Cluainín / Manorhamilton 112 H 5
Clydagh 105 E 6
Clynacantan 88 A 12
Coachford 90 F 12
Coagh 114 M 4
Coalbrook 95 J 10
Coalisland 114 L 4
Coan 101 K 9
Cod's Head 88 B 13
Coill an Chollaigh /
Bailieborough 108 L 6
Colbinstown 102 L 8
Coldwood 99 F 8
Colebrooke 113 J 5
Colehill 107 I 7
Coleraine 118 L 2
Colgagh 112 G 5
Colgagh Lough 112 G 5
Colligan (River) 95 I 11
Collin Top 119 N 3
Collinstown 107 K 7
Collon 109 M 6
Collooney 112 G 5
Colly 88 C 12
Colmanstown 106 G 7
Comber 115 O 4
Comeragh Mountains 95 J 11
Commeen 117 H 3
Commons 95 J 10
Conay Island 112 G 5
Cong / Conga 105 E 7
Conlig 115 O 4
Conn (Lough) 111 E 5
Conna 90 H 11
Connagh 100 G 9
Connemara 104 C 7
Connemara
National Park 104 C 7
Connolly 99 E 9
Connonagh 89 E 13
Connor 115 N 3
Connor Pass 92 B 11
Convoy 117 I 3
Coogue 105 F 6
Cookstown 114 L 4
Coola 112 G 5
Coolagarry 106 H 7
Coolaney 112 G 5
Coolattin 97 M 9
Coolbaun 101 K 9
Coolbawn 100 H 9
Coolboy 97 M 9
Coolcull 96 L 11
Coolderry 101 I 8
Coole (Castle) 113 J 4
Coole Abbey 90 H 11
Coolea / Cúil Aodha 89 E 12
Coolearagh 102 L 8
Cooley Point 109 N 6
Coolgrange 96 K 10
Coolgreany 97 N 9
Coolkeeragh 117 K 2
Coolkellure 89 E 12
Coolmeen 93 E 10
Coolmore 112 H 4
Coolnareen 101 J 9
Coolrain 101 J 9
Coolroebeg 96 K 10
Coolshaghtena 107 H 6
Coolteige 106 H 6
Coomacarrea 88 B 12
Coomakesta Pass 88 B 12
Coomasaharn Lake 88 C 12
Coomhola 89 D 12
Coomhola Bridge 89 D 12
Coonagh 94 F 10
Cooraclare 98 D 9
Coorleagh 96 K 9
Coornagillagh 89 C 12
Cootehall 106 H 6
Copany 113 H 4
Copeland Island 115 P 3
Coppanagh 108 L 6
Cora Droma Rúisc /
Carrick-on-Shannon 107 H 6
Corbally
Castleconor West 111 E 5
Corbally *Clare* 98 D 9
Corbally *Kildare* 102 L 8
Corbay Upper 107 I 6
Corbet Milltown 115 N 4
Corcaigh / Cork 90 G 12
Corclogh 110 B 5
Corcomroe Abbey 99 E 8
Cordal 93 D 11
Cordarragh 105 D 6
Corduff 109 N 7
Cork Harbour 90 H 12
Corkey 119 N 2
Corkscrew Hill 99 E 8
Corlea 107 I 7
Corlee 105 E 5
Corlis Point 93 D 10
Corn Hill 107 I 6
Cornafulla 101 H 7
Cornagillagh 117 I 3
Cornamona 105 D 7
Cornanagh 105 E 6
Corracloona 113 H 4
Corrakyle 99 G 9
Corraleehan 113 I 5
Corran Cross Roads 114 M 5
Corrandulla 105 F 7
Corranny 113 K 5
Corraree 106 H 7
Corraun Hill 104 C 6
Corraun Peninsula 104 C 6
Corraun Point 110 B 5
Corrawaleen 107 I 5
Correllstown 107 K 7
Corrib (Lough) 105 E 7
Corries 96 L 10
Corriga 107 I 6
Corrigeenroe 106 H 5
Corrofin 99 E 9
Corronoher 94 F 10
Corroy 111 E 5
Corry 112 H 5
Corstown 95 J 10
Cortown 108 L 6
Corvally 108 L 6
Corvoley 111 D 5
Cottoners 89 C 11
Coulagh Bay 88 B 12
Coumfea 95 J 11
Courtmacsherry 90 F 13
Courtmacsherry Bay 90 G 13
Courtown 97 N 10
Cousane Gap 89 E 12
Craanford 97 M 9
Craffield 103 M 9
Crag Cave 93 D 11
Craggaunowen
Megalithic Centre 99 F 9
Craig 118 K 3
Craigantlet 115 O 4
Craigavad 115 O 4
Craigavon 114 M 4
Craignamaddy 114 K 3
Craigs 118 M 3
Crana 117 J 2
Cranagh 114 K 3
Cranfield Point 109 N 5
Cranford 117 I 2
Crannogeboy 116 G 3
Cranny 99 E 9
Cratloe 99 F 9
Craughwell 99 F 8
Crawfordsburn 115 O 4
Crazy Corner 107 K 7
Creagh 113 J 4
Creagh (The) 114 M 3
Creaghanroe 114 L 5
Crean's Cross Roads 90 F 12
Crecora 94 F 10
Creegh 98 D 9
Creeslough 117 I 2
Creevagh 111 D 5
Creevagh Head 111 E 5
Creeves 93 E 10
Creevykeel 112 G 4
Cregg *Clare* 99 E 8
Cregg *Cork* 89 E 13
Cregg *Galway* 105 E 7
Cregg *Sligo* 112 G 5
Creggan *Armagh* 108 M 5
Creggan *Dungannon* 114 K 4
Crergganbaun 104 C 6
Creggaun 94 F 10
Creggs 106 G 7
Crilly 114 L 4
Crindle 118 L 2
Crinkill 101 I 8
Croagh *Donegal* 112 G 3
Croagh *Limerick* 94 F 10
Croagh Patrick 105 C 6
Croaghaun 110 B 6
Croaghmoyle 105 D 6

Croaghnageer 113 I 3
Croaghnakeela Island 104 C 8
Croaghrimbeg 105 D 6
Croan (Lough) 106 H 7
Croangar (Lough) 116 H 3
Crockaneel 119 N 2
Crockets Town 111 E 5
Crockmore 113 I 4
Crocknasmug 118 L 2
Croghan *Offaly* 101 K 7
Croghan *Roscommon* 106 H 6
Croghan Mountain 103 N 9
Crohane 89 D 12
Crohy Head 116 G 3
Crois Mhaoilíona /
Crossmolina 111 E 5
Croithlí / Crolly 116 H 2
Cromane 92 C 11
Cromoge 101 J 9
Croob (Slieve) 115 N 4
Crookedwood 107 K 7
Crookhaven 88 C 13
Crookstown *Kildare* 102 L 8
Crookstown *Moviddy* 90 F 12
Croom 94 F 10
Croos 106 H 7
Cross *Cong* 105 E 7
Cross *Waterford* 91 I 11
Cross (River) 105 D 7
Cross Barry 90 G 12
Cross Keys *Cavan* 107 K 6
Cross Keys *Meath* 108 K 6
Cross Keys *Meath* 108 M 7
Cross Roads 117 I 3
Crossabeg 97 M 10
Crossakeel 108 K 6
Crossboyne 105 E 6
Crossconnell 100 H 8
Crossdoney 107 J 6
Crossea 107 J 7
Crosserlough 107 K 6
Crossgar 115 O 4
Crossgare 118 L 2
Crosshaven 90 H 12
Crossmaglen 108 M 5
Crossna 106 H 5
Crossooha 99 F 8
Crosspatrick *Kilkenny* 101 J 9
Crosspatrick *Wicklow* 97 M 9
Crosswell 106 G 7
Crove 112 G 3
Crow Head 88 B 13
Crownarad 112 G 4
Cruit Island 116 G 2
Crumlin *Antrim* 115 N 4
Crumlin *Cong* 105 D 7
Crusheen 99 F 9
Crutt 101 K 9
Cúil an tSúdaire /
Portarlington 101 K 8
Cuilcagh 113 I 5
Cuilkillew 111 E 5
Cuilmore 105 F 6
Culdaff 118 K 2
Culdaff Bay 118 K 2
Culfadda 106 G 5
Culfin 104 C 7
Culky 113 J 5
Cullahill 101 J 9
Cullane 94 G 10
Cullaun 94 H 10
Cullaville 108 M 5
Culleens 111 F 5
Cullen *Cork* 94 H 10
Cullen *Tipperary* 93 E 11
Cullenagh (River) 99 E 9
Cullenstown
near Duncormick 96 L 11
Cullenstown
near Newbawn 96 L 10
Cullin 105 E 6
Cullin (Lough) 105 E 6
Cullybackey 118 M 3
Cullyhanna 108 M 5
Culmore 117 K 2
Culnady 118 M 3
Cummeragh 88 B 12
Cunningburn 115 P 4
Curlew Mountains 106 G 6
Curracloe 97 M 10
Curragh 91 I 12
Curragh (The) 102 L 8
Curragh Camp 102 L 8
Curragh West 106 G 7
Curragha 109 M 7
Curraghbonaun 106 F 6
Curraghboy 106 H 7
Curraghmore Gardens 95 J 11
Curraghroe 107 H 6
Curraglass 91 H 11
Currahchase Forest Park 94 F 10
Curran 114 M 3
Currane (Lough) 88 B 12
Currans 93 D 11
Curraun 105 D 7
Curreel (Lough) 104 C 7
Curreeny 100 H 9
Currow 93 D 11
Curry 105 E 6
Curryglass 88 C 12
Curryskeskin 118 M 2
Cushendall 119 N 2
Cushendun 119 N 2
Cusher 114 M 5
Cushina 101 K 8
Cut (The) 101 J 8
Cutra (Lough) 99 F 8

D

Dahybaun (Lough) 111 D 5
Daingean 101 K 8
Dalgar 105 F 7
Dalkey 103 N 8
Damastown 109 N 7
Damerstown 101 K 9
Damhead 118 M 2
Dan (Lough) 103 N 8
Danesfort *Kilkenny* 96 K 10
Danesfort *Longford* 107 I 6
Dangan *Cork* 91 H 12
Dangan *Waterford* 96 K 11
Darby's Gap 97 M 10
Dargle 103 N 8
Dark Hedges (The) 118 M 2
Darkley 114 L 5
Darragh 99 E 9
Dartry Mountains 112 G 4
Davagh Forest Park 114 L 3
Davidstown 103 M 9
Dawros 104 C 7
Dawros Head 116 G 3
Dead 94 H 10
Dealagh 98 D 9
Dee 108 L 6
Deel *Limerick* 94 F 10
Deel *Mayo* 111 D 5
Deel *Westmeath* 108 K 7
Deel Bridge 111 D 5
Deele (River) 117 I 3
Deelish 89 E 12
Deenish Island 88 B 12
Delamont 115 O 4
Delgany 103 N 8
Delphi 104 C 7
Delvin 108 K 7
Delvin (River) 109 N 7
Dennet (Burn) 117 J 3
Derg 113 J 3
Derg (Lough)
near Donegal 113 I 4
Derg (Lough)
near Nenagh 100 H 9
Dergalt 117 J 3
Dernagree 93 E 11
Derravaragh (Lough) 107 J 7
Derreen
near Ballynagoraher 105 D 6
Derreen *near Cloghmore* 104 C 6
Derreen *near Formoyle* 99 E 8
Derreen *near Lahinch* 98 D 9
Derreen Gardens 89 C 12
Derreendarragh 89 C 12
Derreeny 88 C 12
Derreeny Bridge 89 E 13
Derriana Lough 88 C 12
Derries 101 J 8
Derry 112 G 5
Derryadd 114 M 4
Derryanvil 114 M 4
Derrybeg 116 H 2
Derryboye 115 O 4
Derrybrien 99 G 8
Derryclare Lough 104 C 7
Derrycooly 101 I 8
Derrycraff 105 D 6
Derrydruel 116 G 3
Derryerglinna 105 D 7
Derryfadda 101 J 9
Derrygolan 101 J 8
Derrygonnelly 113 I 4
Derrygoolin 100 G 9
Derrygrogan 101 J 8
Derrykeevan 114 M 4
Derrykeighan 118 M 2
Derrylea 104 C 7
Derrylin 113 J 5
Derrylough 116 G 3
Derrymore 93 C 11
Derrymore Island 93 C 11
Derrynane 88 B 12
Derrynane House 88 B 12
Derrynasaggart Mountains 89 E 11
Derrynawilt 113 K 5
Derryneen 104 C 7
Derrynoose 114 L 5
Derryrush 104 C 7
Derrytrasna 114 M 4
Derryveagh Mountains 117 H 3
Derryvohy 105 E 6
Derrywode 106 G 6
Dervock 118 M 2
Desertmartin 114 L 3
Devenish Island 113 J 4
Devilsbit 101 I 9
Devilsmother 105 D 7
Diamond (The) *Antrim* 114 N 4
Diamond (The)
Cookstown 114 M 4
Diamond (The) *Omagh* 113 J 4
Dingle / Daingean Uí Chúis 92 B 11
Dingle Bay 92 B 11
Dingle Harbour 92 B 11
Divis 115 N 4
Doagh *Newtownabbey* 115 N 3
Doagh *Rosguill* 117 I 2
Doagh Beg /
Dumhaigh Bhig 117 J 2
Doagh Isle 117 J 2
Dodder 103 M 8
Doe Castle 117 I 2
Dolla 100 H 9
Dollingstown 114 N 4
Domhnach Phádraig /
Donaghpatrick 108 L 6
Donabate 109 N 7
Donacarney 109 N 6
Donadea 102 L 7
Donagh 113 J 5
Donaghadee 115 P 4
Donaghaguy 109 N 5
Donaghcloney 114 N 4
Donaghey 114 L 4
Donaghmore 114 L 4
Donaghmore *Meath* 109 M 7
Donard *Wexford* 96 L 10
Donard *Wicklow* 103 M 8
Donard (Slieve) 115 O 5
Donaskeagh 95 H 10
Donegal / Dún na nGall 113 H 4
Donegal Airport 116 G 2
Donegal Bay 112 G 5
Donegal Point 98 D 9
Doneraile 94 G 11
Donohill 95 H 10
Donore 109 M 6
Donoughmore 90 F 12
Doo (Lough) 99 E 9
Doo Lough 104 C 7
Doo Lough Pass 104 C 7
Doogh 110 B 6
Doobehy 111 D 5
Doocastle 106 G 5
Dooega Head 104 B 6
Dooey Point 116 G 3
Doogary 107 J 5
Dooghbeg 104 C 6
Doogort 110 B 5
Doohooma 110 C 5
Dooish Mount 117 J 3
Doolough Point 110 C 5
Doon *Galway* 100 G 7
Doon *Limerick* 94 H 10
Doon Lough 99 F 9
Doona 110 C 5
Doonaha 93 D 10
Doonbeg 98 D 9
Doonloughan 104 B 7
Doonmanagh 92 B 11
Doorin Point 112 H 4
Dooyork 110 C 5
Dore 116 H 2
Dorrusawillin 107 H 5
Dough 88 C 13
Douglas 90 G 12
Douglas Bridge 113 J 3
Doulus Bay 88 A 12
Doulus Head 88 A 12
Dowdallshill 109 M 5
Dowling 96 K 10
Downhill 118 L 2
Downpatrick 115 O 5
Downpatrick Head 111 D 5
Downs (The) 107 K 7
Dowra 113 H 5
Dowth 109 M 6
Drains Bay 119 O 3
Drangan 95 J 10
Draperstown 114 L 3
Dreen 118 K 3
Dreenagh 92 C 10
Drimoleague 89 E 13
Drinagh *Cork* 89 E 13
Drinagh *Wexford* 97 M 11
Drinaghan 111 E 5
Dring 107 J 6
Dripsey 90 F 12
Dripsey (River) 90 F 11
Drishaghaun 105 D 7
Drishane Bridge 89 D 13
Droichead Átha /
Drogheda 109 M 6
Droichead na Bandan /
Bandon 90 F 12
Drom 101 I 9
Dromahair 112 H 5
Dromara 115 N 4
Dromcolliher 94 F 10
Dromin *Limerick* 94 G 10
Dromin *Louth* 109 M 6
Dromina 94 F 11
Dromineer 100 H 9
Dromiskin 109 M 6
Dromkeen 94 G 10
Drommahane 90 F 11
Dromod 107 I 6
Dromoland Castle 99 F 9
Dromore *Banbridge* 115 N 4
Dromore *Omagh* 113 J 4
Dromore Lake 94 F 10
Dromore West 112 F 5
Dromtrasna 93 E 10
Drones (The) 118 M 2
Drowes 112 H 4
Drum *Monaghan* 108 K 5
Drum *Roscommon* 101 H 7
Drum *Sligo* 112 G 5
Drum Hills 91 I 11
Drum Manor
Forest Park 114 L 4
Drumahoe 117 K 3
Drumandoora 99 F 8
Drumaness 115 O 4
Drumanoo Head 112 G 4
Drumatober 100 G 8
Drumbane 95 I 10
Drumbeg *Feddyglass* 117 J 3
Drumbeg *Lisburn* 115 O 4
Drumbo 115 O 4
Drumbologe 117 I 3
Drumcar 109 M 6
Drumcard 113 I 5
Drumcliff 112 G 5
Drumcliff Bay 112 G 5
Drumcondra 108 M 6
Drumcong 107 I 5
Drumcree 108 K 7
Drumcullen 114 M 3
Drumduff 113 J 4
Drumena Cashel 115 O 5
Drumfea 96 L 10
Drumfin 112 G 5
Drumfree 117 J 2
Drumgoft 103 M 9
Drumintee 109 M 5
Drumkeary 99 G 8
Drumkeen 117 I 3
Drumkeeran 112 H 5
Drumlaheen Lough 107 I 5
Drumlea 107 I 5
Drumlegagh 113 J 4
Drumlish 107 I 6
Drumlosh 101 I 7
Drummannon 114 M 4
Drummin 96 L 10
Drummullin 106 H 6
Drumnakilly 114 K 4
Drumone 108 K 6
Drumquin 113 J 4
Drumraney 107 I 7
Drumreagh 110 B 5
Drumshanbo 107 H 5
Drumsna 107 H 6
Drumsurn 118 L 3
Duagh 93 D 10
Dually 95 I 10
Dublin Bay 103 N 7
Duff 112 H 4
Duffy 102 L 7
Duleek 109 M 7
Dumha Éige / Dooega 104 B 6
Dún Aengus 98 C 8
Dún A'Rí Forest Park 108 L 6
Dún Chaoin / Dunquin 92 A 11
Dún Dealgan / Dundalk 109 M 5
Dún Garbhán /Dungarvan 91 J 11
Dun Laoghaire 103 N 8
Dún Mánmhaí /
Dunmanway 89 E 12
Dún Mór / Dunmore 106 F 7
Dún na nGall / Donegal 113 H 4
Dunabrattin Head 91 K 11
Dunadry 115 N 3
Dunaff 117 J 2
Dunaff Head 117 J 2
Dunaghy 118 M 2
Dunagree Point 118 L 2
Dunamase (Rock of) 101 K 8
Dunamon 106 H 7
Dunany 109 N 6
Dunany Point 109 N 6
Dunbel 96 K 10
Dunboyne 103 M 7
Dunbrody Abbey 96 L 11
Dunbulcaun Bay 99 F 8
Duncannon 96 L 11
Duncormick 96 M 11
Dundalk Bay 109 N 6
Dunderrow 90 G 12
Dunderry 108 L 7
Dundonald 115 O 4
Dundrod 115 N 4
Dundrum *Down* 115 O 5
Dundrum *Dublin* 103 N 8
Dundrum *Tipperary* 95 H 10
Dundrum Bay 115 O 5
Dunfanaghy 117 I 2
Dungannon 114 L 4
Dunganstown 96 L 10
Dungarvan Harbour 91 J 11
Dungiven 118 L 3
Dungloe /
An Clochán Liath 116 G 3
Dungonnell Dam 119 N 3
Dungourney 90 H 12
Dunguaire Castle 99 F 8
Dunhill 91 K 11
Duniry 100 G 8
Dunkellin 99 F 8
Dunkerrin 101 I 9
Dunkineely 112 G 4
Dunkitt 96 K 11
Dunlavin 102 L 8
Dunleer 109 M 6
Dunlewy 117 H 2
Dunloe (Gap of) 89 D 11
Dunloy 118 M 2
Dunluce Castle 118 M 2
Dunmanus 89 D 13
Dunmanus Bay 88 C 13
Dunmore 109 O 5
Dunmore Cave 96 K 9
Dunmore East 96 L 11
Dunmore Head *Dunquin* 92 A 11
Dunmore Head
near Culdaff 118 K 2
Dunmore Head
near Portnoo 116 G 3
Dunmurry 115 N 4
Dunnamaggan 96 K 10
Dunnamanagh 117 K 3
Dunnamore 114 L 3
Dunnycove Bay 89 F 13
Dunowen Head 89 F 13
Dunree Head 117 J 2
Dunsany 108 M 7
Dunshaughlin 108 M 7
Dunworly Bay 90 F 13
Durlas / Thurles 95 I 9
Durrow 101 J 9
Durrus 89 D 13
Dursey Head 88 B 13
Dursey Island 88 B 13
Duvillaun Beg 110 B 5
Duvillaun More 110 B 5
Dyan 114 L 4
Dysart 107 J 7
Dysert O'Dea 99 E 9

E

Éadan Doire / Édenderry 102 K 7
Eagle (Mount) 92 A 11
Eagle Island 110 B 5
Eagles Hill 88 B 12
Eany 112 H 3
Eanymore 112 H 3
Easky 111 F 5
Easky Lough 112 F 5
East Ferry 90 H 12
East Town 116 H 2
Eddy Island 99 F 8
Eden 115 O 3
Ederny 113 J 4
Edgeworthstown 107 J 6
Edgeworthstown /
Meathas Troim 107 J 6
Egish (Lough) 108 L 5
Eglinton 118 K 2
Eglish 114 L 4
Eighter 108 K 6
Eleven Lane Ends 114 M 5
Ellistrin 117 I 3
Elly Bay 110 B 5
Elphin 106 H 6
Elton 94 G 10
Elva (Slieve) 99 E 8
Emlagh Point 104 C 6
Emly 94 G 10
Emmoo 106 H 7
Emo 101 K 8
Emo Court 101 K 8
Emyvale 114 L 4
Ennel (Lough) 107 J 7
Ennis / Inis 99 F 9
Enniscorthy /
Inis Córthaidh 97 M 10
Enniskean 89 F 12
Enniskerry 103 N 8
Enniskillen 113 J 4
Ennistimon /
Inis Díomáin 99 E 9
Eochaill / Youghal 91 I 12
Erne (Lower Lough) 113 I 4
Erne (River) 107 J 6
Erne (Upper Lough) 113 J 5
Erra 107 I 6
Errew Abbey 111 E 5
Erriff (River) 105 D 7
Errigal Mountain 117 H 2
Erril 101 I 9
Erris Head 110 B 5
Errisbeg 104 C 7
Errislannan 104 B 7
Errit Lough 106 F 6
Ervey Cross Roads 118 K 3
Eshnadarragh 113 K 5
Eshnadeelada 113 K 5
Eske 113 H 3
Eske (Lough) 113 H 3
Esker 99 F 8
Esker South 107 I 6
Eskeragh 111 D 5
Eskragh 113 K 4
Eyeries 88 C 12
Eyrecourt 100 H 8

F

Faha 91 J 11
Fahamore 92 B 11
Fahan 117 J 2
Fahy 100 H 8
Fahy Lough 110 C 5
Fair Green 99 F 9
Fair Head 88 C 13
Fairyhouse 108 M 7
Fairymount 106 G 6
Fallmore 110 B 5
Fanad 117 I 2
Fanad Head 117 J 2
Fane River 108 M 5
Fanore 99 E 8
Farahy 94 G 11
Fardrum 101 I 7
Fardurris Point 98 D 8
Farmer's Bridge 93 D 11
Farnagh 101 I 7
Farnaght 107 I 6
Farnanes Cross Roads 90 F 12
Farnoge 96 K 10
Farran 90 F 12
Farran Forest Park 90 F 12
Farrancassidy
Cross Roads 112 H 4
Farranfore 93 D 11
Fastnet Rock 89 D 13
Faughan 118 K 3
Fawney 117 K 3
Fea (Lough) 114 L 3
Feagarrid 95 I 11
Feakle 99 G 9
Feale (River) 93 D 10
Fearn Hill 113 J 3
Fedamore 94 G 10

Fee (Lough) 104 C 7
Feeagh (Lough) 105 D 6
Feeard 93 C 10
Feenagh 94 F 10
Feeny 118 K 3
Feevagh 106 H 7
Fenagh 107 I 5
Fenit 92 C 11
Fennagh 96 L 9
Fennor 91 K 11
Feohanagh *Kerry* 92 A 11
Feohanagh *Limerick* 94 F 10
Feohanagh (River) 92 B 11
Ferbane 101 I 8
Fergus (River) 99 E 9
Fern (Lough) 117 I 2
Ferns 97 M 10
Ferry Bridge 94 F 10
Ferrybank 97 N 9
Ferrycarrig 97 M 10
Ferta 88 B 12
Fethard 96 L 11
Fews 95 J 11
Feystown 119 O 3
Fiddown 96 K 10
Fieries 93 D 11
Finavarra 99 E 8
Finglas 103 N 7
Finglass 89 C 11
Finn (Lough) 117 H 3
Finn (River) 117 J 3
Finnea 107 J 6
Finnisglin 104 C 7
Fintona 113 K 4
Fintragh Bay 112 G 4
Finuge 93 D 10
Finvoy 118 M 2
Fiodh Ard / Fethard 95 I 10
Fionnaithe / Finny 105 D 7
Firkeel 88 B 13
Fisherhill 105 E 6
Five Corners 115 N 3
Fivealley 101 I 8
Fivemilebridge 90 G 12
Fivemiletown 113 K 4
Flagmount *Corlea* 99 G 9
Flagmount *Kilkenny* 96 K 10
Flat Head 90 G 12
Flesk 89 D 11
Florence Court 113 I 5
Florence Court Forest Park 113 I 5
Foaty Island/Fota Island 90 H 12
Foilycleara 95 H 10
Folk Park 99 F 9
Fontstown 102 L 8
Forbes (Lough) 107 I 6
Fordstown 108 L 6
Fore 107 K 6
Forkill 109 M 5
Forlorn Point 96 M 11
Formoyle *Lonford* 107 I 7
Formoyle *Mayo* 104 C 6
Formoyle *near Ballivaghan* 99 E 8
Formoyle *near Inagh* 99 E 9
Formoyle (Lough) 105 D 7
Fort Stewart 117 J 2
Forthill 107 I 7
Fota Island 90 H 12
Foul Sound 98 D 8
Foulksmills 96 L 11
Fountain Cross 99 E 9
Four Mile House 106 H 6
Four Roads 106 H 7
Fourknocks 109 N 7
Foxford 105 E 6
Foxhall 105 E 7
Foyle (Lough) 118 K 2
Foynes 93 E 10
Foynes Island 93 E 10
Francis' Gap 99 G 8
Freemount 94 F 11
Frenchpark 106 G 6
Freshford 95 J 9
Freynestown 102 L 8
Frosses 112 H 3
Frower Point 90 G 12
Fuerty 106 H 7
Funshin More 99 F 8
Funshinagh (Lough) 106 H 7
Funshion 94 G 11
Furbogh 99 E 8
Furnace 105 D 7
Furnace Lough 105 D 6
Furness 103 M 8
Fyagh (Slieve) 111 D 5

G

Gabriel (Mount) 89 D 13
Gaddagh 89 C 11
Gaillimh / Galway 99 E 8
Gainestown 107 K 7
Galbally *Dungannon* 114 L 4
Galbally *Limerick* 94 H 10
Galbally *Wexford* 96 M 10
Galbolie 108 K 6
Galey 93 D 10
Galgorm 118 N 3
Gallarus Oratory 92 A 11
Galley Head 89 F 13
Gallion (Slieve) 114 L 3
Galmoy 101 J 9
Galty Mountains 95 H 10
Galtymore Mountain 95 H 10
Galway Bay 98 D 8
Galways Bridge 89 D 12
Gaoth Dobhair / Gweedore 116 H 2
Gaoth Sáile / Geesala 110 C 5
Gap (The) 95 I 11
Gara (Lough) 106 G 6
Garadice 102 L 7
Garadice Lough 107 I 5
Garbally 100 H 8
Garinish Island 88 C 12
Garnavilla 95 I 10
Garnish Point 88 B 13
Garrane 89 E 12
Garranlahan 106 G 6
Garraun *Clare* 98 D 9
Garraun *Galway* 100 G 8
Garraun (Mount) 104 C 7
Garries Bridge 89 D 12
Garrison 112 H 4
Garristown 109 M 7
Garron Point 119 O 2
Garrycloonagh 111 E 5
Garrycullen 96 L 11
Garryduff 118 M 2
Garryfine 94 F 10
Garrykennedy 100 G 9
Garryspillane 94 G 10
Garryvoe 91 H 12
Gartan Lough 117 I 3
Gartree Point 114 N 4
Garty Lough 107 J 6
Garvagh *Coleraine* 118 L 3
Garvagh *Rowan* 107 I 6
Garvaghy 114 K 4
Garvary 113 J 4
Gattabaun 101 J 9
Geashill 101 K 8
Geevagh 112 H 5
George (Lough) 99 F 9
Gerahies 89 D 13
Giant's Causeway 118 M 2
Giles Quay 109 N 6
Gilford 114 M 4
Gill (Lough) *near Sligo* 112 G 5
Gill (Lough) *near Tralee* 92 B 11
Glanaruddery Mountains 93 D 11
Glandore 89 E 13
Glandore Harbour 89 E 13
Glangevlin 113 I 5
Glanmire 90 G 12
Glanmore Lake 89 C 12
Glanoe 93 D 10
Glantane 90 F 11
Glanworth 94 G 11
Glarryford 118 M 3
Glasdrumman 109 O 5
Glaslough 114 L 5
Glasmullan 117 J 2
Glassan 107 I 7
Glasshouse Lake 107 J 5
Glassillaun 104 C 6
Glastry 115 P 4
Gleann Cholm Cille / Glencolumbkille 112 F 3
Gleann Domhain / Glendowan 117 I 3
Gleann na Muaidhe / Glenamoy 111 C 5
Glen 117 I 2
Glen (River) *Cork* 90 F 11
Glen (River) *Donegal* 112 G 3
Glen Bay 112 F 3
Glen Head 112 F 3
Glen Lough *Donegal* 117 I 2
Glen Lough *Westmeath* 107 J 7
Glenaan 119 N 2
Glenade 112 H 4
Glenade Lough 112 H 4
Glenamoy (River) 111 D 5
Glenariff 119 N 2
Glenariff Forest Park 119 N 2
Glenariff or Waterfoot 119 N 2
Glenarm 119 O 3
Glenavy 115 N 4
Glenballyemon 119 N 2
Glenbeg Lough 88 C 12
Glenbeigh 92 C 11
Glenboy 112 H 5
Glenbridge Lodge 103 M 8
Glenbrohane 94 G 10
Glenbrook 90 G 12
Glencar 88 C 12
Glencar Lough 112 G 4
Glencloy 119 O 3
Glencolmcille Folk Village 112 F 3
Glencree 103 N 8
Glencullen 103 N 8
Glendalough *Brockagh* 103 M 8
Glendalough *Waterford* 95 J 11
Glenderry 92 C 10
Glendorragha 116 G 3
Glendovan Mountains 117 H 3
Glendree 99 F 9
Glendum 119 N 2
Glenealy 103 N 9
Gleneely *near Ballybofey* 113 I 3
Gleneely *near Cardonagh* 118 K 2
Glenelly 114 K 3
Glenelly Valley 114 K 3
Glenfarne 113 I 5
Glenflesk 89 D 11
Glengad Head 118 K 1
Glengarriff (River) 89 D 12
Glengarriff Harbour 89 D 12
Glengesh Pass 112 G 3
Glengormley 115 O 3
Glenhead 118 K 2
Glenhull 114 K 3
Glenicmurrin Lough 98 D 8
Glenmacnass 103 M 8
Glenmalur 103 M 9
Glenmore *Clare* 99 E 9
Glenmore *Kilkenny* 96 K 10
Glennagevlagh 105 D 7
Glennamaddy 106 G 7
Glennascaul 99 F 8
Glenoe 115 O 3
Glenshane Pass 118 L 3
Glenshesk 119 N 2
Glentaisie 119 N 2
Glentane 106 G 7
Glenties 116 H 3
Glentogher 118 K 2
Glentrasna 105 D 7
Glenvale 118 M 3
Glenvar / Gleann Bhairr 117 J 2
Glenveagh National Park 117 I 2
Glenville 90 G 11
Glin 93 E 10
Glin Castle 93 E 10
Glinsce / Glinsk 104 C 7
Glinsk *Donegal* 117 I 2
Glinsk *Mayo* 111 D 5
Glounthaune 90 G 12
Glyde (River) 108 M 6
Glynn *Carlow* 96 L 10
Glynn *Larne* 115 O 3
Gneevgullia 93 E 11
Gob an Choire / Achill Sound 104 C 6
Gobbins (The) 115 O 3
Gokane Point 89 E 13
Gola Island / Gabhla 116 G 2
Golagh Lough 113 H 4
Golam Head 98 C 8
Golden 95 I 10
Golden Vale 95 H 10
Goleen 88 C 13
Goold's Cross 95 I 10
Goresbridge 96 K 10
Gorey / Guaire 97 N 9
Gormanston 109 N 7
Gort an Choire / Gortahork 117 H 2
Gortaclare 113 K 4
Gortahill 113 I 5
Gortaleam 106 F 7
Gortarevan 100 H 8
Gortaroo 91 I 12
Gortaway 117 J 2
Gorteen 106 G 6
Gorteen Bridge 101 J 8
Gorteeny 100 G 8
Gortgarriff 88 C 12
Gortgarrigan 112 H 5
Gortin 113 K 3
Gortin Glen Forest Park 113 K 3
Gortletteragh 107 I 6
Gortmore *near Ballycastle* 111 D 5
Gortmore *near Bangor* 111 C 5
Gortmullan 113 J 5
Gortnadeeve 106 G 7
Gortnahoo 95 J 9
Gortnasillagh 106 G 6
Gortree 117 J 3
Gortymadden 100 G 8
Gorumna Island 98 C 8
Gosford Forest Park 114 M 5
Gougane Barra Forest Park 89 D 12
Gougane Barra Lake 89 E 12
Gouladoo 89 C 13
Gowla 104 C 7
Gowlaun 104 C 7
Gowlin 96 L 10
Gowna (Lough) 107 J 6
Gowran 96 K 10
Gracehill 118 N 3
Graffy 116 H 3
Gráig na Manach / Graiguenamanagh 96 L 10
Graigue 102 L 9
Graigue Hill 96 L 9
Graigue More 96 M 10
Graigues 88 B 12
Granabeg 103 M 8
Gránard / Granard 107 J 6
Grand Canal 101 I 8
Graney 102 L 9
Graney (Lough) 99 G 9
Graney (River) 99 G 9
Grange *Kildare* 102 K 7
Grange *Kilkenny* 96 K 10
Grange *Louth* 109 N 5
Grange *Sligo* 112 G 4
Grange *Waterford* 91 I 12
Grange (River) 106 F 7
Grange Con 102 L 9
Grangebellew 109 M 6
Grangeford 102 L 9
Grangegeeth 108 M 6
Granias Gap 117 K 2
Grannagh 99 F 8
Gransha 115 O 3
Granville 114 L 4
Greagh 107 I 6
Great Blasket Island 92 A 11
Great Island 90 H 12
Great Newtown Head 96 K 11
Great Skellig 88 A 12
Great Sugar Loaf 103 N 8
Greatman's Bay 98 D 8
Greenan 103 N 9
Greenanstown 109 N 7
Greencastle *Donegal* 118 L 2
Greencastle *Newry-Mourne* 109 N 5
Greencastle *Omagh* 114 K 3
Greenfield 105 E 7
Greenisland 115 O 3
Greenore 109 N 5
Greenore Point 97 N 11
Gregans Castle 99 E 8
Gregory's Sound 98 D 8
Grenagh 90 G 11
Grey Abbey 115 P 4
Grey Point 115 O 3
Greysteel 118 K 2
Greystone 114 L 4
Grianan of Aileach 117 J 2
Grogan 101 I 8
Groomsport 115 P 3
Gubaveeny 113 I 5
Gubbaroe Point 113 I 4
Gulladoo Lough 107 J 6
Gulladuff 118 M 3
Gullion (Slieve) 109 M 5
Gur (Lough) 94 G 10
Gurteen *Cappalusk* 99 G 7
Gurteen *Leitrim* 112 H 5
Gusserane 96 L 11
Gwebarra Bridge 116 H 3
Gweebarra 116 H 3
Gweebarra Bay 116 G 3
Gweestin 93 D 11
Gweestion 105 E 6
Gyleen 90 H 12

H

Hacketstown 103 M 9
Hags Head 98 D 9
Hamiltonsbawn 114 M 4
Hand Cross Roads (The) 99 E 9
Hannahstown 115 N 4
Hare Island 89 D 13
Harristown 96 K 10
Harrow (The) 97 M 10
Healy Pass 89 C 12
Helen's Bay 115 O 3
Helvick Head 91 J 11
Herbertstown 94 G 10
High Island 104 B 7
Highwood 112 H 5
Hill Street 107 H 6
Hillsborough 115 N 4
Hilltown *Harristown* 96 L 11
Hilltown *Newry and Mourne* 115 N 5
Hind 106 H 7
Hog's Head 88 B 12
Holeopen Bay West 90 G 13
Hollyford 95 H 10
Hollyfort 97 M 9
Hollymount 105 E 7
Hollywood 103 M 8
Holy Cross 95 I 10
Holy Island 99 G 9
Holycross 94 G 10
Holywell 113 I 5
Holywell Hill 117 J 2
Holywood 115 O 4
Hook Head 96 L 11
Hore Abbey 95 I 10
Horn Head 117 I 2
Horse and Jockey 95 I 10
Horse Island 89 D 13
Horseleap 101 J 7
Hospital 94 G 10
Hugginstown 96 K 10
Hungry Hill 88 C 12
Hurlers Cross 99 F 9
Hurley 109 M 7
Hyne (Lough) 89 E 13

I

Ilen 89 E 13
Illaunstookagh 92 C 11
Illauntannig 92 B 11
Illies 117 J 2
Illnacullin 89 D 12
Inagh 99 E 9
Inagh (Lough) 104 C 7
Inch 92 C 11
Inch *Donegal* 117 J 2
Inch *near Whitegate* 90 H 12
Inch *near Youghal* 91 I 12
Inch *Tipperary* 95 H 9
Inch *Wexford* 97 N 9
Inch Abbey 115 O 4
Inch Island 117 J 2
Inchagoill 105 E 7
Inchamore Bridge 108 L 7
Inchbeg 96 J 9
Inchcleraun 107 H 7
Inchee Bridge 89 D 12
Inchicronan Lough 99 F 9
Inchigeelagh 89 E 12
Inchiquin 105 E 7
Inchiquin Lough *Clare* 99 E 9
Inchiquin Lough *Kerry* 89 D 12
Inchmore 107 I 7
Inchnamuck 95 H 11
Inchydoney Island 90 F 13
Indreabhán / Inveran 98 D 8
Inis / Ennis 99 F 9
Inis Bó Finne / Inishbofin 117 H 2
Inis Meáin / Inishmaan 98 D 8
Inis Mór / Inishmore 98 C 8
Inis Oírr / Inisheer 98 D 8
Inishannon 90 G 12
Inishbarra 98 C 8
Inishbiggle 110 C 6
Inishbofin 104 B 7
Inishcarra 90 G 12
Inishcarra Reservoir 90 F 12
Inishcrone 111 E 5
Inishdoorus 105 D 7
Inishfarnard 88 B 12
Inishfree Bay 116 G 2
Inishfree Upper 116 G 3
Inishglora 110 B 5
Inishkea North 110 B 5
Inishkea South 110 B 5
Inishmaine Island 105 E 7
Inishmicatreer 105 E 7
Inishmurray 112 G 4
Inishnabro 92 A 11
Inishnee 104 C 7
Inishowen 117 J 2
Inishowen Head 118 L 2
Inishshark 104 B 7
Inishtooskert 92 A 11
Inishtrahull 118 K 1
Inishtrahull Sound 118 K 1
Inishturk 104 B 6
Inishvickillane 92 A 11
Inistioge 96 K 10
Innfield 102 L 7
Innisfree 112 G 5
Inniskeen 108 M 5
Inny (River) 107 J 6
Inver *Donegal* 112 H 4
Inver *Mayo* 110 C 5
Inver Bay 112 H 4
Ireland's Eye 103 N 7
Irish Agricultural Museum 97 M 11
Irishtown 105 F 7
Iron (Lough) 107 J 7
Iron Mountains 113 I 5
Irvinestown 113 J 4
Island Lake 106 F 6
Island Reavy (Lough) 115 N 5
Islandmagee 115 O 3
Islandmore 115 P 4
Iveragh 88 B 12

J

J. F. Kennedy Park 96 L 11
Jamestown *Cloonteem* 107 H 6
Jamestown *Laois* 101 K 8
Japanese Gardens 102 L 8
Jerpoint Abbey 96 K 10
Jerrettspass 114 M 5
Johnstown *Kildare* 103 M 8
Johnstown *Kilkenny* 101 J 9
Johnstown *Meath* 108 M 7
Johnstown *near Arklow* 103 N 9
Johnstown *near Coolgreany* 97 N 9
Johnstown Bridge 107 I 6
Johnstownbridge 102 L 7
Jonesborough 109 M 5
Joyce 105 D 7
Julianstown 109 N 6

K

Kanturk Castle 94 F 11
Katesbridge 115 N 5
Keadew 107 H 5
Keady 114 L 5
Keady Mountain 118 L 2
Kealduff 89 C 12
Kealkill 89 D 12
Kearney 115 P 4
Kearney Point 115 P 4
Keeagh 99 E 8
Keel 110 B 6
Keel (Lough) 117 I 2
Keel Lough 110 B 6
Keeloges 106 G 7
Keem Strand 110 B 6
Keenagh *Longford* 107 I 7
Keenagh *Mayo* 111 D 5
Keeraunnagark 98 D 8
Keereen 91 I 11
Keimaneigh (The pass of) 89 E 12
Kells *Ballymena* 115 N 3
Kells *Kerry* 88 B 12
Kells *Kilkenny* 96 K 10
Kells (Ceanannus Mor) / Ceanannas *Meath* 108 L 6
Kells Bay 88 B 11
Kells Priory 96 K 10
Kellysgrove 100 H 8
Kenmare River 88 B 12
Kentstown 108 M 7
Kerry (Ring of) 88 B 12
Kerry Head 92 C 10
Kesh *Fermanagh* 113 I 4
Kesh *Toomour* 106 G 5
Keshcarrigan 107 I 5
Key (Lough) 106 H 5
Kid Island 110 C 5
Kilbaha 93 C 10
Kilbaha Bay 93 C 10
Kilbane 99 G 9
Kilbarry 89 E 12
Kilbeacanty 99 F 8
Kilbeggan 101 J 7
Kilbeheny 94 H 11

Kilbennan 105 F 7
Kilberry *Bert* 108 L 6
Kilberry *Kildare* 102 K 8
Kilbreedy 94 F 10
Kilbrickan 105 D 7
Kilbricken 101 J 9
Kilbride *near Blessington* 103 M 8
Kilbride *near Ratoah* 103 M 7
Kilbride *near Trim* 108 L 7
Kilbride *near Wicklow* 103 N 9
Kilbrien 95 J 11
Kilbrin 94 F 11
Kilbrittain 90 F 12
Kilcaimin 99 F 8
Kilcar 112 G 4
Kilcarn 108 L 7
Kilcatherine Point 88 B 12
Kilcavan 101 J 8
Kilchreest 99 G 8
Kilclaran 99 G 9
Kilclief 115 P 5
Kilcloher 93 C 10
Kilconfert 101 J 8
Kilclooney 116 G 3
Kilcock 102 L 7
Kilcogy 107 J 6
Kilcolgan 99 F 8
Kilcolman *Cashel* 90 F 12
Kilcolman
Dunmoylan East 93 E 10
Kilcoltrim 96 L 10
Kilcomin 101 I 9
Kilcommon *near Caher* 95 I 10
Kilcommon *near Milestone* 95 H 9
Kilcon 111 E 5
Kilconly *Galway* 105 F 7
Kilconly *Kerry* 93 D 10
Kilcoo 115 N 5
Kilcoole 103 N 8
Kilcormac 101 I 8
Kilcornan 94 F 10
Kilcotty 97 M 10
Kilcredan 91 I 12
Kilcredaun Point 93 C 10
Kilcrohane 89 C 13
Kilcrow 100 H 8
Kilcullen 102 L 8
Kilcummin *Kerry* 92 B 11
Kilcummin *Mayo* 111 E 5
Kilcummin Farmhill 93 D 11
Kilcurly 109 M 5
Kilcurry 109 M 5
Kildalkey 108 L 7
Kildangan 102 K 8
Kildavin 96 L 9
Kilderry 96 K 9
Kildoney Point 112 H 4
Kildorrery 94 G 11
Kildress 114 L 4
Kildrum 115 N 3
Kilfeakle 95 H 10
Kilfearagh 98 D 10
Kilfenora 99 E 9
Kilfinnane 94 G 10
Kilfinny 94 F 10
Kilflyn 93 D 10
Kilgarvan 89 D 12
Kilglass *Galway* 106 G 7
Kilglass *Sligo* 111 E 5
Kilglass Lough 107 H 6
Kilgobnet *Kerry* 89 C 11
Kilgobnet *Waterford* 91 J 11
Kilgory Lough 99 F 9
Kilgowan 102 L 8
Kiljames 96 K 10
Kilkea 102 L 9
Kilkeary 100 H 9
Kilkeasy 96 K 10
Kilkeel 109 N 5
Kilkeeran High Crosses 95 J 10
Kilkenny West 107 I 7
Kilkerrin 106 G 7
Kilkieran / Cill Chiaráin 104 C 8
Kilkieran Bay 104 C 7
Kilkiernan 96 K 9
Kilkinamurry 115 N 5
Kilkinlea 93 E 10
Kilkishen 99 F 9
Kill *Cavan* 108 K 5
Kill *Waterford* 91 J 11
Killabunane 89 D 12
Killaclug 94 H 11
Killacolla 94 F 10
Killadangan 105 D 6
Killadeas 113 I 4
Killadoon 104 C 6
Killadysert 99 E 9
Killafeen 99 F 8
Killag 96 M 11
Killagan Bridge 118 M 2
Killaghteen 93 E 10
Killahy 95 J 9
Killakee 103 N 8
Killala 111 E 5
Killala Bay 111 E 5
Killallon 108 K 6
Killaloo 118 K 3
Killamery 95 J 10
Killane 102 K 8
Killanena 99 F 9
Killann 96 L 10
Killard 98 D 9
Killard Point 115 P 5
Killarga 112 H 5
Killarney National Park 89 D 11
Killarone 105 E 7
Killary Harbour 104 C 7
Killashandra 107 J 5
Killashee 107 I 6
Killasser 105 F 6
Killavally *Mayo* 105 D 6
Killavally *Westmeath* 101 J 7
Killavil 106 G 5
Killavullen 94 G 11
Killea *Donegal* 117 J 3
Killea *Tipperary* 101 I 9
Killeagh 91 H 12
Killealy 115 N 3
Killeany 98 D 8
Killedmond 96 L 10
Killeedy 93 E 10
Killeen *Ardamullivan* 99 F 9
Killeen *Armagh* 114 M 5
Killeen *Dungannon* 114 M 4
Killeenaran 99 F 8
Killeeneenmore 99 F 8
Killeenleagh Bridge 88 B 12
Killeevan 113 K 5
Killeglan 106 H 7
Killeigh 101 J 8
Killen 113 J 3
Killenagh 97 N 10
Killenaule 95 I 10
Killerig 101 K 8
Killeshin 102 K 9
Killeter 113 I 3
Killeter Forest 113 I 3
Killevy 109 M 5
Killevy Churches 109 M 5
Killilan Bridge 99 G 8
Killimer 93 D 10
Killimor 100 H 8
Killinaboy 99 E 9
Killinaspick 96 K 10
Killinchy 115 O 4
Killincooly 97 N 10
Killiney *Dublin* 103 N 8
Killiney *Kerry* 92 B 11
Killiney Bay 103 N 8
Killinick 97 M 11
Killinierin 97 N 9
Killinkere 108 K 6
Killinny 99 F 8
Killinthomas 102 K 8
Killinure Lough 107 I 7
Killiskey 103 N 8
Killkelly 105 F 6
Killmuckbridge 97 N 10
Killogeary 111 E 5
Killogeenaghan 101 I 7
Killonecaha 88 B 12
Killoran 100 G 8
Killoscobe 106 G 7
Killough 115 P 5
Killough 103 N 8
Killowen 109 N 5
Killucan 108 K 7
Killukin 107 H 6
Killurin 96 M 10
Killurly 88 B 12
Killusty 95 J 10
Killwaughter 115 O 3
Killyclogher 113 K 4
Killyclug 117 I 3
Killycolpy 114 M 4
Killygar 107 J 5
Killygordon 117 I 3
Killykeen Forest Park 107 J 5
Killylea 114 L 4
Killyleagh 115 P 4
Killyon 101 I 8
Kilmacanoge 103 N 8
Kilmacduagh Monastery 99 F 8
Kilmacoo 103 N 9
Kilmacow 96 K 11
Kilmacrenan 117 I 2
Kilmacteige 111 F 5
Kilmacthomas 95 J 11
Kilmactranny 106 H 5
Kilmacurragh 103 N 9
Kilmaganny 96 K 10
Kilmaine 105 E 7
Kilmainham Wood 108 L 6
Kilmakilloge Harbour 88 C 12
Kilmaley 99 E 9
Kilmalkedar 92 B 11
Kilmanagh 95 J 10
Kilmeadan 96 K 11
Kilmeage 102 L 8
Kilmeedy 94 F 10
Kilmeelickin 105 D 7
Kilmeena 105 D 6
Kilmessan 108 M 7
Kilmichael
near Castletownbere 88 B 13
Kilmichael *near Macroom* 89 E 12
Kilmichael Point 97 N 9
Kilmihil 98 E 9
Kilmona 90 G 12
Kilmoon 89 D 13
Kilmore *Armagh* 114 M 4
Kilmore *Clare* 99 G 9
Kilmore *Down* 115 O 4
Kilmore *Mayo* 105 E 6
Kilmore *Roscommon* 107 H 6
Kilmore *Wexford* 96 M 11
Kilmore Quay 96 M 11
Kilmorna 93 D 10
Kilmorony 102 L 9
Kilmovee 106 F 6
Kilmurry *Cork* 90 F 12
Kilmurry *Limerick* 94 G 10
Kilmurry *near Kilkishen* 99 F 9
Kilmurry *near Milltown* 98 D 9
Kilmurry *Wicklow* 102 L 9
Kilmurry Mac Mahon 93 E 10
Kilmurvy 98 C 8
Kilmyshall 96 M 10
Kilnagross 107 I 6
Kilnalag 106 G 6
Kilnaleck 107 K 6
Kilnamanagh 97 M 10
Kilnamona 99 E 9
Kilntown 115 N 4
Kilpatrick 90 F 12
Kilpeacan
Cross Roads 88 B 12
Kilpedder 103 N 8
Kilquiggin 97 M 9
Kilraghts 118 M 2
Kilrane 97 M 11
Kilrea 118 M 3
Kilrean 116 H 3
Kilreekill 100 G 8
Kilroghter 99 E 8
Kilross *Donegal* 117 I 3
Kilross *Tipperary* 94 H 10
Kilruddery 103 N 8
Kilsallagh *Galway* 106 G 7
Kilsallagh *Mayo* 104 C 6
Kilsallaghan 103 N 7
Kilsally 114 M 4
Kilsaran 109 M 6
Kilshanchoe 102 L 7
Kilshannig 92 B 11
Kilshanny 99 E 9
Kilsheelan 95 J 10
Kilskeer 108 L 6
Kilskeery 113 J 4
Kiltealy 96 L 10
Kilteel 103 M 8
Kilteely 94 G 10
Kiltegan 103 M 9
Kilternan 103 N 8
Kiltimagh 105 E 6
Kiltober 101 J 7
Kiltoom 107 H 7
Kiltormer 100 H 8
Kiltullagh 99 G 8
Kiltyclogher 113 H 4
Kilvine 105 F 7
Kilworth 94 H 11
Kilworth Mountains 94 H 11
Kinale (Lough) 107 J 6
Kinard 93 E 10
Kinawley 113 J 5
Kincasslagh 116 G 2
Kindrohid 117 J 2
Kindrum 117 I 2
Kingarrow 117 H 3
Kings River 95 J 10
Kingscourt 108 L 6
Kingsland 106 G 6
Kingsmill 114 M 4
Kingstown 104 B 7
Kinlough 112 H 4
Kinnadoohy 104 C 6
Kinnagoe Bay 118 K 2
Kinnegad 108 K 7
Kinnitty 101 I 8
Kinsale (Old Head of) 90 G 13
Kinsale Harbour 90 G 12
Kinsalebeg 91 I 12
Kinsaley 103 N 7
Kinvarra
near Camus Bay 105 D 7
Kinvarra
near Kinvarra Bay 99 F 8
Kinvarra Bay 99 F 8
Kippure 103 N 8
Kircubbin 115 P 4
Kirkhills 118 M 2
Kirkistown 115 P 4
Kishkeam 93 E 11
Kitconnell 100 G 8
Knappagh 105 D 6
Knappogue Castle 99 F 9
Knight's Town 88 B 12
Knock *Clare* 93 E 10
Knock *Mayo* 105 F 6
Knock *Tipperary* 101 I 9
Knockaderry 94 F 10
Knockadoon Head 91 I 12
Knockainy 94 G 10
Knockalla Mount 117 J 2
Knockalongy 112 F 5
Knockalough 99 E 9
Knockanaffrin 95 J 11
Knockananna 103 M 9
Knockanefune 93 E 11
Knockanevin 94 G 11
Knockanillaun 111 E 5
Knockanimpaha 93 E 10
Knockanure 93 D 10
Knockaunalour 90 G 11
Knockaunavoher 94 G 10
Knockaunnaglashy 92 C 11
Knockboy
near Dungarvan 95 I 11
Knockboy
near Waterford 96 K 11
Knockboy (Mount) 89 D 12
Knockbrack 117 I 3
Knockbrandon 97 M 9
Knockbride 108 L 6
Knockbridge 109 M 6
Knockbrit 95 I 10
Knockcloghrim 114 M 3
Knockcroghery 106 H 7
Knockdrin 107 K 7
Knockerry 98 D 10
Knockferry 105 E 7
Knocklayd 119 N 2
Knocklofty 95 I 10
Knocklomena 89 C 12
Knocklong 94 G 10
Knockmealdown 95 I 11
Knockmealdown
Mountains 95 H 11
Knockmore 104 B 6
Knockmore (Mount) 104 C 6
Knockmourne 90 H 11
Knockmoy Abbey 106 F 7
Knocknaboul Cross 93 E 11
Knocknacarry 119 N 2
Knocknacree 102 L 9
Knocknadobar 88 B 12
Knocknagantee 88 C 12
Knocknagashel 93 D 11
Knocknagree 93 E 11
Knocknahilan 90 F 12
Knocknalina 110 C 5
Knocknalower 110 C 5
Knockowen 89 C 12
Knockraha 90 G 12
Knocks *Cork* 89 F 12
Knocks *Fermanagh* 113 J 5
Knocks *Laois* 101 J 8
Knockshanahullion 95 H 11
Knockskagh 89 F 12
Knocktopher 96 K 10
Knocktown 96 M 11
Knockundervaul 93 D 10
Knockvicar 106 H 5
Knowth 108 M 6
Kylemore 100 H 8
Kylemore Abbey 104 C 7
Kylemore Lough 104 C 7

L

Laban 99 F 8
Labasheeda 93 E 10
Lack 113 J 4
Lackagh 102 K 8
Lackan *Carlow* 96 K 9
Lackan *Wicklow* 103 M 8
Lackan bay 111 E 5
Lackareagh 89 F 12
Laconnell 116 G 3
Ladies View 89 D 12
Lady's Island Lake 97 M 11
Ladysbridge 90 H 12
Ladywell 96 K 10
Laffansbridge 95 I 10
Lag 117 K 2
Lagan (River) 115 N 4
Lagan Valley 115 O 4
Lagavara 118 M 2
Lagganstown 95 I 10
Laghey Corner 114 L 4
Laghtnafrankee 95 J 11
Laghy 113 H 4
Lahardaun 111 E 5
Lakyle 93 E 10
Lambay Island 109 N 7
Lambeg 115 N 4
Lamb's Head 88 B 12
Lanesborough 107 I 6
Laney (River) 89 F 12
Laracor 108 L 7
Laragh *Kildare* 102 L 7
Laragh *Monaghan* 108 L 5
Laragh *Wicklow* 103 N 8
Largan *Mayo* 111 D 5
Largan *Sligo* 111 F 5
Largy 112 G 4
Largydonnell 112 H 4
Larne 115 O 3
Larne Lough 115 O 3
Lattin 94 H 10
Laune (River) 93 C 11
Lauragh 88 C 12
Laurelvale 114 M 4
Laurencetown 100 H 8
Lavagh 112 F 5
Lavagh More 117 H 3
Lawrencetown 114 N 4
Leabgarrow 116 G 3
League (Slieve) 112 F 4
League Point 89 D 13
Leamaneh Castle 99 E 9
Leamlara 90 H 12
Leamore Strand 103 N 8
Leane (Lough) 89 D 11
Leannan (River) 117 I 2
Leap 89 E 13
Leap (The)
near Enniscorthy 96 M 10
Leap (The) *near New Ross* 96 L 10
Lecale Peninsula 115 O 5
Lecarrow *Leitrim* 112 H 5
Lecarrow *Roscommon* 107 H 7
Leckanarainey 112 H 4
Leckanvy 105 C 6
Leckaun 112 H 5
Leckavrea Mountain 105 D 7
Leckemy 118 K 2
Lee 93 C 11
Lee (River) 90 G 12
Lee Reservoir 90 F 12
Leek Point 93 C 10
Leenane 104 C 7
Legan or Lenamore 107 J 7
Legananny Dolmen 115 N 5
Leggah 107 J 6
Legoniel 115 O 4
Lehardan 117 J 2
Leighlinbridge 96 L 9
Leinster (Mount) 96 L 10
Leitir Mealláin /
Lettermullan 98 C 8
Leitir Mhic an Bhaird /
Lettermacaward 116 H 3
Leitrim *Banbridge* 115 O 5
Leitrim *Creegh* 98 D 9
Leitrim *Leitrim* 107 H 6
Leixlip 103 M 7
Lemanaghan 101 I 8
Lemybrien 91 J 11
Lenadoon Point 111 E 5
Lenan Head 117 J 2
Lene (Lough) 107 K 7
Lerrig 93 C 10
Leslie Hill 114 L 5
Letterbarra 112 H 3
Letterbreen 113 I 5
Lettercallow 98 C 8
Lettercraffroe Lough 105 D 7
Letterfinish 88 C 12
Letterfrack 104 C 7
Letterkelly 99 E 9
Letterkenny /
Leitir Ceanainn 117 I 3
Letterleague 117 I 3
Lettermore 98 D 8
Lettermore Island 98 C 8
Levally 106 F 7
Levally Lough 105 E 6
Licketstown 96 K 11
Liffey (River) 102 M 8
Lifford 117 J 3
Light House Island 115 P 3
Limavady 118 L 2
Limerick / Luimneach 94 G 10
Limerick Junction 95 H 10
Lios Dúin Bhearna /
Lisdoonvarna 99 E 8
Lios Mór / Lismore 91 I 11
Lios Póil / Lispole 92 B 11
Lios Tuathail / Listowel 93 D 10
Lisacul 106 G 6
Lisbane 115 O 4
Lisbellaw 113 J 5
Lisburn 115 N 4
Liscannor 98 D 9
Liscannor Bay 98 D 9
Liscarney 105 D 6
Liscarroll 94 F 11
Liscolman 118 M 2
Liscooly 117 J 3
Lisdoart 114 K 4
Lisdowney 101 J 9
Lisduff *Cavan* 108 K 6
Lisduff *Leitrim* 107 I 6
Lisduff *Offaly* 101 I 8
Lisgarode 100 H 9
Lisgoold 90 H 12
Lislea *Magherafelt* 118 M 3
Lislea *Newry-Mourne* 114 M 5
Lismacaffry 107 J 6
Lismoghry 117 J 3
Lismoyle 106 H 7
Lisnacree 109 N 5
Lisnageer 108 K 5
Lisnagleer 114 L 4
Lisnagry 94 G 9
Lisnagunogue 118 M 2
Lisnamuck 118 L 3
Lisnarrick 113 I 4
Lisnaskea 113 J 5
Lisnavagh 102 L 9
Lispatrick 90 G 13
Lisroe 99 E 9
Lisronagh 95 I 10
Lisryan 107 J 6
Lissadell House 112 G 4
Lissalway 106 G 6
Lissamona 89 D 13
Lissatinnig Bridge 88 C 12
Lissavaird 89 F 13
Lisselton 93 D 10
Lissinagroagh 112 H 5
Lissiniska 112 H 4
Lissycasey 99 E 9
Listellick 93 C 11
Listerlin 96 K 10
Listooder 115 O 4
Lisvarrinane 94 H 10
Little Bray 103 N 8
Little Island 90 G 12
Little Skellig 88 A 12
Littleton 95 I 10
Lixnaw 93 D 10
Loanends 115 N 4
Lobinstown 108 M 6
Loch Garman / Wexford 97 M 10
Loghill 93 E 10
Lombardstown 94 F 11
Londonderry 117 K 3
Lonehort Point 88 C 13
Long Island 89 D 13
Longford 101 I 8
Longhill 101 K 9
Longwood 108 L 7
Loo Bridge 89 D 12
Loobagh 94 G 10
Loop Head 92 C 10
Lorrha 100 H 8
Loskeran 91 J 11
Losset *Cavan* 107 J 6
Losset *Donegal* 117 I 2
Lough Bradan Forest 113 J 4

Lough Gowna 107 J 6
Lough Key Forest Park 106 H 6
Lough Navar Forest 113 I 4
Loughanavally 107 J 7
Loughanillaunmore 98 D 8
Loughanure 116 H 2
Loughbrickland 114 N 5
Lougher 92 C 11
Loughermore 118 K 3
Loughfad Hill 113 I 4
Loughgall 114 M 4
Loughglinn 106 G 6
Loughguile 119 N 2
Loughinisland 115 O 4
Loughlinstown 103 N 8
Loughmoe 101 I 9
Loughmorne 108 L 5
Loughros More Bay 116 G 3
Loughros Point 116 G 3
Loughsalt Mount 117 I 2
Loughshinny 109 N 7
Louisburgh 104 C 6
Loup (The) 114 M 3
Louth 108 M 6
Lower Ballinderry 114 N 4
Lower Lake 103 N 8
Lowertown 89 D 13
Lowerymore 113 I 3
Lowtown 115 N 5
Lucan 103 M 7
Luggacurren 101 K 9
Lugnaquillia Mountain 103 M 9
Luimneach / Limerick 94 G 10
Lukeswell 96 K 10
Lullymore 102 L 8
Lurgan *Craigavon* 114 N 4
Lurgan *Frenchpark* 106 G 6
Lurganboy *Donegal* 117 J 2
Lurganboy *Leitrim* 112 H 5
Lusk 109 N 7
Lyle 115 N 3
Lyracrumpane 93 D 10
Lyre 90 F 11
Lyrenaglogh 95 H 11

M

Maas 116 G 3
Mac Gregor's Corner 119 N 3
Mac Laughlins Corner 118 M 3
Mac Mahon's Town 114 K 4
Mac Swyne's Bay 112 G 4
Mace 105 D 6
Mace Head 104 C 8
Macgillycuddy's Reeks 89 C 12
Machugh (Lough) 116 G 3
Mackan 113 J 5
Macnean Lower (Lough) 113 I 5
Macnean Upper (Lough) 113 I 5
Macosquin 118 L 2
Macroom/ Maigh Chromtha 89 F 12
Maddan 114 L 5
Maddockstown 96 K 10
Maganey 102 L 9
Maghaberry 115 N 4
Maghanlawaun 89 C 12
Maghera *Clare* 99 F 9
Maghera *Donegal* 116 G 3
Maghera *Down* 115 O 5
Maghera *Magherafelt* 118 L 3
Magherabane 117 J 2
Magherafelt 114 M 3
Magheragall 115 N 4
Magheralin 114 N 4
Magheramason 117 J 3
Magheramorne 115 O 3
Magheraveely 113 K 5
Maghery *near Dungannon* 114 M 4
Maghery *near Dunglow* 116 G 3
Magilligan 118 L 2
Magilligan Point 118 L 2
Magilligan Strand 118 L 2
Maguiresbridge 113 J 5
Mahee Island 115 P 4
Mahon 95 J 11
Mahon (Lough) 90 G 12
Mahoonagh 93 E 10
Maigh Chromtha / Macroom 89 F 12
Maigh Cuilinn / Moycullen 105 E 7
Maigh Nuad / Maynooth 103 M 7
Maigue (River) 94 F 10
Main 118 N 3
Maine (River) 93 C 11
Mainham 102 L 8
Mainistir Fhear Maí / Fermoy 90 H 11
Mainistir na Búille / Boyle 106 H 6
Mainistir na Corann / Midleton 90 H 12
Máistir Gaoithe / Mastergeehy 88 B 12
Mal Bay 98 D 9
Mala / Mallow 94 G 11
Málainn Bhig / Malin Beg 112 F 3
Malin 118 K 2
Malin Bay 112 F 3
Malin Head 117 J 1
Malin More 112 F 3
Mallusk 115 N 3
Mamore (Gap of) 117 J 2
Manger 112 H 4
Mangerton Mountain 89 D 12
Mannin Bay 104 B 7
Mannin Lake 105 F 6
Manorcunningham 117 J 3
Manselstown 95 I 9
Mansfieldstown 109 M 6
Mantua 106 H 6
Manulla 105 E 6
Manulla (River) 105 E 6
Maothail / Mohill 107 I 6
Marble Arch Caves 113 I 5
Marble Hill 117 I 2
Mardyke 95 J 10
Markethill 114 M 5
Marshalstown 96 M 10
Martin 90 G 12
Martinstown *Emlygrennan* 94 G 10
Martinstown *Grennanstown* 108 L 7
Martinstown *South Somerset* 119 N 3
Mask (Lough) 105 D 7
Massford 115 N 4
Masshill 112 F 5
Masterstown 95 I 10
Matehy 90 G 12
Matrix (Castle) 94 F 10
Mattock (River) 108 M 6
Mauherslieve 95 H 9
Maum 105 D 7
Maumakeogh 111 D 5
Maumeen Lough 104 B 7
Maumtrasna 105 D 7
Maumturk Mountains 104 C 7
Mauricesmills 99 E 9
Mayo 105 E 6
Mayo (Plains of) 105 E 6
Mayobridge 114 N 5
Mazetown 115 N 4
Mealagh 89 D 12
Meanus 94 G 10
Meathas Troim / Edgeworthstown 107 J 6
Meela (Lough) 116 G 3
Meelick 100 H 8
Meelin 93 E 11
Meenaclady 116 H 2
Meenacross 116 G 3
Meenanarwa 117 H 3
Meenaneary / Min na Aoire 112 G 3
Meenatotan 116 H 3
Meenavean 112 F 3
Meencorwick 116 H 3
Meenglass 113 I 3
Meenlaragh 117 H 2
Meenreagh 113 I 3
Meentullynagarn 112 G 3
Meenybraddan 112 H 3
Meeting of the Waters 103 N 9
Mellifont Abbey 109 M 6
Melmore Head 117 I 2
Melvin (Lough) 112 H 4
Menlough 106 G 7
Mew Island 115 P 3
Michelstown Caves 95 H 11
Middletown 116 H 2
Middletown *Armagh* 114 L 5
Midfield 105 F 6
Mile 117 J 2
Milebush 115 O 3
Milehouse 96 M 10
Milemill 102 L 8
Milestone 95 H 9
Milford *Armagh* 114 L 5
Milford *Cork* 94 F 10
Mill Town 114 L 5
Millbay 115 O 3
Millbrook *Derry* 118 K 3
Millbrook *Larne* 115 O 3
Millbrook *Oldcastle* 108 K 6
Milleen 93 E 11
Millford 117 I 2
Millisle 115 P 4
Millroad 96 M 11
Millstreet *Cork* 89 E 11
Millstreet *Waterford* 91 I 11
Milltown *Armagh* 114 L 5
Milltown *Ballymoney* 118 M 2
Milltown *Banbridge* 114 N 5
Milltown *Cavan* 107 J 5
Milltown *Craigavon* 114 M 4
Milltown *Dublin* 103 M 8
Milltown *Kildare* 102 L 8
Milltown *near Dingle* 92 B 11
Milltown *near Mount Bellew* 106 G 7
Milltown *near Tralee* 93 C 11
Milltown *near Tuam* 105 F 7
Milltown *Omagh* 114 K 4
Milltown *Wexford* 97 M 10
Miltownpass 107 K 7
Minane Bridge 90 G 12
Minard Head 92 B 11
Mine Head 91 J 12
Minerstown 115 O 5
Minterburn 114 L 4
Mizen Head 88 C 13
Moanmore 98 D 9
Modelligo 91 I 11
Modreeny 100 H 9
Mogeely 90 H 12
Moglass 95 I 10
Moher (Cliffs of) 98 D 9
Moher Lough 105 D 6
Mohil 96 K 9
Móinteach Mílic / Mountmellick 101 K 8
Moira 115 N 4
Moll's Gap 89 D 12
Monard 95 H 10
Monaseed 97 M 9
Monaster 94 G 10
Monasteraden 106 G 6
Monasteranenagh Abbey 94 G 10
Monasterboice 109 M 6
Monasterevin 102 K 8
Monavullagh Mountains 95 J 11
Mondello Park 102 L 8
Monea 113 I 4
Moneen *Clare* 93 C 10
Moneen *Galway* 105 F 7
Money Point 93 D 10
Moneydig 118 M 3
Moneygall 101 I 9
Moneyglass 114 M 3
Moneygold 112 G 4
Moneylahan 112 G 4
Moneymore 114 L 3
Moneyneany 118 L 3
Moneyreagh 115 O 4
Monilea 107 K 7
Monivea 106 F 7
Monkstown *Cork* 90 G 12
Monkstown *Newtownabbey* 115 O 3
Monroe 107 J 7
Montpelier 99 G 9
Mooncoin 96 K 11
Moone 102 L 9
Moord 91 I 12
Moore Bay 98 C 9
Moorfields 115 N 3
More (Island) 105 D 6
Morenane 94 F 10
Morley's Bridge 89 D 12
Morningstar 94 G 10
Mornington 109 N 6
Mosney 109 N 7
Moss-Side 118 M 2
Mossley 115 O 3
Mothel 95 J 11
Motte Stone 103 N 9
Mount Falcon 111 E 5
Mount Garret 96 L 10
Mount Hamilton or Sperrin 114 K 3
Mount Melleray Monastery 95 I 11
Mount Norris 114 M 5
Mount Nugent 107 K 6
Mount Stewart Gardens 115 P 4
Mount Talbot 106 H 7
Mount Temple 107 I 7
Mount Uniacke 91 H 12
Mount Usher Gardens 103 N 8
Mountbolus 101 J 8
Mountcastle 117 J 3
Mountcharles 112 H 4
Mountcollins 93 E 11
Mountfield 114 K 4
Mounthenry 105 E 7
Mountjoy *Dungannon* 114 M 4
Mountjoy *Omagh* 113 J 4
Mountrath 101 J 8
Mountrivers Bridge 98 D 9
Mountshannon 100 G 9
Mourne (Lough) *near Ballybofey* 113 I 3
Mourne (Lough) *near Carrickfergus* 115 O 3
Mourne Beg 113 I 3
Mourne Mountains 109 N 5
Mourne River 113 J 3
Moveen 98 C 10
Moville / Bun an Phobail 118 K 2
Mowhan 114 M 5
Moy 114 L 4
Moy (River) 111 E 5
Moyagh 117 J 3
Moyallan 114 M 4
Moyard 104 B 7
Moyarget 118 N 2
Moyasta 98 D 9
Moydow 107 I 7
Moygashel 114 L 4
Moyglass 99 G 8
Moylough *Galway* 106 G 7
Moylough *Sligo* 106 F 5
Moynalty 108 L 6
Moynalvy 108 L 7
Moyne *Roscommon* 106 G 6
Moyne *Tipperary* 107 J 6
Moyne *Wicklow* 103 M 9
Moyne Abbey 111 E 5
Moyrus 104 C 7
Moyteoge Head 110 B 6
Moyvally 102 L 7
Moyvore 107 J 7
Moyvoughly 107 I 7
Muck (Isle of) 115 O 3
Muckamore 115 N 3
Muckanagh Lough 99 F 9
Muckish Mountain 117 H 2
Mucklon 102 L 7
Muckno Lake 108 L 5
Muckros Head 112 G 4
Muckross 89 D 11
Muff 117 K 2
Muggort's Bay 91 J 11
Muinchille / Cootehill 108 K 5
Muine Bheag / Bagenalstown 96 L 9
Muineachán / Monaghan 114 L 5
Muing 111 D 5
Muingnabo 111 C 5
Mulhuddart 103 M 7
Mulkear 94 G 10
Mullach Íde / Malahide 103 N 7
Mullagh *Cavan* 108 L 6
Mullagh *Galway* 100 G 8
Mullagh *Mayo* 104 C 6
Mullagh *Meath* 103 M 7
Mullaghanattin 88 C 12
Mullaghanish 89 E 12
Mullaghareirk Mountains 93 E 10
Mullaghash 118 K 3
Mullaghbane 109 M 5
Mullaghboy 115 O 3
Mullaghcarn 113 K 3
Mullaghcleevaun 103 M 8
Mullaghclogha 114 K 3
Mullaghmore *Cliffony North* 112 G 4
Mullaghmore *Magherafelt* 118 L 3
Mullaghmore Head 112 G 4
Mullaghroe 106 G 6
Mullan *Coleraine* 118 L 2
Mullan *Figullar* 114 L 4
Mullany'sCross 111 F 5
Mullartown 109 O 5
Mullen 106 G 6
Mullenbeg 96 K 10
Mullet Peninsula 110 B 5
Mullinahone 95 J 10
Mullinasole 112 H 4
Mullinavat 96 K 10
Mulroy Bay 117 I 2
Multeen 95 H 10
Multyfarnham 107 J 7
Mungret 94 F 10
Muntervary or Sheep's Head 88 C 13
Murley 113 K 4
Murlough Bay 119 N 2
Murntown 97 M 11
Murreagh 92 A 11
Murrisk 105 D 6
Murroe 94 G 10
Murroogh 99 E 8
Musheramore 89 F 11
Mussenden Temple 118 L 2
Mutton Island 98 D 9
Mweelrea Mountains 104 C 7
Mweenish Island 104 C 8
Myshall 96 L 9

N

Na Cealla Beaga / Killybegs 112 G 4
Na Clocha Liatha / Greystones 103 N 8
Na Dúnaibh / Downies 117 I 2
Na Sceirí / Skerries 109 N 7
Nacorra (Lough) 105 D 6
Nacung (Lough) 117 H 2
Nad 90 F 11
Nafooey (Lough) 105 D 7
Nagles Mountains 90 G 11
Nalughraman (Lough) 116 G 3
Naminn (Lough) 117 J 2
Namona (Lough) 88 B 12
Nanny 108 M 7
Narin 116 G 3
Narraghmore 102 L 8
Narrow Water Castle 109 N 5
Naul 109 N 7
Neagh (Lough) 114 M 4
Neale 105 E 7
Nealstown 101 I 9
Neidín / Kenmare 89 D 12
Nenagh 100 H 9
Nephin 111 D 5
Nephin (Glen) 105 D 6
Nephin Beg 111 D 5
Nephin Beg Range 111 C 5
New Birmingham 95 J 10
New Buildings 117 J 3
New Inn *Cavan* 108 K 6
New Inn *Galway* 100 G 8
New Kildimo 94 F 10
New Quay / Bealaclugga 99 E 8
New Twopothouse Village 94 G 11
Newbawn 96 L 10
Newbliss 113 K 5
Newbridge *Fingal* 109 N 7
Newbridge *Limerick* 94 F 10
Newbridge *near Tuomard* 106 G 7
Newbridge / An Droichead Nua 102 L 8
Newcastle *Down* 115 O 5
Newcastle *Dublin* 103 M 8
Newcastle *Galway* 99 F 7
Newcastle *Tipperary* 95 I 11
Newcastle *Wicklow* 103 N 8
Newcestown 90 F 12
Newchapel 95 I 10
Newferry 114 M 3
Newgrange 109 M 6
Newinn 95 I 10
Newmarket *Cork* 93 F 11
Newmarket *Kilkenny* 96 K 10
Newmarket on Fergus 99 F 9
Newmills *Donegal* 117 I 3
Newmills *Dungannon* 114 L 4
Newport *Tipperary* 100 G 9
Newport Bay 105 C 6
Newport Trench 114 M 4
Newry 114 M 5
Newtown *Cork* 94 G 11
Newtown *Galway* 99 F 8
Newtown *Kildare* 102 L 7
Newtown *Laois* 101 K 9
Newtown *Limerick* 94 G 10
Newtown *near Knock* 101 I 9
Newtown *near Nenagh* 100 H 9
Newtown *Offaly* 100 H 8
Newtown *Roscommon* 100 H 7
Newtown *Tipperary* 95 H 10
Newtown *Waterford* 95 J 11
Newtown *Wexford* 96 M 11
Newtown Cashel 107 I 7
Newtown Cloghans 111 E 5
Newtown-Crommelin 119 N 3
Newtown Cunningham 117 J 3
Newtown Forbes 107 I 6
Newtown Gore 107 I 5
Newtown Mount Kennedy 103 N 8
Newtown Sandes 93 D 10
Newtownabbey 115 O 4
Newtownards 115 O 4
Newtownbreda 115 O 4
Newtownbutler 113 J 5
Newtownhamilton 114 M 5
Newtownlow 101 J 7
Newtownlynch 99 E 8
Newtownshandrum 94 F 10
Newtownstewart 113 J 3
Nier 95 J 11
Ninemilehouse 95 J 10
Nobber 108 L 6
Nohaval 90 G 12
Nore 101 J 9
Nore (River) 96 K 10
North Channel 119 O 2
North Ring 90 F 13
North Sound 98 C 8
Nose of Howth 103 N 7
Noughaval *Doora* 99 F 9
Noughaval *Noughaval* 99 E 8
Nowen Hill 89 E 12
Nuns Quarter 115 O 4
Nurney *Carlow* 96 L 9
Nurney *Kildare* 102 L 8
Nutt's Corner 115 N 4

O

Oaghley 93 D 10
Oatfield 99 F 9
Oatquarter 98 C 8
O'Brien's Tower 98 D 9
O'Flynn (Lough) 106 G 6
Oghil *Clare* 100 H 8
Oghil *Galway* 98 C 8
Ogonnelloe 99 G 9
O'Grady (Lough) 99 G 9
Oileán Ciarraí / Castleisland 93 D 11
Oilgate 97 M 10
Oily 112 G 4
Old Court 89 E 13
Old Head *Ballymackean* 90 G 13
Old Head *Louisburgh* 104 C 6
Old Kilcullen 102 L 8
Old Kildimo 94 F 10
Old Ross 96 L 10
Old Town *Donegal* 117 I 3
Old Town *Laois* 101 J 9
Old Town *Roscommon* 100 H 8
Old Town *Wexford* 96 L 10
Old Twopothouse 94 G 11
Oldleighlin 96 K 9
Oldmill Bridge 93 E 10
Oldtown *Dublin* 109 N 7
Oldtown *Roscommon* 101 I 7
Omagh 113 K 4
Omeath 109 N 5
Omey Island 104 B 7
Onaght 98 C 8
Oola 94 H 10
Oorid Lough 105 D 7
Oranmore 99 F 8
Oriel (Mount) 108 M 6
Oristown 108 L 6
Oritor 114 L 4
Ossian's Grave 119 N 2
Oughter (Lough) 107 J 6
Oulart 97 M 10
Ovens 90 G 12
Owel (Lough) 107 J 7
Owenascaul 92 B 11
Owenator 116 H 3
Owenavorragh 97 M 10
Owenbeagh 117 H 3
Owenbeg 111 F 5
Owenbeg (River) 112 G 5
Owenboliska 99 E 8
Owenboy 90 G 12
Owenbristy 99 F 8
Owencarrow 117 I 2
Owendalulleegh 99 G 8
Owenea 116 G 3
Owengarve *Clew Bay* 105 D 6
Owengarve *River Moy* 106 F 5
Owenglin 104 C 7
Oweniny 111 D 5
Owenkillew *Glenelly* 114 K 3
Owenkillew *Lough Swilly* 117 J 2
Owenmore Bridge 105 D 6
Owennacurra 90 H 12
Owenreagh Hill 117 J 3
Owenriff 105 D 7
Owentaraglin 93 E 11
Owentocker 116 H 3
Owenur (River) 106 H 6
Ower 105 E 7
Owning 95 J 10
Owroe Bridge 88 B 12

146 Ireland

Owvane 89 D 12
Oysterhaven 90 G 12

P

Palace 96 L 10
Palatine 102 L 9
Pallas 101 J 8
Pallas Cross 100 I 9
Pallas Green 94 G 10
Pallaskenry 94 F 10
Paps (The) 89 E 11
Park *Bellavary* 105 E 6
Park *Derry* 118 K 3
Parke's Castle 112 H 5
Parkgate 115 N 3
Parkmore 99 F 8
Parkmore Point 92 A 11
Parknasilla 88 C 12
Parteen 99 G 9
Partry 105 E 6
Partry Mountains 105 D 7
Passage 106 H 7
Passage East 96 L 11
Passage West 90 G 12
Patrickswell 94 F 10
Patterson's Spade Mill 115 N 3
Paulstown 96 K 9
Peake 90 F 12
Peatlands 114 M 4
Peterswell 99 F 8
Pettigoe 113 I 4
Phoenix Park 103 M 7
Piercetown 97 M 11
Pigeons (The) 107 I 7
Pike 100 H 8
Pike (The) *near Boola* 91 I 11
Pike (The) *near Lamybrien* 91 J 11
Pike (The) *Tipperary* 100 H 8
Pike Corner 108 L 7
Pike of Rush Hall 101 J 9
Piltown 95 K 10
Pluck 117 J 3
Plumbridge 113 K 3
Pollagh 101 I 8
Pollan Bay 117 J 2
Pollatomish 111 C 5
Pollnalaght 113 J 4
Pollshask 106 G 7
Pomeroy 114 L 4
Pontoon 105 E 6
Port 116 F 3
Port Ballintrae 118 M 2
Port Durlainne / Porturlin 111 C 5
Port Láirge / Waterford 96 K 11
Port Laoise / Portlaoise 101 K 8
Port Omna / Portumna 100 H 8
Portacloy 111 C 5
Portadown 114 M 4
Portaferry 115 P 4
Portaleen 118 K 2
Portavogie 115 P 4
Portbradden 118 M 2
Portglenone 118 M 3
Portland 100 H 8
Portlaw 96 K 11
Portmagee 88 A 12
Portmagee Channel 88 A 12
Portmarnock 103 N 7
Portmuck 115 O 3
Portnablagh 117 I 2
Portnoo 116 G 3
Portrane 109 N 7
Portroe 100 G 9
Portrush 118 M 2
Portsalon 117 J 2
Portstewart 118 L 2
Poulaphouca Reservoir 103 M 8
Poulnamucky 95 I 10
Poulnasherry Bay 98 D 10
Power Head 90 H 12
Power's Cross 100 H 8
Powerscourt Demesne 103 N 8
Powerstown 96 K 10
Poyntz Pass 114 M 5
Priesthaggard 96 L 11
Prosperous 102 L 8
Puckaun 100 H 9
Puffin Island 88 A 12
Punchestown 103 M 8

Q

Quarrytown 119 N 3
Querrin 93 D 10
Quigley's Point 118 K 2
Quilty 98 D 9
Quin 99 F 9
Quoile 115 O 4

R

Rabbit Islands 89 E 13
Race End 117 I 2
Raffrey 115 O 4
Raghly 112 G 5
Raghtin More 117 J 2
Rahan 101 J 8
Rahanagh 93 E 10
Rahara 106 H 7
Raharney 108 K 7
Raheen 96 L 10
Raigh 105 D 7
Railyard 101 K 9
Rake Street 111 D 5
Ram Head 91 I 12
Ramor (Lough) 108 K 6
Ramore Head 118 M 2
Rams Island 114 N 4
Ramsgrange 96 L 11
Randalstown 114 N 3
Rapemills 101 I 8
Raphoe 117 J 3
Rasharkin 118 M 3
Rashedoge 117 I 3
Rath 101 I 8
Ráth Caola / Rathkeale 94 F 10
Ráth Droma / Rathdrum 103 N 9
Rathangan 102 L 8
Rathaspick 107 J 7
Rathbrit 95 I 10
Rathcabban 100 H 8
Rathconrath 107 J 7
Rathcool 89 F 11
Rathcoole 103 M 8
Rathcor 109 N 6
Rathcore 102 L 7
Rathcormack *near Fermoy* 90 H 11
Rathcormack *near Sligo* 112 G 5
Rathcroghan 106 H 6
Rathdangan 103 M 9
Rathdowney 101 J 9
Rathduff 90 G 11
Rathedan 96 L 9
Rathfeigh 108 M 7
Rathfriland 115 N 5
Rathfylane 96 L 10
Rathgarogue 96 L 10
Rathgormuck 95 J 11
Rathkeevin 95 I 10
Rathkenny 108 M 6
Rathlackan 111 E 5
Rathlee 111 E 5
Rathlin Island 119 N 2
Rathlin O'Birne Island 112 F 4
Rathlin Sound 119 N 2
Rathmelton 117 J 2
Rathmines 103 N 8
Rathmolyon 108 L 7
Rathmore 89 E 11
Rathmullan 117 J 2
Rathnew 103 N 9
Rathnure 96 L 10
Rathoma 111 E 5
Rathowen 107 J 7
Rathvilla 101 K 8
Rathvilly 102 L 9
Ratoath 108 M 7
Raven Point (The) 97 M 10
Ravensdale 109 M 5
Ray *near Dunfanaghy* 117 H 2
Ray *near Rathmillan* 117 J 2
Ray (River) 117 H 2
Rea (Lough) 99 G 8
Reaghstown 108 M 6
Reanagowan Cross Roads 93 D 11
Reananeree / Rae na nDoirí 89 E 12
Reanascreena 89 E 13
Rear Cross 95 H 9
Red Bay 119 N 2
Redcastle 118 K 2
Redcross 103 N 9
Redgate 97 M 10
Redhills 107 K 5
Ree (Lough) 107 I 7
Reelan 117 H 3
Reen 89 D 12
Reens 94 F 10
Reevanagh 96 K 9
Relaghbeg 108 L 6
Rerrin 88 C 13
Rhode 101 K 7
Richhill 114 M 4
Ridge 96 K 9
Ridge Point 110 C 5
Rine (River) 99 F 9
Rineanna Point 99 F 9
Ringabella Bay 90 H 12
Ringarogy Island 89 D 13
Ringaskiddy 90 H 12
Ringboy 115 P 4
Ringfad Point 115 P 5
Ringsend 118 L 2
Ringstown 101 J 8
Ringville / An Rinn 91 J 11
Rinmore Point 117 I 2
Rinn (River) 107 I 6
Rinn Lough 107 I 6
Rinneen *Clare* 98 D 9
Rinneen *Cork* 89 E 13
Rinroe Point 110 C 5
Rinville 99 F 8
Rinvyle 104 C 7
Rinvyle Castle 104 B 7
Rinvyle Point 104 B 7
River 110 B 6
Riverchapel 97 N 10
Riverstick 90 G 12
Riverstown *Cork* 90 G 12
Riverstown *Sligo* 112 G 5
Riverstown *Tipperary* 101 I 8
Riverville 93 D 11
Roadford 98 D 8
Roaninish 116 G 3
Roaringwater Bay 89 D 13
Robe 105 E 6
Robert's Head 90 H 12
Robertstown 102 L 8
Robinstown 108 L 7
Roche's Point 90 H 12
Rochestown 96 K 11
Rochfortbridge 101 K 7
Rock (The) 114 L 4
Rock Island 98 C 8
Rockabill 109 N 7
Rockchapel 93 E 11
Rockcorry 108 K 5
Rockhill 94 F 10
Rockmills 94 G 11
Rodeen 107 H 6
Roe 118 L 3
Roe Valley 118 L 2
Roney Point 97 N 10
Rooaun 100 H 8
Roonagh Quay 104 C 6
Roonah Lough 104 C 6
Roosky *Leitrim* 112 H 4
Roosky *Mayo* 106 F 6
Roosky *Roscommon* 107 I 6
Ropefield 112 G 5
Ros an Mhil / Rossaveel 98 D 8
Ros Comáin / Roscommon 106 H 7
Ros Cré / Roscrea 101 I 9
Ros Láir / Rosslare 97 M 11
Ros Mhic Thriúin / New Ross 96 L 10
Rosapenna 117 I 2
Rosbercon 96 L 10
Rosegreen 95 I 10
Rosenallis 101 J 8
Rosguill 117 I 2
Roskeeragh Point 112 F 4
Rosmuck 105 D 7
Rosmult 95 I 9
Rosnakill 117 I 2
Ross *Lough Leane* 89 D 11
Ross *Lough Sheelin* 107 K 6
Ross Abbey 105 E 7
Ross Lake 105 E 7
Ross Port 111 C 5
Ross West 105 E 6
Rossan Point 112 F 3
Rossbeg 116 G 3
Rossbeigh Creek 92 C 11
Rossbrin 89 D 13
Rosscahill 105 E 7
Rosscarbery 89 E 13
Rosscarbery Bay 89 E 13
Rosscor 113 H 4
Rossdohan Island 88 C 12
Rosserk Abbey 111 E 5
Rosses (The) 116 G 2
Rosses Bay 116 G 2
Rosses Point 112 G 5
Rossgeir 117 J 3
Rossglass 115 O 5
Rossinver 112 H 4
Rosslare Bay 97 M 11
Rosslare Point 97 M 11
Rosslea 113 K 5
Rossmore *Cork* 89 F 12
Rossmore *Laois* 102 K 9
Rossmore Forest Park 114 L 5
Rossmore Island 88 C 12
Rossnowlagh 112 H 4
Rostellan 90 H 12
Rostrevor 109 N 5
Rosturk 105 C 6
Rough Point 92 B 11
Roughty 89 D 12
Roundfort 105 E 7
Roundstone 104 C 7
Roundwood 103 N 8
Roury 89 E 13
Rousky 114 K 3
Rowallane Gardens 115 O 4
Rower (The) 96 L 10
Royal Canal 107 I 7
Royaloak 96 L 9
Ruan 99 F 9
Rubane 115 P 4
Rue Point 119 N 2
Runabay Head 119 N 2
Runnabackan 106 H 6
Rushen (Slieve) 113 J 5
Russborough House 103 M 8
Rutland Island 116 G 3
Ryefield 108 K 6
Ryehill 106 F 7
Rylane Cross 90 F 12

S

Saddle Head 110 B 5
Saggart 103 M 8
St. Finan's Bay 88 A 12
St. John's Lough 107 I 5
St. John's Point 115 P 5
St. John's Point 112 G 4
St. Johnstown 117 J 3
St. Macdara's Island 104 C 8
St. Margaret's 103 N 7
St. Mochta's House 108 M 6
St. Mullin's 96 L 10
Saintfield 115 O 4
Saleen *Cork* 90 H 12
Saleen *Kerry* 93 D 10
Salia 104 C 6
Sallahig 88 B 12
Sallins 102 M 8
Sally Gap 103 N 8
Sallybrook 90 G 12
Sallypark 100 H 9
Salrock 104 C 7
Saltee Islands 96 M 11
Salthill 99 E 8
Sandholes 114 L 4
Sandyford 103 N 8
Santry 103 N 7
Saul 115 O 4
Sawel Mountain 118 K 3
Scalp Mountain 117 J 2
Scardaun *Mayo* 105 E 7
Scardaun *Roscommon* 106 H 7
Scarnagh 97 N 9
Scarriff / An Scairbh 99 G 9
Scarriff Island 88 B 12
Scartaglin 93 D 11
Scarva 114 M 5
Scattery Island 93 D 10
Schull / Skull 89 D 13
Scolban (Lough) 113 H 4
Scotch Town 114 K 3
Scotshouse 113 K 5
Scotstown 114 K 5
Scrabo Hill 115 O 4
Scramoge 107 H 6
Screeb Cross 105 D 7
Screen 97 M 10
Screggan 101 J 8
Scribbagh 113 H 4
Scullogue Gap 96 L 10
Scur (Lough) 107 I 5
Seaforde 115 O 5
Seapatrick 114 N 4
Seefin 95 J 11
Seskinore 113 K 4
Seskinryan 96 L 9
Seven Heads 90 F 13
Seven Hogs or Magharee Islands (The) 92 B 11
Shalwy 112 G 4
Shanacashel 88 C 11
Shanagarry 90 H 12
Shanaglish 99 F 8
Shanagolden 93 E 10
Shanahoe 101 J 9
Shanballard 99 G 7
Shanbally *Cork* 90 G 12
Shanbally *Galway* 106 G 7
Shanballymore 94 G 11
Shanco 114 L 4
Shanes Castle 114 N 3
Shankill 103 N 8
Shanlaragh 89 E 12
Shanlis 108 M 6
Shannagh (Lough) 115 N 5
Shannakea 93 E 10
Shannawona 105 D 7
Shannon 99 F 9
Shannon (River) 100 H 8
Shannon Airport 99 F 9
Shannon Harbour 101 I 8
Shannonbridge 100 H 8
Shanragh 101 K 9
Shantonagh 108 L 5
Sharavogue 101 I 8
Sheddings (The) 119 N 3
Sheeanamore 103 M 9
Sheeaun 99 G 9
Sheeffry Hills 105 C 6
Sheehan's Point 88 B 12
Sheelin (Lough) 107 K 6
Sheep Haven 117 I 2
Sheever (Lough) 107 K 7
Shehy Mountains 89 D 12
Shercock 108 L 6
Sherkin Island 89 D 13
Sherky Island 88 C 12
Sheskin 111 D 5
Sheskinapoll 117 J 3
Shillelagh 97 M 9
Shinrone 101 I 9
Shiven 106 G 7
Shoptown 115 N 3
Shot Head 89 C 13
Shrule 105 E 7
Silent Valley 109 O 5
Sillan (Lough) 108 L 5
Silver Bridge 108 M 5
Silver Strand 104 C 6
Silvermine Mountains 100 H 9
Silvermines 100 H 9
Sinking 106 F 7
Sion Mills 113 J 3
Six Crosses 93 D 10
Six Road Ends 115 P 4
Six Towns (The) 114 L 3
Sixmilebridge 99 F 9
Sixmilecross 114 K 4
Skannive (Lough) 104 C 8
Skeagh 107 J 7
Skehana 101 K 9
Skehanagh 106 G 7
Skerries (The) 118 M 2
Skreen *Meath* 108 M 7
Skreen *Sligo* 112 F 5
Sky Road 104 B 7
Slade 96 L 11
Slane 108 M 6
Slane (Hill of) 108 M 6
Slaney (River) 97 M 10
Slat (Lough) 92 B 11
Slate (River) 102 L 8
Slea Head 92 A 11
Slemish Mountain 119 N 3
Sliabh na Caillighe 108 K 6
Slieve Anierin 113 I 5
Slieve Aught Mountains 99 G 8
Slieve Bernagh 99 G 9
Slieve Bloom Mountains 101 J 8
Slieve Gamph or the Ox Mountains 111 F 5
Slieve Mish Mountains 93 C 11
Slieve Miskish Mountains 88 C 13
Slieveanorra 119 N 2
Slievecallan 99 E 9
Slievefelim Mountains 94 H 9
Slievekimalta 100 H 9
Slievekirk 117 K 3
Slievemore *Dungannon* 114 K 4
Slievemore *Mayo* 110 B 5
Slievemurry 106 G 7
Slievenamon 95 J 10
Slieveroe 96 K 11
Slievetooey 116 G 3
Sligeach / Sligo 112 G 5
Sligo Bay 112 F 5
Slievardagh Hills 95 J 10
Slyne Head 104 B 7
Smerwick 92 A 11
Smerwick Harbour 92 A 11
Smithborough 114 K 5
Smithstown 101 K 9
Snaght (Slieve) *Derryveagh Mts.* 117 H 3
Snaght (Slieve) *Inishowen* 117 J 2
Snave 89 D 12
Sneem 88 C 12
Soldierstown 115 N 4
Sord / Swords 103 N 7
South Sound 98 D 8
Spa 93 C 11
Spa (The) 115 O 4
Spanish Point *Locality* 98 D 9
Spanish Point *Mal Bay* 98 D 9
Speenoge 117 J 2
Spelga Dam 115 N 5
Sperrin Mountains 118 K 3
Spink 101 K 9
Spittaltown 101 J 7
Springfield 113 I 4
Springhill 114 M 3
Springwell Forest 118 L 2
Squires Hill 115 O 4
Sraghmore 103 N 8
Srah / An tSraith 105 E 6
Srahduggaun 111 C 6
Srahmore *near Bangor* 111 C 5
Srahmore *near Newport* 105 D 6
Srahmore *River* 105 D 6
Sráid na Cathrach / Milltown Malbay 98 D 9
Stabannan 109 M 6
Stackallan 108 M 6
Stack's Mountains 93 D 11
Staffordstown 114 M 3
Stags (The) 89 E 13
Stags of Broad Haven 111 C 4
Staigue Stone Fort 88 B 12
Stamullin 109 N 7
Staplestown 102 L 8
Stepaside 103 N 8
Stewartstown 114 L 4
Stickstown 90 F 12
Stillorgan 103 N 8
Stone Bridge 113 K 5
Stonyford *Kilkenny* 96 K 10
Stonyford *Lisburn* 115 N 4
Stormont 115 O 4
Strabane 117 J 3
Stracashel 117 H 3
Stradbally *Kerry* 92 B 11
Stradbally *Laois* 101 K 8
Stradbally *Waterford* 91 J 11
Strade 105 E 6
Stradone 107 K 6
Stradreagh 118 L 2
Straffan 103 M 8
Stragar 112 G 3
Strahart 96 M 10
Straid *Donegal* 117 J 2
Straid *Larne* 115 O 3
Straid *Moyle* 118 M 2
Straith Salach / Recess 104 C 7
Strand 93 E 10
Strandhill 112 G 5
Strangford 115 P 4
Strangford Lough 115 P 4
Stranocum 118 M 2
Stranorlar 117 I 3
Stratford 102 L 9
Stravally 112 G 3
Streamstown 104 B 7
Streedagh Point 112 G 4
Streek Head 89 C 13
Street 107 J 6
Strokestown 106 H 6
Stroove 118 L 2
Struell Wells 115 O 5
Strule 113 J 3
Sturrakeen 95 H 10
Suck (River) 106 G 6
Suir (River) 101 I 9
Summercove 90 G 12
Summerhill 108 L 7
Suncroft 102 L 8
Sunderlin (Lough) 107 I 7
Swan 101 K 9
Swanlinbar 113 I 5
Swan's Cross Roads 114 K 5
Swatragh 118 L 3
Sweep (The) 95 J 10
Swilly (Lough) 117 J 2
Swilly (River) 117 J 2
Sybil Head 92 A 11

T

Table Mountain 103 M 8
Tacumshane 97 M 11
Tacumshin Lake 97 M 11
Taghmon 96 M 11
Taghshinny 107 I 7

A B C D E F G H I J K L M N O P Q R S T U V W X Y Z

Ireland 147

Name	Page	Grid
Tagoat	97	M 11
Tahilla	88	C 12
Talbot Island	104	B 7
Talbotstown	102	M 9
Tallaght	103	M 8
Tallanstown	108	M 6
Tallow	91	H 11
Tallowbridge	91	H 11
Talt (Lough)	111	F 5
Tamlaght *Fermanagh*	113	J 5
Tamlaght *Magherafelt*	118	M 3
Tamnamore	114	M 4
Tandragee	114	M 4
Tang	107	I 7
Tangaveane	116	H 3
Tappaghan Mount	113	J 4
Tara (Hill of)	108	M 7
Tarbert	93	D 10
Tardree Forest	115	N 3
Tarker (Lough)	108	L 5
Tarmon	112	H 5
Tarsaghaunmore	111	C 5
Tassagh	114	L 5
Taughblane	115	N 4
Taur	93	E 11
Tawin	99	E 8
Tawin Island	99	E 8
Tawny	117	I 2
Tawnyinah	106	F 6
Tawnylea	112	H 5
Tay	95	J 11
Tay (Lough)	103	N 8
Taylor's Cross	101	I 8
Tearaght Island	92	A 11
Tedavnet	114	K 5
Teelin	112	G 4
Teemore	113	J 5
Teeranea	98	D 8
Teeranearagh	88	B 12
Teerelton	89	F 12
Teermaclane	99	E 9
Teernakill	105	D 7
Teeromoyle	88	B 12
Teevurcher	108	L 6
Temple	115	O 4
Temple of the Winds	115	P 4
Templeboy	112	F 5
Templederry	100	H 9
Templeglentan	93	E 10
Templehouse Lake	112	G 5
Templemartin	90	F 12
Templenoe	89	C 12
Templeoran	101	J 7
Templepatrick	115	N 3
Templeshanbo	96	L 10
Templetouhy	101	I 9
Templetown	96	L 11
Tempo	113	J 4
Terenure	103	N 8
Termon	98	D 10
Termonbarry	107	I 6
Termonfeckin	109	N 6
Terryglass	100	H 8
Tevrin	107	K 7
Thomas Street	106	H 7
Thomastown *Meath*	108	L 6
Thomastown *Tipperary*	95	H 10
Thoor Ballylee	99	F 8
Three Castle Head	88	C 13
Three Castles	96	J 9
Three Rock	103	N 8
Tiduff	92	B 11
Tievealehid	116	H 2
Tievemore	113	I 4
Tillyvoos	112	H 4
Tiltinbane	113	I 5
Timahoe	102	L 8
Timoleague	90	F 13
Timolin	102	L 9
Tinahely	103	M 9
Tinnahinch	96	L 10
Tinriland	102	L 9
Tiobraid Árann / Tipperary	95	H 10
Tirnaneill	114	L 5
Tirneevin	99	F 8
Toames	89	F 12
Tobar an Choire / Tubbercurry	112	F 5
Tober	101	J 7
Toberbeg	102	M 8
Toberdoney	118	M 2
Tobermore	114	L 3
Tobernadarry	105	E 7
Toberscanavan	112	G 5
Toe Head	89	E 13
Toem	95	H 10
Togher *Cork*	89	E 12
Togher *Louth*	109	N 6
Togher *Offaly*	101	K 8
Tolka	103	M 7
Tollymore Forest Park	115	O 5
Tombrack	97	M 10
Tomdarragh	103	N 8
Tomhaggard	97	M 11
Tonabrocky	99	E 8
Tonakeera Point	104	C 7
Tonyduff	108	K 6
Toomaghera	99	E 8
Toomard	106	G 7
Toombeola	104	C 7
Toome	114	M 3
Toomyvara	100	H 9
Toor	100	H 9
Tooraree	93	E 10
Tooreencahill	93	E 11
Toorlestraun	112	F 5
Toormore	89	D 13
Toormore Bay	89	D 13
Toornafulla	93	E 10
Toraigh / Tory Island	116	H 2
Torc Waterfall	89	D 11
Torneady Point	116	G 2
Torr Head	119	N 2
Tory Sound	117	H 2
Tourig (River)	91	I 11
Tower	90	G 12
Trá Lí / Tralee	93	C 11
Trá Mhór / Tramore	96	K 11
Trabane Strand	112	F 4
Tracton	90	G 12
Trafrask	89	D 12
Tragumna	89	E 13
Tralee Bay	92	C 11
Tramore Bay	96	K 11
Tranarossan Bay	117	I 2
Travara Bridge	88	C 12
Trawbreaga Bay	117	K 2
Trawenagh Bay	116	G 3
Trawmore Bay	110	C 5
Trean	105	D 7
Treantagh	117	I 2
Treehoo	107	K 5
Trien	106	G 6
Trillick	113	J 4
Tristia	110	C 5
Trory	113	J 4
Trostan	119	N 2
Truskmore	112	G 4
Trust	100	G 7
Tuaim / Tuam	105	F 7
Tuamgraney	99	G 9
Tuar Mhic Éadaigh / Tourmakeady	105	D 7
Tubber	99	F 8
Tubbrid *Kilkenny*	95	J 9
Tubbrid *Tipperary*	95	I 11
Tulach Mhór / Tullamore	101	J 8
Tulla *near Ennis*	99	F 9
Tulla *near Gort*	99	F 8
Tullagh Point	117	J 2
Tullaghan	112	G 4
Tullaghan Bay	110	C 5
Tullaghanstown	108	L 7
Tullagher	96	K 10
Tullaghobegly	117	H 2
Tullaherin	96	K 10
Tullahought	95	J 10
Tullakeel	88	C 12
Tullamore	93	D 10
Tullaroan	95	J 10
Tullig	92	C 11
Tullig Point	93	C 10
Tullokyne	105	E 7
Tully Lower Lough Erne	113	I 4
Tully *near Ballyshannon*	113	H 4
Tully *Upper Lough Erne*	113	J 5
Tully Cross	104	C 7
Tully National Stud	102	L 8
Tullyallen	109	M 6
Tullyamalra	108	L 5
Tullycanna	96	L 11
Tullydush	117	J 2
Tullyhogue	114	L 4
Tullylease	94	F 11
Tullymacreeve	109	M 5
Tullynaha	112	H 3
Tullynally Castle	107	J 6
Tullyroan	114	M 4
Tullyvin	108	K 5
Tulrohaun	105	F 6
Tulsk	106	H 6
Turlough	105	E 6
Turloughmore	105	F 7
Turner's Rock Tunnel	89	D 12
Turreen	107	I 7
Tuskar Rock	97	N 11
Twelve Pins (The)	104	C 7
Twomileborris	95	I 9
Tylas	108	M 7
Tynagh	100	G 8
Tynan	114	L 5
Tyrella	115	O 5
Tyrellspass	101	J 7

U

Name	Page	Grid
Uachtar Ard / Oughterard	105	E 7
Uaigh / Owey Island	116	G 2
Ugga Beg (Lough)	98	D 8
Ulster American Folk Park	113	J 4
Ulster Folk Museum (The)	115	O 4
Union Hall	89	E 13
Unshin	112	G 5
Upper Ballinderry	115	N 4
Upper Lake	103	M 8
Upperchurch	95	H 9
Upperlands	118	M 3
Urbalreagh	117	K 1
Urglin Glebe	102	L 9
Urlaur	106	F 6
Urlaur Lough	106	F 6
Urlingford	95	J 9

V

Name	Page	Grid
Valencia Island	88	A 12
Valley	110	C 5
Valleymount	103	M 8
Vartry Reservoir	103	N 8
Ventry	92	A 11
Ventry Harbour	92	A 11
Vicarstown	102	K 8
Victoria Bridge	113	J 3
Villierstown	91	I 11
Virginia	108	K 6
Virginia Road	108	K 6
Vow	118	M 3

W

Name	Page	Grid
Waddingtown	96	M 11
Walshestown	97	M 11
Walshtown	90	H 12
Ward	103	N 7
Ward (River)	103	N 7
Waringsford	115	N 4
Waringstown	114	N 4
Warrenpoint	109	N 5
Washing Bay	114	M 4
Watch Ho.-Village	96	M 9
Waterfall	90	G 12
Waterfoot or Glenariff	119	N 2
Waterford Harbour	96	L 11
Watergrasshill	90	G 11
Waterworks	114	L 3
Wattle Bridge	113	J 5
Wellington Bridge	96	L 11
Wells Cross	114	M 4
Wesport Bay	105	C 6
West Town	116	H 2
Westcove	88	B 12
Westport House	105	D 6
Westport Quay	105	D 6
Wexford Bay	97	N 10
Wexford Harbour	97	M 10
Whale Head	117	J 2
Wheathill	113	I 5
Whiddy Island	89	D 12
White *Limerick*	93	E 10
White *Louth*	109	M 6
White Castle	118	K 2
White Hall	89	D 13
White Island	113	I 4
White Park Bay	118	M 2
White Strand	98	D 9
Whiteabbey	115	O 3
Whitechurch *Cork*	90	G 12
Whitechurch *Waterford*	91	I 11
Whitecross	114	M 5
Whitegate	90	H 12
Whitehall *Roscommon*	107	I 6
Whitehall *Westmeath*	107	K 7
Whitehead	115	O 3
Whites Town	109	N 6
White'sCross	90	G 12
Whitesides Corner	114	M 3
Wicklow Gap	103	M 8
Wicklow Mountains	103	N 8
Wicklow Way	103	N 8
Wildfowl and Wetlands Trust	115	O 4
Wilkinstown	108	L 6
Willbrook	99	E 9
Williamstown *Galway*	106	G 6
Williamstown *Westmeath*	107	I 7
Windgap	95	J 10
Windmill	102	L 7
Windy Gap *Kerry*	89	D 12
Windy Gap *Louth*	109	N 5
Windy Gap *Mayo*	105	E 6
Wolfhill	101	K 9
Womanagh	91	I 12
Woodburn	115	O 3
Woodcock Hill	99	F 9
Woodenbridge	103	N 9
Woodford (River)	99	G 8
Woodstown	96	L 11

Y

Name	Page	Grid
Yellow Furze	108	M 6
Yganavan (Lough)	92	C 11
Youghal	100	H 9
Youghal Bay	91	I 12

Town plans

Sights
Place of interest - Tower
Interesting place of worship

Roads
Motorway - Dual carriageway
Numbered junctions: complete, limited
Major thoroughfare
Tunnel
Pedestrian street
Tramway
Car park - Park and Ride
Station and railway
Funicular
Cable-car

Various signs
Place of worship
Tower - Ruins
Windmill
Garden, park, wood
Cemetery
Stadium
Golf course - Racecourse
Outdoor or indoor swimming pool
View - Panorama
Monument - Fountain
Beach - Zoo
Pleasure boat harbour - Lighthouse
Tourist Information Centre
Airport
Underground station - Coach station
Ferry services:
passengers and cars - passengers only
Main post office with poste restante - Hospital
Covered market
Police - Town Hall
Suggested stroll

Plans

Curiosités
Bâtiment intéressant - Tour
Édifice religieux intéressant

Voirie
Autoroute - Double chaussée de type autoroutier
Échangeurs numérotés : complet - partiels
Grande voie de circulation
Tunnel
Rue piétonne
Tramway
Parking - Parking Relais
Gare et voie ferrée
Funiculaire, voie à crémaillère
Téléphérique, télécabine

Signes divers
Édifice religieux
Tour - Ruines
Moulin à vent
Jardin, parc, bois
Cimetière
Stade
Golf - Hippodrome
Piscine de plein air, couverte
Vue - Panorama
Monument - Fontaine
Plage - Zoo
Port de plaisance - Phare
Information touristique
Aéroport
Station de métro - Gare routière
Transport par bateau :
passagers et voitures, passagers seulement
Bureau principal de poste restante - Hôpital
Marché couvert
Police - Hôtel de ville
Suggestion de promenade

Stadtpläne

Sehenswürdigkeiten
Sehenswertes Gebäude - Turm
Sehenswerter Sakralbau

Straßen
Autobahn - Schnellstraße
Nummerierte Voll- bzw. Teilanschlussstellen
Hauptverkehrsstraße
Tunnel
Fußgängerzone
Straßenbahn
Parkplatz - Park-and-Ride-Plätze
Bahnhof und Bahnlinie
Standseilbahn
Seilschwebebahn

Sonstige Zeichen
Sakralbau
Turm - Ruine
Windmühle
Garten, Park, Wäldchen
Friedhof
Stadion
Golfplatz - Pferderennbahn
Freibad - Hallenbad
Aussicht - Rundblick
Denkmal - Brunnen
Badestrand/ Strand - Zoo
Yachthafen- Leuchtturm
Informationsstelle
Flughafen
U-Bahnstation - Autobusbahnhof
Schiffsverbindungen:
Autofähre, Personenfähre
Hauptpostamt (postlagernde Sendungen) - Krankenhaus
Markthalle
Polizei - Rathaus
Vorschlag für einen Spaziergang

Plattegronden

Bezienswaardigheden
Interessant gebouw - Toren
Interessant kerkelijk gebouw

Wegen
Autosnelweg - Weg met gescheiden rijbanen
Knooppunt / aansluiting: volledig, gedeeltelijk
Hoofdverkeersweg
Tunnel
Voetgangersgebied
Tramlijn
Parkeerplaats - P & R
Station, spoorweg
Kabelspoor
Tandradbaan

Overige tekens
Kerkelijk gebouw
Toren - Ruïne
Windmolen
Tuin, park, bos
Begraafplaats
Stadion
Golfterrein - Renbaan
Zwembad: openlucht, overdekt
Uitzicht - Panorama
Gedenkteken, standbeeld - Fontein
Strand - Zoo
Jachthaven - Vuurtoren
Informatie voor toeristen
Luchthaven - Metrostation
Busstation
Vervoer per boot:
Passagiers en auto's - uitsluitend passagiers
Hoofdkantoor voor poste-restante - Ziekenhuis
Overdekte markt
Politie - Stadhuis
Voorgestelde wandeling

Piante

Curiosità
Edificio interessante - Torre
Costruzione religiosa interessante

Viabilità
Autostrada - Doppia carreggiata tipo autostrada
Svincoli numerati: completo, parziale
Grande via di circolazione
Galleria
Via pedonale
Tranvia
Parcheggio - Parcheggio Ristoro
Stazione e ferrovia
Funicolare
Funivia, cabinovia

Simboli vari
Costruzione religiosa
Torre - Ruderi
Mulino a vento
Giardino, parco, bosco
Cimitero
Stadio
Golf - Ippodromo
Piscina: all'aperto, coperta
Vista - Panorama
Monumento - Fontana
Spiaggia- Zoo
Porto turistico - Faro
Ufficio informazioni turistiche
Aeroporto - Stazione della metropolitana
Autostazione
Trasporto con traghetto:
passeggeri ed autovetture - solo passeggeri
Ufficio centrale di fermo posta - Ospedale
Mercato coperto
Polizia - Municipio
Passeggiata consigliata

Planos

Curiosidades
Edificio interessante - Torre
Edificio religioso interessante

Vías de circulación
Autopista - Autovía
Enlaces numerados: completo, parciales
Vía importante de circulacíon
Túnel
Calle peatonal
Tranvía
Aparcamiento - Aparcamientos «P+R»
Estación y línea férrea
Funicular, línea de cremallera
Teleférico, telecabina

Signos diversos
Edificio religioso
Torre - Ruinas
Molino de viento
Jardín, parque, madera
Cementerio
Estadio
Golf - Hipódromo
Piscina al aire libre, cubierta
Vista parcial - Vista panorámica
Monumento - Fuente
Playa - Zoo
Puerto deportivo - Faro
Oficina de Información de Turismo
Aeropuerto - Estación de metro
Estación de autobuses
Transporte por barco:
pasajeros y vehículos, pasajeros solamente
Oficina de correos - Hospital
Mercado cubierto
Policía - Ayuntamiento
Propuesta de paseo

Plans de ville
Town plans / Stadtpläne / Stadsplattegronden
Piante di città / Planos de ciudades

GREAT BRITAIN
- Aberdeen 150
- Bath 151
- Birmingham............. 152
- Bristol 153
- Cambridge............. 154
- Canterbury.............. 155
- Cardiff 156
- Chester 157
- Coventry................ 158
- Dundee................. 159
- Edinburgh 160
- Exeter................... 161
- Glasgow 162
- Leeds 163
- Leicester 164
- Lincoln.................. 165
- Liverpool 166-167
- Greater London 168-169
- London 170-171
- Manchester 172
- Newcastle-upon-Tyne ... 173
- Norwich 174
- Oxford.................. 175
- Perth 176
- Plymouth 177
- Portsmouth and Southsea 178
- Southampton 179
- Stirling.................. 180
- Stratford-upon-Avon 181
- York 182

IRELAND
- Belfast 183
- Cork 184
- Galway.................. 185
- Dublin 186-187
- Killarney 188
- Limerick 189

CHESTER GB — 157

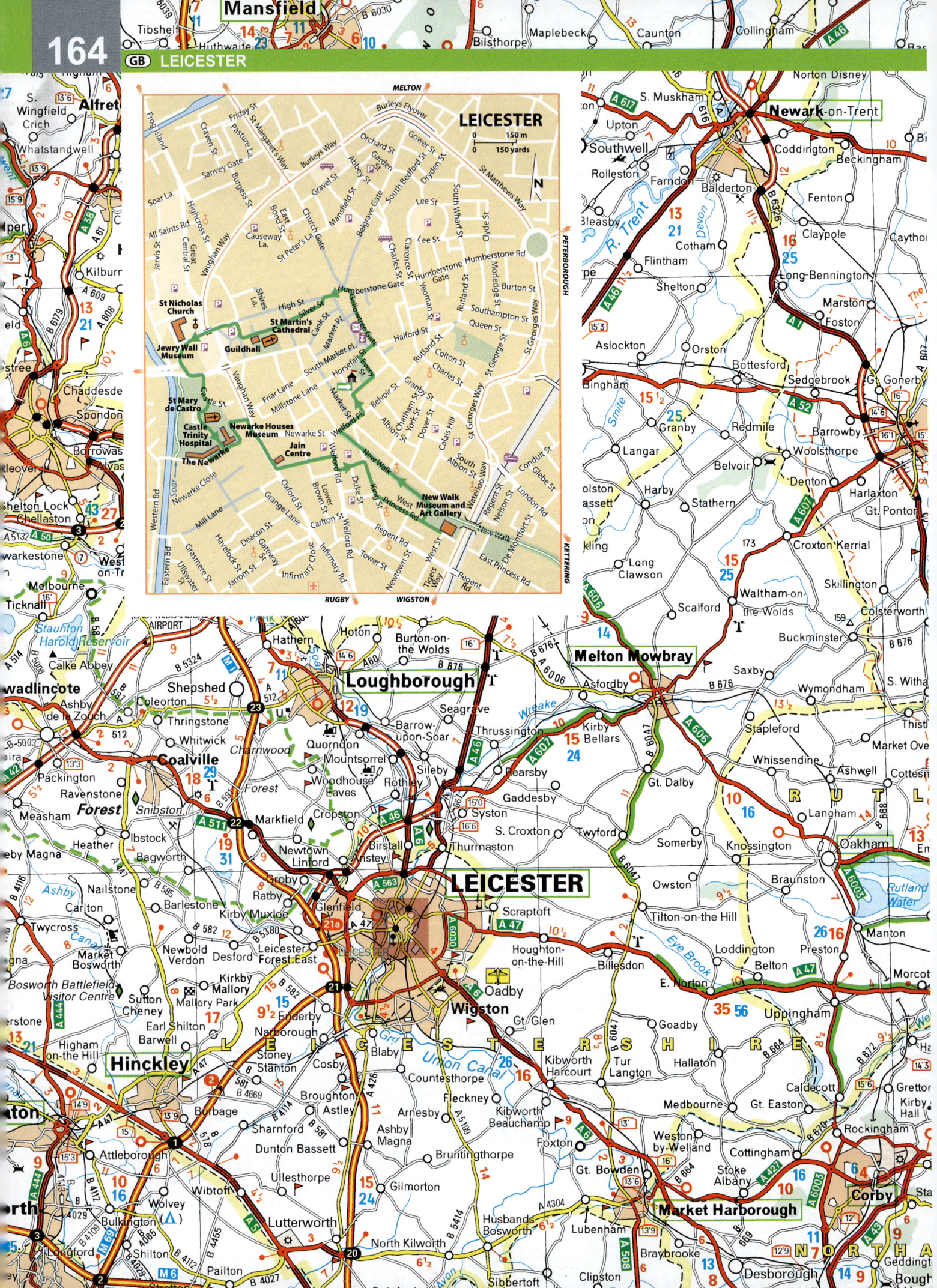

166 GB LIVERPOOL

168 GB GREATER LONDON

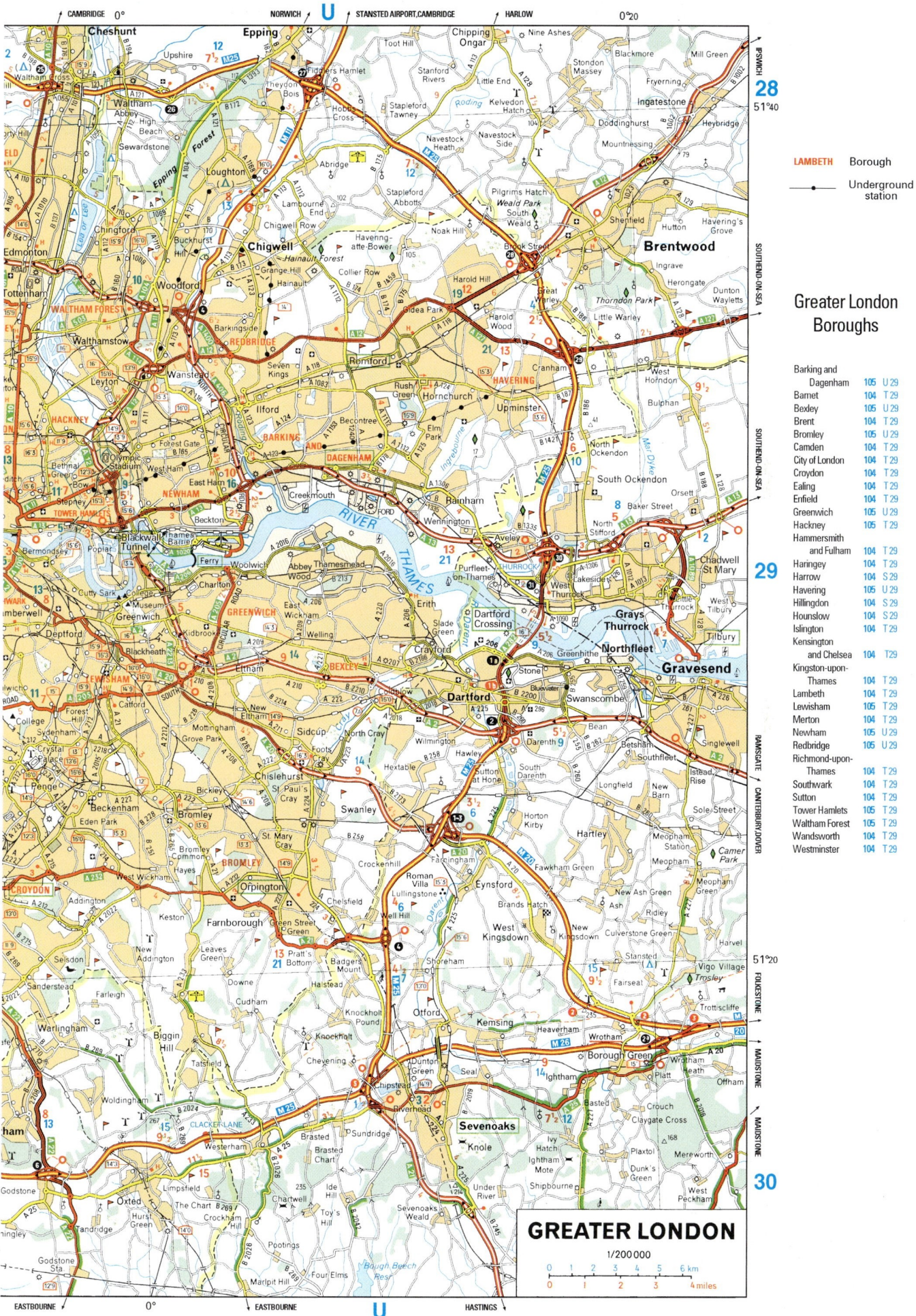

GREATER LONDON

Greater London Boroughs

Borough	Page	Grid
Barking and Dagenham	105	U 29
Barnet	104	T 29
Bexley	105	U 29
Brent	104	T 29
Bromley	105	U 29
Camden	104	T 29
City of London	104	T 29
Croydon	104	T 29
Ealing	104	T 29
Enfield	104	T 29
Greenwich	105	U 29
Hackney	105	T 29
Hammersmith and Fulham	104	T 29
Haringey	104	T 29
Harrow	104	S 29
Havering	105	U 29
Hillingdon	104	S 29
Hounslow	104	S 29
Islington	104	T 29
Kensington and Chelsea	104	T 29
Kingston-upon-Thames	104	T 29
Lambeth	104	T 29
Lewisham	105	T 29
Merton	104	T 29
Newham	105	U 29
Redbridge	105	U 29
Richmond-upon-Thames	104	T 29
Southwark	104	T 29
Sutton	104	T 29
Tower Hamlets	105	T 29
Waltham Forest	105	T 29
Wandsworth	104	T 29
Westminster	104	T 29

GB LONDON

172 GB MANCHESTER

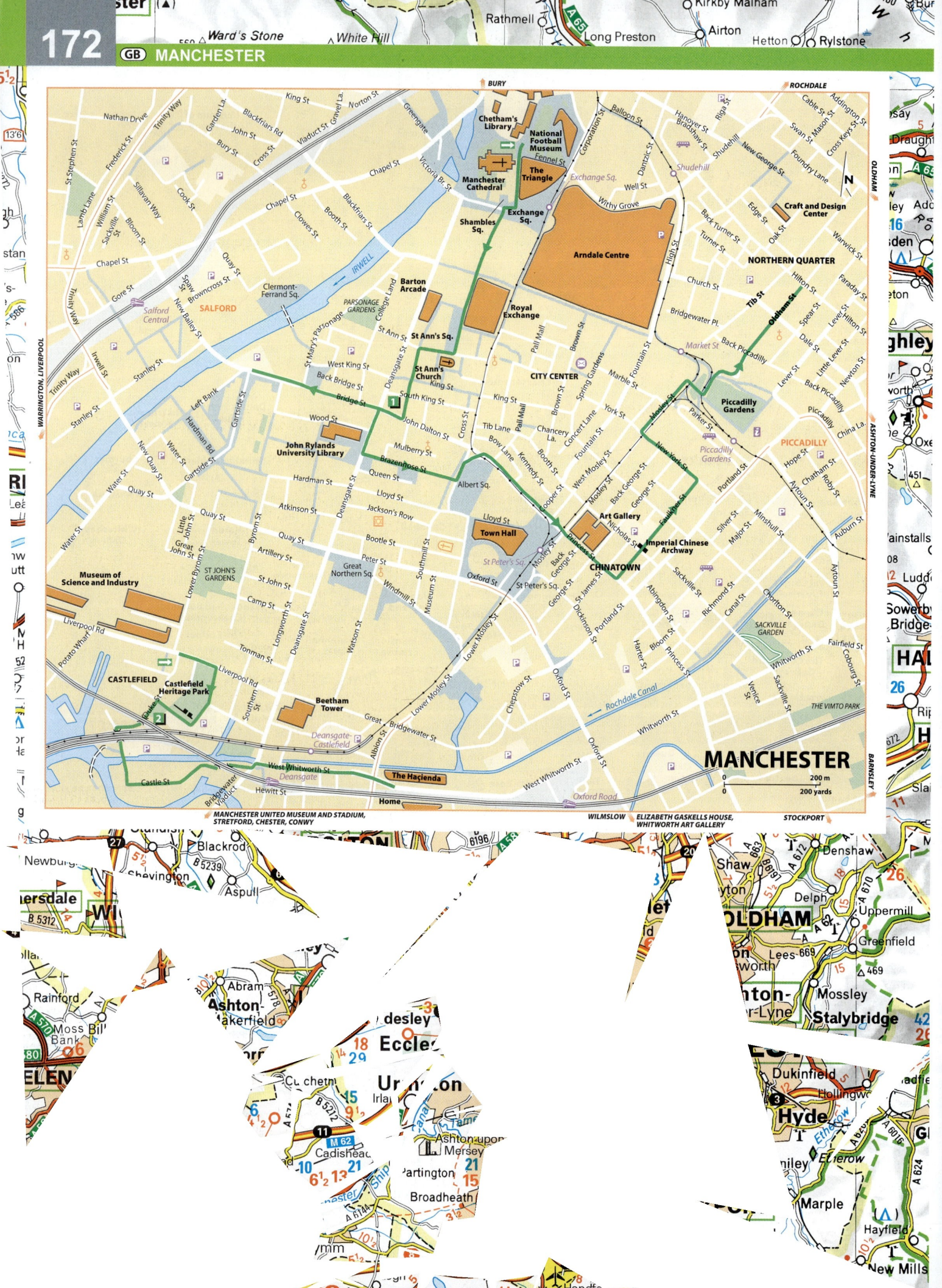

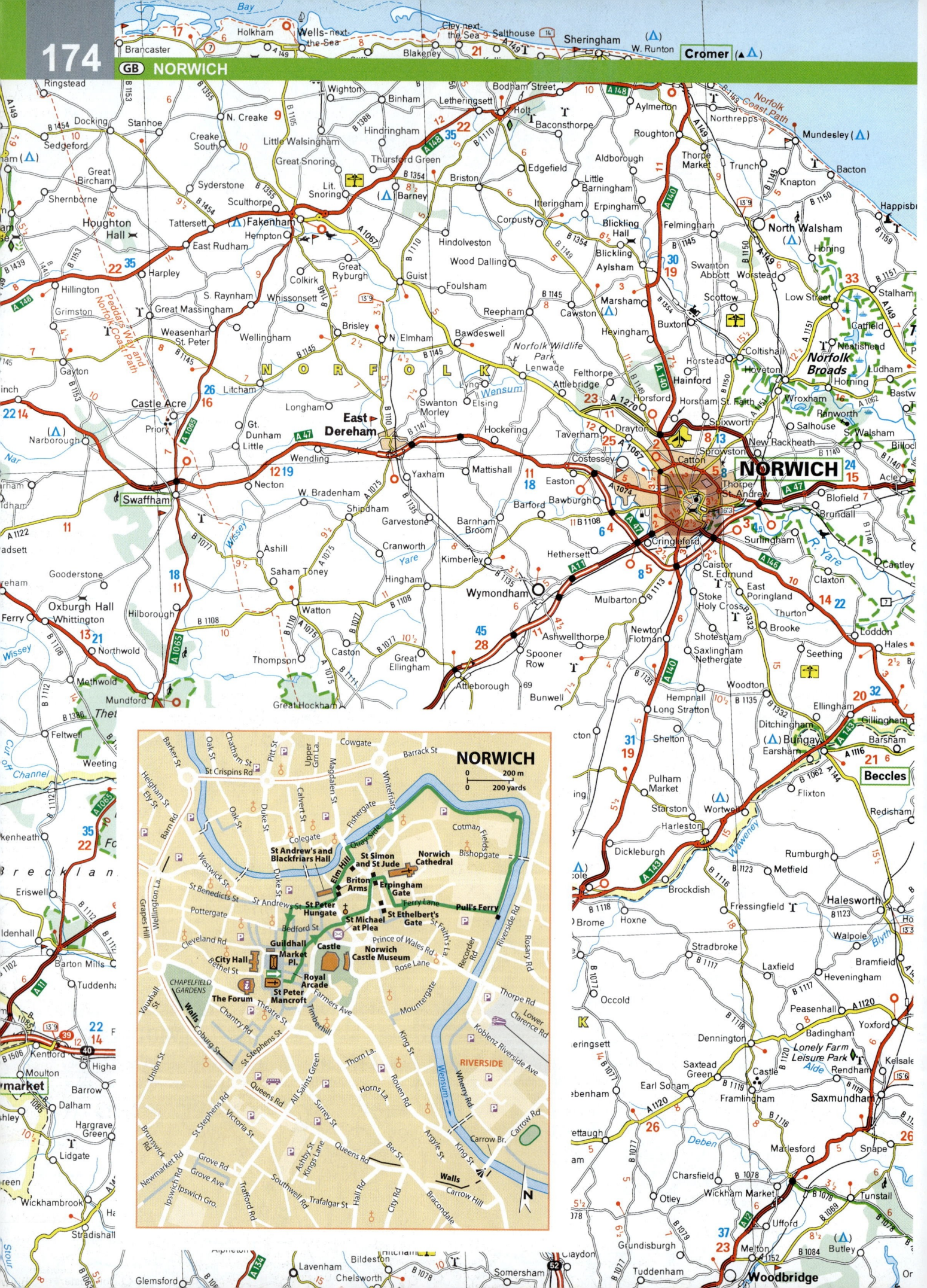

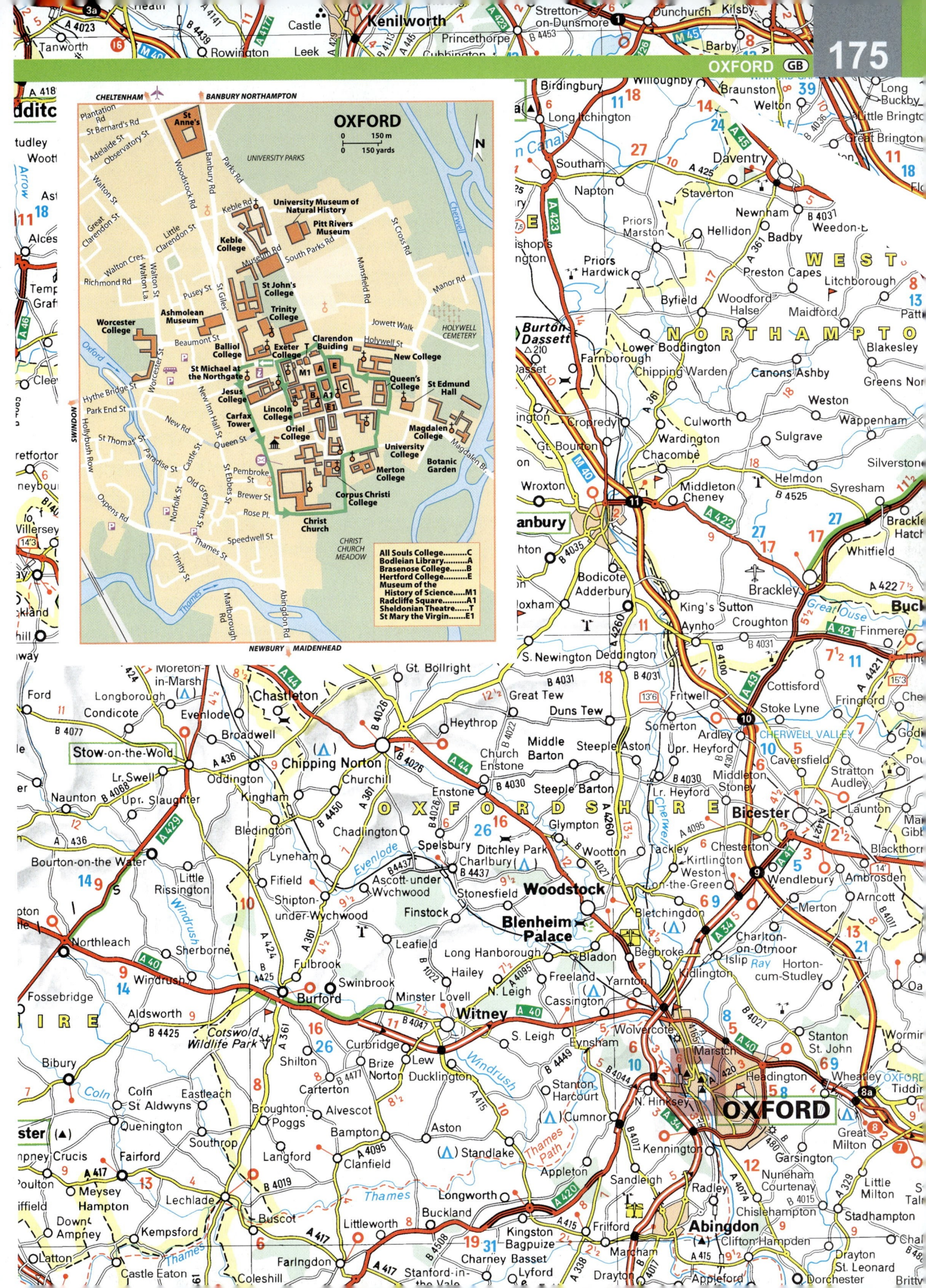

176 GB PERTH

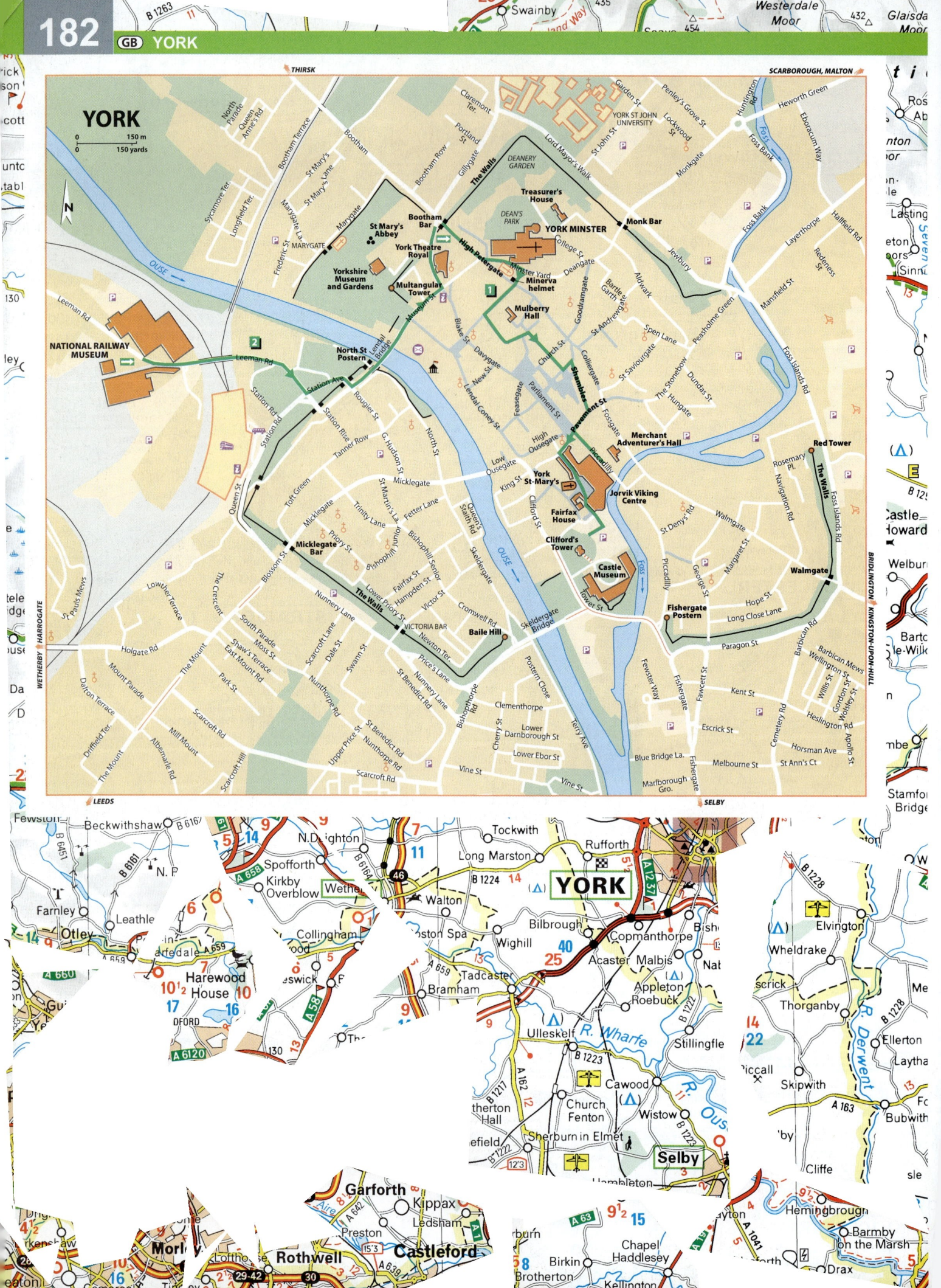

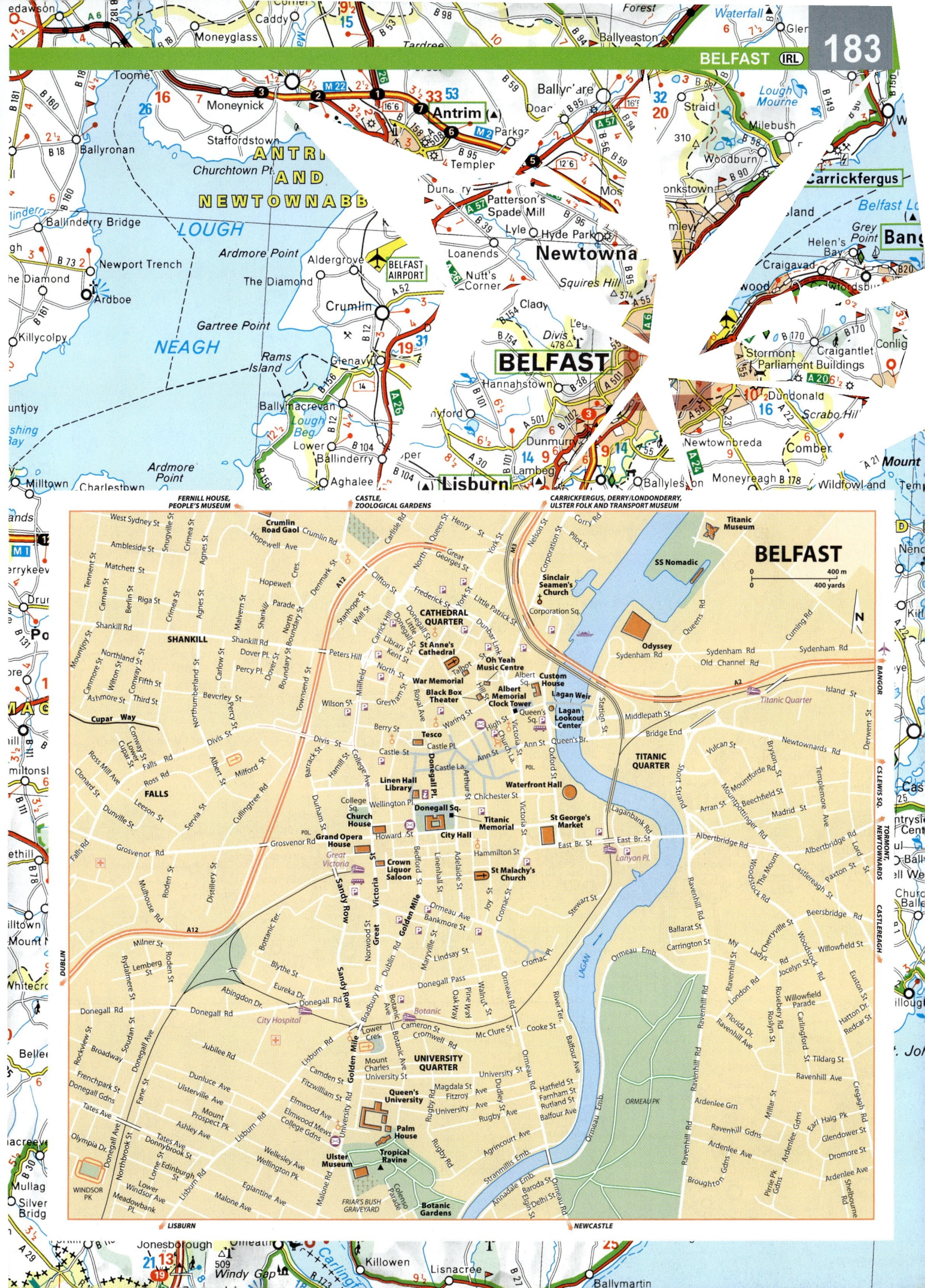

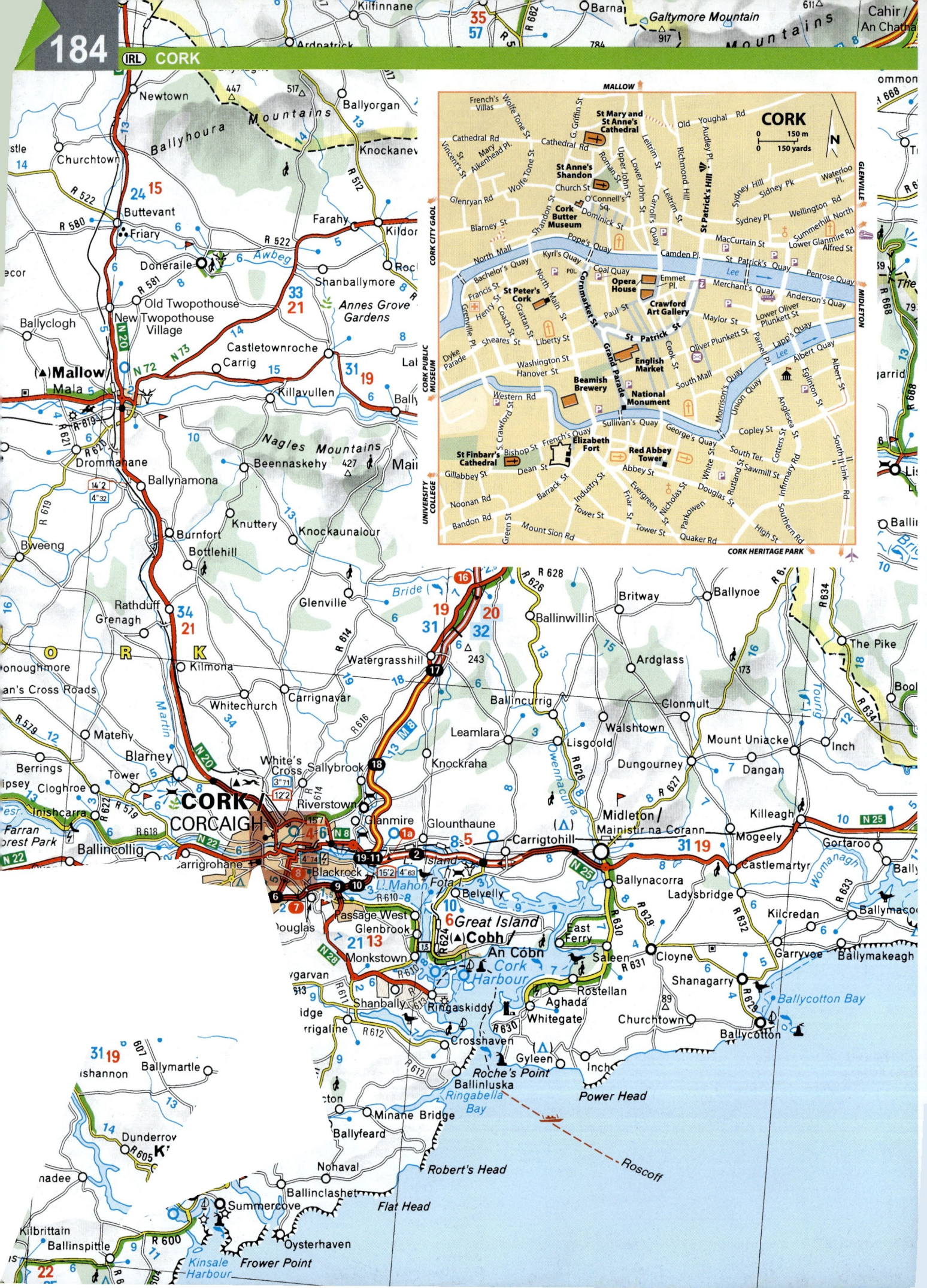

Eochair / Allwedd

Bóithre / Ffyrdd

- Mótarbhealach - Limistéar seirbhíse / Trafford - Mannau gwasanaeth
- Carrbhealach dúbailte le saintréithe mótarbhealaigh / Ffordd ddeuol â nodweddion traffordd
- Acomhail mótarbhealaigh: iomlán - teoranta / Cyfnewidfeyd: wedi'i chwblhau - cyfyngedig
- Uimhreacha ceangail / Rhifau'r cyffyrdd
- Líonra idirnáisiúnta agus náisiúnta bóithre / Ffordd ar rwydwaith rhyngwladol a chenedlaethol
- Bóthar idir-réigiúnach nach bhfuil chomh plódaithe / Ffordd rhyngranbarthol a llai prysur
- Bóthar nuadheisithe - gan réitiú / Ffordd ac wyneb iddi - heb wyneb
- Cosán - Conair mharcáilte / Cosán marcaíochta / Llwybr troed - Llwybr troed ag arwyddion / Llwybr ceffyl
- Mótarbhealach, bóthar á dhéanamh (an dáta oscailte sceidealta, mas eol) / Trafford - ffordd yn cael ei hadeiladu (Os cyfodi yr achos: dyddiad agor disgwyliedig)

Leithead bóithre / Ffyrdd

- Carrshlí dhéach / ffordd ddeuol
- 4 lána - 2 leathanlána / 4 lôn - 2 lôn lydan
- 2 lána - 2 chunglána / 2 lôn - 2 lôn gul

Fad bóthar / Pellter

(iomlán agus meánfhad) / (cyfanswm a'r rhyng-bellter)
- Bhóithre dola ar an mótarbhealach / Tollffyrdd ar y drafford
- Saor ó dhola ar an mótarbhealach / Rhan di-doll ar y drafford
- i mílte - i gcilíméadair / mewn miltiroedd - mewn kilometrau
- ar an mbóthar / ar y ffordd

Aicmiú oifigiúil bóithre / Dosbarthiad ffyrdd swyddogol

- Mótarshlí - GB: Príomhbhealach (Primary route) / Trafford - GB : Prif ffordd (Primary route)
- IRL: Bóithre eile, (National primary and secondary route) / IRL: Prif ffordd genedlaethol a ffordd eilradd (National primary and secondary route)
- Príomhbóithre agus fobhóithre náisiúnta / Ffyrdd eraill
- Ceann scríbe ar ghréasán bóithre príomha / Cylchfan ar rwydwaith y prif ffyrdd

Constaicí / Rhwystrau

- Timpeall - Bearnas agus a airde os cionn leibhéal na mara (i méadair) / Cylchfan - Bwlch a'i uchder uwchlaw lefel y môr (mewn metrau)
- Fána ghéar (suas treo an gha) / Rhiw serth (esgyn gyda'r saeth)
- IRL: Bealach deacair nó baolach / IRL: Darn anodd neu beryglus o ffordd
- Bóthar cúng le hionaid phasála (in Albain) / Yn yr Alban : ffordd gul â mannau pasio
- Crosaire comhréidh: iarnród ag dul, faoi bhóthar, os cionn bóthair / Croesfan rheilffordd: croesfan rheilffordd, o dan y ffordd, dros y ffordd
- Bóthar toirmeascetha - Bóthar faoi theorannú / Ffordd waharddedig - Ffordd a chyfyngiadau arni
- Bacainn dola - Bóthar aonsli / Rhwystr Toll - Unffordd
- Teorainneacha airde (faoi 15'6" IRL, faoi 16'6" GB) / Terfyn uchder (llai na 15'6" IRL, 16'6" GB)
- Teorann Mheáchain (faoi 16t) / Terfyn pwysau (llai na 16t)

Iompar / Cludiant

- Leithead safonach - Gorsaf deithwyr / Lled safonol - Gorsaf deithwyr
- Aerfort - Aerpháirc / Maes awyr - Maes glanio
- Longsheirbhísí : (Seirbhísí séasúracha: dearg) / Llongau ceir : (Gwasanaethau tymhorol: mewn coch)
- Bád / llong
- Fartha (uas - ulach : tonnaí méadracha) / Fferi (llwyth uchaf: mewn tunelli metrig)
- Coisithe agus lucht rothar / Teithwyr ar droed neu feic yn unig

Lóistín - Riarachán / Llety - Gweinyddiaeth

- Teorainneacha riaracháin / Ffiniau gweinyddol
- Teorainn na hAlban agus teorainn na Breatine Bige / Ffin Cymru, ffin yr Alban
- Teorainn idirnáisiúnta - Custam / Ffin ryngwladol - Tollau

Áiseanna Spóirt agus Súgartha / Cyfleusterau Chwaraeon a Hamdden

- Machaire Gailf - Ráschúrsa / Cwrs golf - Rasio Ceffylau
- Timpeall rásaíochta - Cuan bád aeraíochta / Rasio Cerbydau - Harbwr cychod pleser
- Láthair champa, láthair charbhán / Leoedd i wersylla
- Conair mharcáilte - Páirc thuaithe / Llwybr troed ag arwyddion - Parc gwlad
- Zú - Tearmannéan mara / Parc saffari, sw - Gwarchodfa natur
- IRL: Lascaireacht - Ráschúrsa con Larnród thraein ghaile / IRL: Pysgota - Maes rasio milgwn
- Traein cábla / Trên twrstiaid
- Carr cábla, cathaoir cábla / Rhaffordd, car cêbl, cadair esgyn

Amhairc / Golygfeydd

- Príomhradharcanna: féach AN EOLAÍ UAINE / Gweler Llyfr Michelin
- Bailte nó áiteanna inspéise, baill lóistín / Trefi new fannau o ddiddordeb, mannau i aros
- Foirgneamh Eaglasta - Caisleán / Adeilag eglwysig - Castell
- Fothrach - Leacht meigiliteach - Pluais / Adfeilion - Heneb fegalithig - Ogof
- Páirc, Gáirdíní - Ionaid eile spéisiúla / Gerddi, parc - Mannau eraill o ddiddordeb
- IRL: Dunfort - Cros Cheilteach - Cloigteach / IRL: Caer - Croes Geltaidd - twr crwn
- Lánléargas - Cothrom Radhairc / Panorama - Golygfan
- Bealach Aoibhinn / Ffordd dygfeydd

Comharthaí Eile / Symbolau eraill

- Cáblashlí thionsclaíoch / Lein gêbl ddiwydiannol
- Crann teileachumarsáide - Teach solais / Mast telathrebu - Goleudy
- Stáisiún Giniúna - Cairéal / Gorsaf bwer - Chwarel
- Mianach - Tionsclaíocht / Mwyngloddio - Gweithgarwch diwydiannol
- Scaglann - Aill / Purfa - Clogwyn
- Páirc Fhoraoise Náisiúnta - Páirc Náisiúnta / Parc Coedwig Cenedlaethol - Parc Cenedlaethol

Comnarthaí ar phleanna bailte

Ionaid inspéise
- Ionad inspéise agus
- Ionad inspéise adhartha

Bóithre
- Mótarbhealach, carrbhealach dúbailte le saintréithe mótar
- Acomhail mótarbhealaigh : iomlán - teoranta
- Príomh-thrébhealach
- Sráid: coisithe
- Carrchlós

Comharthaí Éagsúla
- Aerfort
- Leithead caighdeánach - Staisiún paisinéirí
- Ionad eolais turasóireachta - Ospidéal
- Gairdín, páirc, coill
- Reilig
- Staidiam
- Galfchúrsa
- Zú
- Teach Solais
- Stáisiún traenach faoi thalamh
- Lánléargas
- Príomhoifi g phoist le poste restante
- Póitíní (ceanncheathrú)

Symbolau ar gynlluniau'r trefi

Golygfeydd
- Man diddorol
- Lle diddorol o addoliad

Ffyrdd
- Trafford, ffordd ddeuol
- Cyfnewidfeyd : wedi'i chwblhau - cyfyngedig
- Prif ffordd drwodd
- Stryd: Cerddwr
- Parc ceir

Arwyddion amrywiol
- Maes awyr
- Lled safonol - Gorsaf deithwyr
- Canolfan croeso - Ysbyty
- Gardd, parc, coedwig
- Mynwent
- Stadiwm
- Cwrs golff
- Sŵ
- Goleudy
- Gorsaf danddaearol
- Panorama
- Prif swyddfa bost gyda poste restante
- Yr Heddlu (pencadlys)

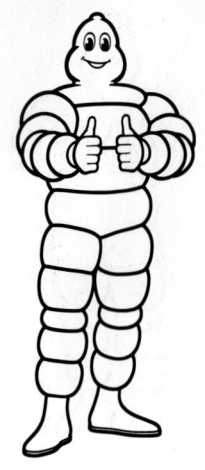